中宣部2022年主题出版重点出版物

"十四五"国家重点图书出版规划项目

记录小康工程

全面建成小康社会
重庆大事记
CHONGQING DASHIJI

本书编写组

重庆出版集团 重庆出版社

责任编辑：吴　昊
封面设计：石笑梦　胡耀尹
版式设计：胡欣欣　胡耀尹

图书在版编目（CIP）数据

全面建成小康社会重庆大事记/本书编写组编．—重庆：重庆出版社，
　2022.10
（"纪录小康工程"地方丛书）
ISBN 978－7－229－16916－9
Ⅰ.①全… Ⅱ.①本… Ⅲ.①小康建设—大事记—重庆
Ⅳ.① F127.719
中国版本图书馆 CIP 数据核字（2022）第 097949 号

全面建成小康社会重庆大事记

QUANMIAN JIANCHENG XIAOKANG SHEHUI CHONGQING DASHIJI

本书编写组

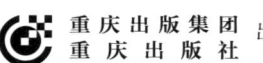

重庆出版集团
重庆出版社　出版发行

（400061　重庆市南岸区南滨路 162 号 1 幢）
重庆恒昌印务有限公司印刷　新华书店经销

2022 年 10 月第 1 版　2022 年 10 月重庆第 1 次印刷
开本：710 毫米 × 1000 毫米 1/16　印张：20.5
字数：246 千字
ISBN 978-7-229-16916-9　定价：70.00 元

邮购地址 400061　重庆市南岸区南滨路 162 号 1 幢
重庆出版集团图书发行有限责任公司　电话（023）61520646

版权所有·侵权必究
凡购买本社图书，如有印制质量问题，我社负责调换。
服务电话：（023）61520646

总　序

为民族复兴修史　为伟大时代立传

　　小康，是中华民族孜孜以求的梦想和夙愿。千百年来，中国人民一直对小康怀有割舍不断的情愫，祖祖辈辈为过上幸福美好生活劳苦奋斗。"民亦劳止，汔可小康""久困于穷，冀以小康""安得广厦千万间，大庇天下寒士俱欢颜"……都寄托着中国人民对小康社会的恒久期盼。然而，这些朴素而美好的愿望在历史上却从来没有变成现实。中国共产党自成立那天起，就把为中国人民谋幸福、为中华民族谋复兴作为初心使命，团结带领亿万中国人民拼搏奋斗，为过上幸福生活胼手胝足、砥砺前行。夺取新民主主义革命伟大胜利，完成社会主义革命和推进社会主义建设，进行改革开放和社会主义现代化建设，开创中国特色社会主义新时代，经过百年不懈奋斗，无数中国人摆脱贫困，过上衣食无忧的好日子。

　　特别是党的十八大以来，以习近平同志为核心的党中央统揽中华民族伟大复兴战略全局和世界百年未有之大变局，团结带领全党全国各族人民统筹推进"五位一体"总体布局、协调推进"四个全面"战略布局,万众一心战贫困、促改革、抗疫情、谋发展,党和国家事业取得历史性成就、发生历史性变革。在庆祝中国共产党成立100周年大会上,习近平总书记庄严宣告:"经过全党全国各族人民持续奋斗,我们实现了第一个百年奋斗目标,在中华大地上全面建成了小康社会,历史性地解决了绝对贫困问题,正在意气风发向着全面建成社会主义现代化强国的第二个百年奋斗目标迈进。"

这是中华民族、中国人民、中国共产党的伟大光荣!这是百姓的福祉、国家的进步、民族的骄傲!

全面小康,让梦想的阳光照进现实、照亮生活。从推翻"三座大山"到"人民当家作主",从"小康之家"到"小康社会",从"总体小康"到"全面小康",从"全面建设"到"全面建成",中国人民牢牢把命运掌握在自己手上,人民群众的生活越来越红火。"人民对美好生活的向往,就是我们的奋斗目标。"在习近平总书记坚强领导、亲自指挥下,我国脱贫攻坚取得重大历史性成就,现行标准下9899万农村贫困人口全部脱贫,建成世界上规模最大的社会保障体系,居民人均预期寿命提高到78.2岁,人民精神文化生活极大丰富,生态环境得到明显改善,公平正义的阳光普照大地。今天的中国人民,生活殷实、安居乐业,获得感、幸福感、安全感显著增强,道路自信、理论自信、制度自信、文化自信更加坚定,对创造更加美好的生活充满信心。

全面小康,让社会主义中国焕发出蓬勃生机活力。经过长期努力特别是党的十八大以来伟大实践，我国经济实力、科技实力、国防实力、综合国力跃上新的大台阶，成为世界第二大经济体、第一大工业国、第一大货物贸易国、第一大外汇储备国，国内生产总值从1952年的679亿元跃升至2021年的114万亿元，人均国内生产总值从1952年的几十美元跃升至2021年的超过1.2万美元。把握新发展阶段、贯彻新发展理念、构建新发展格局、推动高质量发展，全面建设社会主义现代化国家，我们的物质基础、制度基础更加坚实、更加牢靠。全面建成小康社会的伟大成就充分说明，在中华大地上生气勃勃的创造性的社会主义实践造福了人民、改变了中国、影响了时代，世界范围内社会主义和资本主义两种社会制度的历史演进及其较量发生了有利于社会主义的重大转变，社会主义制度优势得到极大彰显，中国特色社会主义道路越走越宽广。

全面小康，让中华民族自信自强屹立于世界民族之林。中华民族有五千多年的文明历史，创造了灿烂的中华文明，为人类文明进步作出了卓越贡献。近代以来，中华民族遭受的苦难之重、付出的牺牲之大，世所罕见。中国共产党带领中国人民从沉沦中觉醒、从灾难中奋起，前赴后继、百折不挠，战胜各种艰难险阻，取得一个个伟大胜利，创造一个个发展奇迹，用鲜血和汗水书写了中华民族几千年历史上最恢宏的史诗。全面建成小康社会，见证了中华民族强大的创造力、坚韧力、爆发力，见证了中华民族自信自强、守正创新精神气质的锻造与激扬，实现中华民族伟大复兴有了更为主动的精神力量，进入不可逆转的历史进程。今天，我们比历史上任何时期都更接近、更有信心和能力实现中华民族伟大复兴的目标，中国人民的志气、骨气、底气极大增强，奋进新征程、建功新时代有着前所未有的历史主动精神、历史创造精神。

全面小康，在人类社会发展史上写就了不可磨灭的光辉篇章。中华民族素有和合共生、兼济天下的价值追求，中国共产党立志于为人类谋进步、为世界谋大同。中国的发展，使世界五分之一的人口整体摆脱贫困，提前十年实现联合国2030年可持续发展议程确定的目标，谱写了彪炳世界发展史的减贫奇迹，创造了中国式现代化道路与人类文明新形态。这份光荣的胜利，属于中国，也属于世界。事实雄辩地证明，人类通往美好生活的道路不止一条，各国实现现代化的道路不止一条。全面建成小康社会的中国，始终站在历史正确的一边，站在人类进步的一边，国际影响力、感召力、塑造力显著提升，负责任大国形象充分彰显，以更加开放包容的姿态拥抱世界，必将为推动构建人类命运共同体、弘扬全人类共同价值、建设更加美好的世界作出新的更大贡献。

回望全面建成小康社会的历史，伟大历程何其艰苦卓绝，伟大胜利何其光辉炳耀，伟大精神何其气壮山河！

这是中华民族发展史上矗立起的又一座历史丰碑、精神丰碑！这座丰碑，凝结着中国共产党人矢志不渝的坚持坚守、博大深沉的情怀胸襟，辉映着科学理论的思想穿透力、时代引领力、实践推动力，镌刻着中国人民的奋发奋斗、牺牲奉献，彰显着中国特色社会主义制度的强大生命力、显著优越性。

因为感动，所以纪录；因为壮丽，所以丰厚。恢宏的历史伟业，必将留下深沉的历史印记，竖起闪耀的历史地标。

中央宣传部牵头，中央有关部门和宣传文化单位，省、市、县各级宣传部门共同参与组织实施"纪录小康工程"，以为民族复兴修史、为伟大时代立传为宗旨，以"存史资政、教化育人"为目的，形成了数据库、大事记、系列丛书和主题纪录片4方面主要成果。目前已建成内容全面、分类有序的4级数据库，编纂完成各级各类全面小康、脱贫攻坚大事记，出版"纪录小康工程"丛书，摄制完成纪录片《纪录小康》。

"纪录小康工程"丛书包括中央系列和地方系列。中央系列分为"擘画领航""经天纬地""航海梯山""踔厉奋发""彪炳史册"5个主题，由中央有关部门精选内容组织编撰；地方系列分为"全景录""大事记""变迁志""奋斗者""影像记"5个板块，由各省（区、市）和新疆生产建设兵团结合各地实际情况推出主题图书。丛书忠实纪录习近平总书记的小康情怀、扶贫足迹，反映党中央关于全面建成小康社会重大决策、重大部署的历史过程，展现通过不懈奋斗取得全面建成小康社会伟大胜利的光辉历程，讲述在决战脱贫攻坚、决胜全面小康进程中涌现的先进个人、先进集体和典型事迹，揭示辉煌成就和历史巨变背后的制度优势和经验启示。这是对全面建成小康社会伟大成就的历史巡礼，是对中国共产党和中国人民奋斗精神的深情礼赞。

历史昭示未来，明天更加美好。全面建成小康社会，带给中国人民的是温暖、是力量、是坚定、是信心。让我们时时回望小康历程，深入学习贯彻习近平新时代中国特色社会主义思想，深刻理解中国共产党为什么能、马克思主义为什么行、中国特色社会主义为什么好，深刻把握"两个确立"的决定性意义，增强"四个意识"、坚定"四个自信"、做到"两个维护"，以坚如磐石的定力、敢打必胜的信念，集中精力办好自己的事情，向着实现第二个百年奋斗目标、创造中国人民更加幸福美好生活勇毅前行。

目　录

一九四九年 ··· 1
一九五〇年 ··· 2
一九五一年 ··· 6
一九五二年 ··· 8
一九五三年 ·· 10
一九五四年 ·· 12
一九五五年 ·· 15
一九五六年 ·· 18
一九五七年 ·· 21
一九五八年 ·· 22
一九五九年 ·· 26
一九六〇年 ·· 29
一九六一年 ·· 30
一九六二年 ·· 31
一九六三年 ·· 32
一九六四年 ·· 34

一九六五年	36
一九六六年	39
一九六七年	42
一九六八年	43
一九六九年	43
一九七〇年	44
一九七一年	45
一九七二年	46
一九七三年	48
一九七四年	49
一九七五年	50
一九七六年	52
一九七七年	54
一九七八年	57
一九七九年	58
一九八〇年	59
一九八一年	61
一九八二年	63
一九八三年	65
一九八四年	68
一九八五年	71
一九八六年	74
一九八七年	76
一九八八年	78

一九八九年 …………………………………81

一九九〇年 …………………………………82

一九九一年 …………………………………85

一九九二年 …………………………………88

一九九三年 …………………………………90

一九九四年 …………………………………93

一九九五年 …………………………………95

一九九六年 …………………………………96

一九九七年 …………………………………98

一九九八年 …………………………………101

一九九九年 …………………………………102

二〇〇〇年 …………………………………104

二〇〇一年 …………………………………106

二〇〇二年 …………………………………108

二〇〇三年 …………………………………111

二〇〇四年 …………………………………113

二〇〇五年 …………………………………115

二〇〇六年 …………………………………118

二〇〇七年 …………………………………120

二〇〇八年 …………………………………123

二〇〇九年 …………………………………125

二〇一〇年 …………………………………128

二〇一一年 …………………………………130

二〇一二年 …………………………………133

二〇一三年 ……………………………………………	136
二〇一四年 ……………………………………………	153
二〇一五年 ……………………………………………	175
二〇一六年 ……………………………………………	194
二〇一七年 ……………………………………………	211
二〇一八年 ……………………………………………	229
二〇一九年 ……………………………………………	252
二〇二〇年 ……………………………………………	267
二〇二一年 ……………………………………………	295
后记 ……………………………………………………	315

一九四九年

11月23日 中共中央西南局成立，邓小平、刘伯承、贺龙分任第一、二、三书记。

11月30日 重庆解放。

12月3日 重庆市军事管制委员会（简称"市军管会"）成立。

12月10日 中共中央西南局机关报——《新华日报》发刊。

同日 人民银行重庆市分行（简称市人民银行）成立。市军管会发布《关于使用人民币及禁用伪币的规定》。宣布人民币为唯一合法货币，即日起废止银元券。

12月11日 奉中央人民政府电令，重庆市人民政府正式成立，陈锡联任市长，曹荻秋任副市长。

12月14日 中共重庆市委作出《关于当前工人工作的要求》的决定。指出当前工人工作的主要任务是"组织工人群众协助接管，保护工厂，努力恢复生产"。

12月31日 市委作出《关于今后工作的决定》。指出今后工作的重点是对群众进行政策教育，发动群众进行反特斗争，安定社会秩序，恢复生产，开展文化教育工作。

本月 长江干线短途航线恢复，重庆向上海、沙市、宜昌等港发船38艘次。

一九五〇年

1月1日 重庆市各界群众12万人隆重举行庆祝重庆和西南解放大游行。

1月2日 重庆和成都间交通和邮电恢复。

1月3日 新华书店西南总分店开业。

1月5日 重庆人民广播电台开始播音。

1月8日 市人民银行成立储信部。针对市场物价上涨剧烈的情况，开办折实储蓄。

1月12日 市军管会公布《西南区金银管理暂行办法》，禁止银元作为流通媒介，取缔银元黑市交易。

1月22日 中国人民保险公司西南区公司开业。

2月1日 重庆水泥厂恢复生产。

2月3日 为了平抑物价，西南区粮食、花纱两家公司在重庆抛售大米和棉花。

2月19日 宝远通西南区4个总公司和分公司获准改为国营贸易机构。

2月22日 市军管会公布《西南区管理私营银钱业暂行办法》，加强对全市行庄的管理。

同日 交通银行开始办理贷款业务，扶助工矿交通企业及公用事业单位恢复生产。

本月 西南军政委员会批准实行《重庆市公粮征收暂行办法》。实行统一征收公粮，一次缴足，严禁擅自附加或摊派粮款。

3月10日 西南军政委员会公布《西南区减租暂行条例》。确定各类出租土地一律减低原租额的25%，减租后租额最高不得超过土地正产物的35%，减租年限从1950年起。

3月15日 市政府成立游民乞丐收容处理委员会，下设3个收容所。29日开始收容。至1951年底，共收容游民、乞丐、妓女1.61万人。经过教育改造，分别进行资遣返籍、辅导就业、组织修筑成渝铁路和移送民政部门各教养院等安置处理。

3月27日 中共重庆市第一次代表会议召开。出席大会的238人，代表全市114个支部2189名党员。市委第一书记陈锡联、第二书记张霖之、第三书记曹荻秋分别在会上作题为《重庆市今后的工作方针》《关于工人工作及党的组织和领导工作》《贯彻执行中央人民政府关于财经工作的决定》的报告。大会确定恢复和发展生产是今后的工作方针，工人工作是一切工作的重点。

4月3日 大渡口第二十九兵工厂三所2号平炉恢复炼钢。6日，二所炼铁炉恢复炼铁。至5月7日，全厂恢复生产。

4月5日 中国百货公司西南区公司成立。

同日 重庆市第一个人民文化馆在市中区人民公园建立。

4月28日 重庆市金融联合贷款银团成立，基金（旧币[①]）50亿元。

5月10日 第二十九兵工厂邹承祖等利用大轧车间旧设备轧制每米43.92公斤重轨取得成功并正式投产，为成渝铁路的建设提供全部钢轨。

5月22日 经市军管会批准，全市32个慈善团体联合组成市

[①] 旧币，即第一套人民币，于1948年12月1日发行，一直使用到1955年5月10日。面值与后来使用的人民币区别较大。

人民救济事业服务委员会。

5月25日—28日 全市首次农民代表会议召开，到会代表321人。市委第二书记张霖之作《关于郊区农民工作的报告》，号召农民组织起来，为实行土改做组织准备，进一步做好剿匪防特工作，开展反对封建恶霸和减租减息斗争。

5月28日 西南地区最大的一家私营钢铁企业——渝鑫钢铁厂全部复工。

本月 根据《中华人民共和国婚姻法》的规定，重庆市试办婚姻登记。

本月 市政府向重庆各轮船公司贷款（旧币）93.8亿元，月底航运业全部恢复。

6月12日 中央铁道部西南铁路工程局成立。

6月15日 举行成渝铁路开工典礼，邓小平莅临并致词。

6月27日 市失业工人救济委员会成立，陈锡联任主任委员，下设市失业工人救济处。登记的失业工人共3.45万余人，通过安置就业和以工代赈方式就业者3093人，参加修筑成渝铁路者4565人，资遣还乡者1924人，自找工作者1.15万人。

7月5日 市政府发放农业贷款（旧币）5亿元，解决郊区贫苦农民生产困难。

7月17日 中国粮食公司西南区公司、西南花纱布公司在重庆成立。

7月26日 政务院财经委员会指示港务、航务统一管理，明确重庆航务分局受中央交通部和长江航务管理局垂直领导，并受重庆市政府和西南交通部指导，形成"条块结合"的港航管理体制。

本月 西南农业生产技术会议在重庆召开。根据西南农业环境，制定以水稻、小麦、玉米、甘薯、蚕豆、青稞、柑橘、救荒作物种植，水土保持，病虫害防治等为西南农业试验研究的重点工作。

8月1日 中国民航首批开航5条航线，其中有4条通往重庆，分别是重庆—武汉—北京—天津、重庆—成都、重庆—昆明、重庆—贵阳。

8月7日 举行西南人民图书馆开馆典礼。

9月12日 民生公司"沅江"登陆艇载供成渝铁路行驶的首批蒸汽机车、货车等43件抵达重庆九龙坡码头。这是解放后经川江运进重庆的第一批特大特重货物，总重量322.8吨。

10月4日 重庆市城市建设计划委员会决定修建大田湾广场，即日动工。

10月9日—14日 西南区首次妇女代表大会在重庆召开。会议进一步明确西南妇运工作的方针和任务。会上，西南区民主妇女工作委员会成立。

10月20日 面向人民大众的新型文化娱乐场——大众游艺园在夫子池举行开幕典礼。

本月 渝光电熔厂用102厂提供的钨矿在小电炉上采用积块法成功生产钨铁，满足了国防急需。该厂成为西南地区解放后第一个生产钨铁的企业。

11月20日 西南人民艺术学院在九龙坡黄桷坪建立，为西南地区第一所艺术教育高等学府。1953年，该学院音乐系迁成都建立西南音乐专科学校，美术系留原址建立西南美术专科学校（后改为四川美术学院），戏剧系、实验剧团与西南人民文工团合并组成西南人民艺术剧院。

11月24日　市政府发出解放后第一个护林指示：无论公有林、私有林应由当地人民政府切实加以保护，不准任意破坏及砍伐。

本年　从2月始，全市陆续成立纺织、搬运、兵工、钢铁、机器、市政、海员、公路运输、煤矿、化学、轻工业、食品、邮电、新闻出版、手工业、店员、财政金融等10余个产业工会。到年底，全市职工已基本组织起来，工会会员发展到7.92万人，占全市职工总数的48.6%。

一九五一年

1月6日　市民政局在觉林寺、歌乐山设立2个收容处理所。至20日，共收容游民和乞丐2286人。

本月　市郊各区减租退押工作基本结束，农民共获得胜利果实折合人民币（旧币）334.66亿余元，平均每人（旧币）23.94万元。

2月1日　为有重点地展开重庆市各项市政建设及地方福利事业，市政府发布布告决定征收市政建设附加税。各税种税率分别为农业税25%，工商业税15%，国营企业营业税15%，临时商业税20%，屠宰税10%，房地产税20%，轮渡税20%，轮船运价税20%。

5月4日—7日　市第一届人民体育检阅大会在大田湾广场举行。有田径、球类等项目，共有2000余名运动员参加。

5月4日—8日　市第一届文学艺术工作者代表大会召开。确定以后工作的总方针是：进一步团结起来，为普及和深入抗美援朝的爱国主义文艺运动而努力。会议通过市文联章程，宣布市文联正式成立。

5月30日 市中心区的北区干路通车，全长约2千米，以大溪沟为起点，临江门为终点。

本月 市政府成立市肥料管理处，统一管理城区粪便，改善城市环境卫生，供应农村肥料。

6月2日 重庆市技艺团成立。该团由中国精武团、国光武术团、南洋马戏团联合组成。1954年改名为重庆杂技艺术团。

6月30日 成渝铁路完成铺轨165千米，通车到永川。

本月 西南工业部所属一五二工厂试制风镐成功，填补了国内一项空白。

本月 西南制药厂研制出国内首创的治疗钩虫病药物四氯乙烯。其后数年，该厂先后研制出国内首创的抗疟疾药环氯胍、抗寄生虫药1-溴2-萘酚、磷酸哌嗪等，成为国内重要的地方病药物研究和生产基地。

7月15日 长垫（长寿至垫江）公路正式通车。

11月 合营银行联合总管理处西南办事处在重庆成立。该办事处由新华、中实、四明、建业、浙江兴业以及和成、聚兴诚等银行联合组成。

12月8日 西南军政委员会发布《西南区土地改革山林处理办法》。

12月15日 西南军政委员会发布《关于开展爱国增产节约运动的决定》，号召开展爱国增产节约，反对贪污、反对浪费、反对官僚主义的"三反"运动。成立西南军政委员会爱国增产节约运动委员会，邓小平任主任。

本月 民生机器制造厂建成我国第一艘浮船坞。该船坞重450

吨，长50米，宽9.5米。

本年 重庆市钢铁、机器、铁作、棉纺、针织、毛巾、化工原料等7个行业开始制订行业生产计划，碾米、煤矿等22个行业开始建立月报制度。

一九五二年

4月12日 市企业局所属各公营及公私合营工厂降低600余种产品的成本价格，其中最高降幅为50%，最低降幅为2%。

4月15日 西南工业部所属各厂矿普遍降低生产成本，最高降幅为57%，最低降幅为5%。

4月22日 西南区医药公司调整283种医药商品的销售价格，其中130种药品的价格平均降低17.6%，153种医疗器械的价格平均降低11.4%。门市配方部一般降价3%~5%。

5月1日 4月29日从宜昌起航的"江发"号轮船历时32小时安全抵达重庆。这是川江宜渝线逆水昼夜航行之开端。

5月4日—15日 西南区首届人民体育运动大会在重庆大田湾广场举行，参加运动会的有云南、贵州、西康等省和川东、川南、川西、川北等行署以及重庆市、西南一级机关、西南军区、西南铁路共11个代表团，贺龙、邓小平等亲临大会检阅。重庆市代表团获团体总分第3名。

5月24日 市第一届财政经济计划会召开，组织试编重庆市1952年国民经济计划。会议对编制市1953年国民经济计划和第一个五年计划及十年规划工作也初步进行部署。

本月 市建设局开始组织示范推广玉米去雄选种法。

6月13日 成渝铁路正线505千米的铺轨工程提前完工。

本月 人民银行重庆市分行贷款（旧币）515亿元，帮助积极经营的私营工商业户恢复生产。

6月30日 重庆市制造的第一批35辆新型公共汽车在解放碑举行出车典礼，市长曹荻秋为典礼剪彩并讲话。

7月1日 重庆各界3万多人在菜园坝车站举行庆祝成渝铁路全线通车大会，中央铁道部部长滕代远亲临剪彩，西南及重庆党政军领导到场祝贺。毛泽东、朱德、周恩来、刘伯承、邓小平等为成渝铁路通车题词。7月6日起，成渝全线正式营运。

7月17日 为进一步解决工人的住宅问题，市政府成立市工人住宅修建委员会，并拨款（旧币）400亿元，分别在市区大溪沟和郊区小龙坎修建数十栋市政工人和产业工人住宅楼。住宅楼1953年3月5日落成。

8月5日 重庆市劳动人民文化宫开放。

9月1日 市轮渡公司增开牛角沱至香国寺、董家溪航线。

本月 西南军政委员会办公厅抽调在渝一些施工企业职工组成工程处，修建重庆市人民大礼堂。重庆市人民大礼堂由建筑师张家德等负责设计，总造价（旧币）600多亿元，建筑面积2.5万平方米，于1954年3月建成。

12月3日 根据中央调整全国批零差价的指示精神，重庆市重新制定批零价格差率，调高8531种商品的零售价格，平均扩大批零价格差距幅度4%～5%，增加了私营商业的利润，有利于对私改造。

12月22日 重庆市开始试行企业自办纳税。

本月 西南农林部西南林业试验场和三区人民政府合作在覃家岗、上桥、詹家溪、山洞等乡造林225万余株，面积5871亩。

本年 土地面积的计量单位由市石改为市亩，并颁发土地证。查田定产工作结束。

本年 全市共有99家工厂（不包括铁路等2个产业及北碚区）实行劳动保险条例，享受劳保待遇的职工6.69万余人，连家属在内有20万人。此外，建筑、搬运等系统有6万多人享受劳保待遇。

本年 全市共建立23个产业工会，6个区办事处，1230个基层工会组织，工会会员达到19.82万人，占全市职工总数的68.7%。

本年 市自然科学专门学会联合会成立。全市33个自然科学学会参加联合会。

一九五三年

1月10日 长江航务管理局组织各公营、私营轮船公司的船舶，开始在渝宜和宜汉航线两段设定期班轮，实行长江各线联运。

1月23日 "一五"时期苏联援助中国建设的156项工程之一的五〇七火力发电厂在渝开工，电厂全部安装苏联设备，并由苏联专家帮助建设。该厂于1954年3月31日正式开始全套启动，4月20日举行发电剪彩典礼。

1月29日 中国百货公司重庆市公司开始实行经济核算制。

本月 重庆市人民出版社成立。1955年7月1日更名为重庆人民出版社。

3月15日 全国第一个制造棓酸塑料的工厂重庆棓酸塑料厂

开工。该厂采用西南土特产五棓子为原料。1954年8月，重庆棓酸塑料厂在苏联专家别什赫诺夫的帮助下试制出糠醛塑料，正式生产541号塑料粉。

3月21日 西南建筑工程管理局拨款（旧币）137亿元，在杨家坪修建9幢建筑工人宿舍，同时拨款（旧币）30亿元修建建筑工人医院。

4月5日—8日 西南文学艺术工作者代表会议在重庆召开。参加会议的有西南各地文学、音乐、美术、戏剧工作者代表142人。会议选举成立西南文学工作者协会。

4月15日—30日 举行重庆市物资交流大会。全国56个代表团、2019位公私企业代表参加批发交易活动，共成交2.14万笔生意，购销总额（旧币）6000多亿元，其中零售总额（旧币）29亿多元。

4月25日 渝碚公路新线通车，比旧路线缩短30千米，90%以上的路基符合二级公路标准。

5月5日 西安—重庆空中航线开通。

同日 西南川剧院在重庆成立。

6月8日 重庆市基层选举试点工作开始。工作组到达第三区歇台乡，协助召开第一届乡人民代表大会第一次会议，选举产生全市普选后第一个乡人民政府。1954年1月全市完成普选，共建主城乡政权54个。

6月18日—19日 市委召开郊区农村工作会议。传达中共中央《关于农村生产互助合作的决议》，讨论重庆市农村生产互助合作的问题，确定生产互助合作应有计划地稳步进行。

7月1日 川黔铁路干线三万（三江至万盛）支线建成通车。

本月 市人民银行四区办事处成立重庆市第一个信用合作社——新生乡信用合作社。

9月1日 人民银行重庆市分行成立市民贷款处,开始办理市民生活贷款,以解决市民生活上的临时困难。

9月15日 举行重庆六一〇织布厂开工典礼。该厂从1月10日开工兴建,8月底建成,装自动布机500余台,每年用纱1.1万余件,织布4.15万米,是西南地区第一家自动化织布厂。该厂投产后,初步改变了重庆长期运出棉纱、运进棉布的不合理现象。

10月19日 国营重庆电机厂制造出低速水轮发电机,为开发西南丰富的水力资源创造了条件。

11月18日 重庆开始实行粮食计划供应。

12月28日 市政府召开体育运动工作座谈会,制定1954年开展群众性体育运动工作计划,决定投资(旧币)200亿元在大田湾修建一个可容纳2万余名观众的甲等体育场。

一九五四年

1月 川江开始进行航标改革,清除旧有的英式助航标志。在宜昌—宜宾1044千米的航道上配设新型的苏式锁链航标2743座,至1956年第四季度配设完成。

3月11日 西南绢纱厂织出第一码麻纱布,填补了西南纺织业的一个空白,为西南农村苎麻销售开辟了一条新的道路。

3月30日 为减轻工厂非生产负担,在一〇一厂、一〇二厂试建厂区办事处,接管公共卫生、优抚、救济、调解等项工作。至

1956年底，全市在有8000人口以上的厂矿地区建厂（矿）区办事处14个。

4月5日 西南钢铁工程公司抽调技术工人、技术人员和行政人员支援大冶钢铁厂改建和扩建工程，首批100余人启程。

4月7日 根据中央军委《关于军医大学整编的决定》，第六军医大学与第七军医大学合并，命名为中国人民解放军第七军医大学，校址在重庆。

4月15日 开办宝成、成渝两铁路间货物直通运送业务，降低了运输成本，加速了车辆周转。

4月26日 市政府公布《重庆市城市建筑管理暂行通则》。规定所有市内建筑工程的设计必须密切配合城市发展计划，报经市建设局核准后始得进行，严禁一切违章建筑。

本月 长寿县狮子滩水库工程开工，1957年竣工。主坝系堆石结构，长1014米，高51米，坝底宽98米，顶宽8米。水库控制流域长140平方千米，湖面9.75万亩，总库容9亿立方米。水库区域淹没土地4.2万亩，移民9899户4.48万人，搬迁费938万元。湖内建水电站4座，年发电量4亿度。

5月12日 公私合营重庆投资公司成立，资本总额（旧币）200亿元，其中公股（旧币）20亿元。

5月14日 从第一季度起，在长江、嘉陵江重庆段沿岸新建8个河岸梯道码头，已完工的有储奇门、双溪沟、麻柳湾、杨家溪、弹子石、黑巷子码头。

5月15日 重庆铁路管理局开始将綦江铁路69千米的轻轨全部改铺重轨。工程完成后，运输能力提高30%~40%。

本月 全市已建立6个信用合作社、11个信用互助组，分布在

59个村，占全市乡村总数的13%。

6月1日 西南区水利工作会议在重庆召开。推广长寿县开展群众性农田水利工作，把临时性抗旱措施和长期性的农田水利建设结合起来的试点经验。

同日 公私合营天原化工厂扩建工程投产，生产能力提高50%。

6月12日 一○一厂新建的1号平炉投产。加上5月11日投产的2号平炉，西南区的钢产量比上年增长1倍，改变了西南区炼钢与轧钢不平衡的状况。

7月11日 重庆市正式并入四川省建制。

7月12日 市工会联合会和团市委联合召开全市第一次青年先进生产者代表会议，动员青年职工深入学习王崇伦工作精神，参加以技术革新为主要内容的劳动竞赛。

本月 市郊歌乐山、燕尾山脉发生松毛虫害，面积达6.3万亩。全市先后出动人员3.46万人次，防治面积5.17万亩，防治率达77%。

8月1日 六一○厂新建的年产3600万米的染布厂投产。9月7日，该厂新建的拥有1056台织机的车间投产。

本月 全市新开办7所普通中学，同时扩建9所中学。

11月16日 民生公司新建大型货轮"大众"号首航抵重庆。该船载重量1800吨。

11月26日—28日 市委召开对私营商业社会主义改造工作会议，主要解决对私营商业社会主义改造中的政策思想问题。

12月18日 正式开放宜昌—重庆分段夜航。开放后两地间的船舶运转率提高20%。

本年 重庆市接管、征用、代管或以其他方式接收在渝的美国大使馆、法国领事馆、英商太古公司、英商隆义公司、英商亚细亚公司、美商美孚公司、英商卜内门公司、美商德士古公司、英商怡和洋行、英美会一德堂、仁济医院、仁爱堂医院、宽仁医院、英美会事务所等外国企业和公私房地产。

一九五五年

1月20日　两路口至肖家湾公路新线正式通车。

1月21日　国务院同意建立重庆市南桐矿区。该区由四川省南川县、綦江县和贵州省桐梓县共3个县所属的26个乡、1个镇组成。8月12日，南桐矿区成立。

1月24日　西区公园建成开放。该公园面积150亩，1960年10月改为重庆市动物园，1963年征地后达615亩。

2月1日　重庆等14个城市的人民银行储蓄部门与合营银行合并，专办储蓄业务。人民银行重庆市分行拟定《公私合营银行重庆分行储蓄业务实施办法》。

本月　重庆针织厂在陈家坪建成。

3月5日　新建的国营重庆棉织厂投产。

3月9日　重庆市郊区建社工作结束，全市共建成农业生产合作社582个，入社农户占农户总数的37.8%。

3月12日　重庆市第一中医院成立。

5月3日　举行重庆市大田湾体育场开工典礼。该体育场于1956年2月9日竣工，面积2.1万多平方米，有1个草地足球场、1条500米木屑跑道和1条400米煤屑跑道，看台可容纳4万多观众。

5月9日　西南钢铁公司与一〇一厂合并，更名为重庆钢铁公司，下辖第一、二、三钢厂和綦江铁矿、遵义锰矿。

5月21日　举行市体育馆开馆典礼。该馆由中央拨款修建，1954年3月开工，1955年2月落成，位于中山三路原市二中旧址，馆内有室内球场，共4425个座位。

5月31日　市戏曲工作委员会成立，领导全市戏曲改革、理论研究、出版等工作。到1957年，共挖掘、整理、鉴定传统川剧剧目176个。

本月　长航重庆分局将公私合营民生公司、川江公司的港口业务在上年联合办公的基础上实行统一管理，以加强长航事业的计划性和统一性。

6月1日　重庆市图书馆开馆。该图书馆由原西南图书馆、重庆市人民图书馆、北碚图书馆合并组成。不久，北碚图书馆仍交北碚区管辖。

6月1日—2日　举行重庆市首届少年儿童运动大会。

7月28日　经市工业局批准，通过协商自愿，自由、复兴、顺昌、永兴、大陆等橡胶厂合并入重庆中南橡胶厂。

8月22日　人民日报社、新华通讯社、人民画报社、解放军画报社、中国美术家协会联合举办的全国摄影艺术展览会来渝展出。

9月1日　根据中央指示精神及四川省的划分范围，市政府决定实行地方工业按业"归口"管理。

9月5日　四川省重庆轮船公司成立。

10月6日　上海、重庆间开始行驶定期直达货轮，重庆首批货轮启程。

本月 重庆第一钢厂耐火材料车间试制出热稳定性镁砖。

本月 市郊农村党组织已在每个乡建立党支部，其中4个乡设立党总支，48个农业生产合作社设立党支部。

11月5日 重庆434种地方工业品价格降低。其中，日用百货329种，平均降价8.6%；文化用品22种，平均降价9.13%。

11月10日 重庆肉类联合加工厂动工兴建。这是第一个五年计划期间国内新建最大的肉类联合加工厂之一，主要厂房由苏联帮助设计，主要机器设备也由苏联供应。

11月14日 全市最后一家私营纱厂（维昌纱厂）实行公私合营。

11月27日 "江展"号、"民苏"号、"江渝"号3艘轮船由宜昌起航上驶，29日到渝。长江上轮船首次上水夜航成功。宜渝段营运船舶、航次周转时间缩短。

同日 重庆机床厂试装我国第一台造型机成功。

本月 琼江河渠化工程开工。该工程1976年完成，共建船闸11个，使100千米航道渠化，这是解放后四川省第一个渠化工程。

本月 全市橡胶、电池、棉布、文教用品、五金、石油等行业实行全行业公私合营。

12月23日 西南地区第一条11万伏长寿—重庆超高压输电线路工程完工投产。这是国家"一五"时期电力工业基本建设重点工程之一，于本年7月1日动工兴建。

12月30日 全市500多种手工业产品降价，降价幅度为3.96%～34.59%。

本月 重庆大新药厂生产的注射用葡萄糖首次出口苏联，开创了我国葡萄糖由进口变出口的新局面。

本年 重庆市组织对全市私营重点行业进行全面调查。

一九五六年

1月1日 市区上清寺至小什字无轨电车线路正式通车。

1月16日 市人民政府委员会（简称"市人委"）批准重庆市私营工商业全部按行业公私合营。21日，全市各界30多万人分别在市中区和郊区游行，庆祝社会主义改造取得全面胜利。

本月 全市已建成203个高级农业社，入社农户占农户总数的66.9%，另有初级农业社316个，入社农户占农户总数的17.9%，社外农户只有1.04万户。

本月 重庆塑料厂被国家列为"一五"期间进行扩建的重点企业，国家投资650万元扩建厂房，添购设备。

2月11日 举行重庆市青年宫开宫典礼。

2月23日 中央轻工部医药工业局授给西南制药厂重庆分厂1955年度全国医药系统积极生产中药奖（乙级）。

4月 重庆47种地方工业主要产品降低出厂价。此次降价连同上年以来的3次降价，使重庆地方工业产品价格基本达到当时全国先进地区的出厂价水平。

本月 从重庆綦江县赶水镇到贵州贵阳全长340千米的川黔铁路动工修建。

5月1日—16日 重庆市第一届工人运动会举行。蒋淑筠打破女子1500米、3000米两个自行车项目的全国纪录。

6月1日 重庆医学院儿科医院开业。

6月14日 市委批转市工资改革委员会《关于重庆市工资改革工作的计划》。19日，市工资改革委员会成立。工资改革工作到10月基本结束，全市参加工资改革的职工有31万多人，月平均工资由47.7元上升到55.3元，人均月增资7.64元，增幅为16%。

6月24日 重庆长江大桥桥址钻探测量工作展开。1957年9月中旬，国家建设委员会、国家计划委员会正式批准在重庆修建一座单轨铁路专用长江大桥。1958年9月10日，重庆白沙沱长江大桥正式动工兴建。

7月1日 重庆市建筑业改9小时工作制为8小时工作制，改大礼拜（两周休息一天）为小礼拜（每周休息一天）。

本月 重庆市新建和扩建24所高校和中等学校，其中新建的重庆医学院和重庆航务工程校等7所院校暑期招生，扩建的17所高校、中专于秋季开学前后完工。

8月 根据国务院《关于在公私合营企业实行定息办法的规定》等文件精神，重庆市实行定息的公私合营企业共1966户，私方定股金额1948.18万元，7月和8月，重庆市发放（上半年）定息55.42万元。

9月1日 民生轮船公司和川江轮船公司并入长航重庆分局，两家公司的码头、货栈移交港务局。

9月14日 化工部批准由中央和重庆共同投资179万元在沙坪坝区天星桥兴建西南制药厂一分厂。该厂于1957年6月动工，1959年建成投产。

本月 重庆附近各县逐步开放国家领导下的自由市场。至10月，重庆市场开始活跃。

10月1日 重庆至泸州长江航运正式开通夜航。

10月11日 市人委第二十次会议通过《重庆市房屋租赁管理暂行办法》和《重庆市公私房屋租金试行标准》。按照新标准，门面用房租金平均降低33%，住宅用房租金平均降低约25%。

10月30日 长寿县狮子滩水电站举行第一台水轮机组发电剪彩仪式和庆祝大会。到1957年3月31日，狮子滩水电站的4台水轮发电机组全部安装完毕。

本月 重庆市中小学教职工工资改革开始，11月结束。总的增资指标中学为16%，小学为13%。

11月17日 市委同意市委商业工作检查组《关于开放鸡、鸭、鱼、蛋自由市场的意见》。

11月18日 2000匹马力的大型拖轮"长江2008"在重庆船舶修造厂建成。

11月30日 龙溪河上第二梯级电站上硐水电站扩建完成，正式向重庆送电。

本月 重庆市群众艺术馆在夫子池建成。1961年市青年宫、市群众业余学校并入，该馆迁到新华路原青年宫旧址。

本月 全市新公私合营工厂的经济改组工作基本完成，562家新合营厂分别改组联并为99个单位。

12月 全市已治疗钩虫病患者15万人，为感染人数的50%。

本月 重庆第一座110千伏变电站盘溪站和第一条110千伏高压输电线路长寿—盘溪线建成，形成水火电联网的统一电网。

本年 著名植物生态学家侯学煜等人率北京植物研究所、四川大学、西南农学院、西南师范学院、西北地理研究所、东北林业研究所、北碚风景管理所7个单位有关人员对缙云山植物资源进行调查，历时4个多月。查清缙云山植物（不含苔藓类）有198科766

属1422种。

本年　全市出生婴儿8.87万人，其中新法接生8.61万人，新法接生率97.5%，第一次消灭新生儿破伤风和产褥热。

一九五七年

1月　市郊6个区300多个农业社开始进行整顿，至3月中旬基本结束，着重解决"集中分散""包工包产"的问题。

2月　重庆市运输组织进行改革，实行以"四定"（定航线、定船、定周期、定运量）为主的专线运输方案，以解决运输组织和运输秩序混乱、港口阻塞与积压、船舶周转不灵等问题。

3月1日　公私合营中胜汽车公司并入国营重庆市公交公司，建制为该公司四总站。至此，全市地面客运交通形成由市公交公司独家经营的局面。

3月17日　重庆市第一个社会福利生产单位——市残废人福利社成立。

4月13日　沙坪坝公园开放。该公园面积34.5亩，解放前系市参议员杨若愚私宅。

5月　煤炭部重庆管理局决定开发松藻无烟煤田。该煤田长8千米，储量在1亿吨以上。

6月10日　重庆医学院第一附属医院正式开业，与儿科医院合并办公。1958年7月1日，重庆医学院第一附属医院在袁家岗新址正式建成，9月该院全部从儿科医院迁至袁家岗新址。

本月　九龙坡区杨家坪体育场完工。

8月 我国第一个蒸发试验站在重庆建成。该站为长江上游修建大型水库收集蒸发量资料。

9月 市基础设施建设、交通运输和邮电单位抽调662名干部充实基层，还动员788名干部和以工代干人员回到生产中当工人或从事其他劳动。

10月16日 面积1218平方米、可藏书60万册的重庆市图书馆新书库建成交付使用。

本年 重庆市博物馆会同四川省博物馆在合川县太和镇发掘出恐龙化石，经鉴定为"合川马门溪龙"。

一九五八年

1月28日 重钢小平炉车间2号炉炼出第600炉钢水，超过上钢三厂保持的599炉的全国纪录。2月4日，该炉炉龄达到624炉。

本月 国营建设机床厂生产出中国第一台多头螺旋锉刀剁齿机。

2月23日 重庆市除"四害"战斗总指挥部成立。决定从是日起，动员全市200万人继续投入空前规模的除"四害"战斗。3月5日，有关部门宣布：全市已基本消灭老鼠，成为无鼠城市。其间，除"四害"总指挥部还先后宣布市中区、沙坪坝区、北碚区为基本"四无"区。

本月 重庆市郊区40万农民大修农田水利工程，增加灌溉面积19万亩，使市郊水旱田基本实现水利化。

本月 由政府投资的重庆市第一个火葬场在石桥铺建成。

3月1日　重庆市公费医疗管理改进方案试行。方案规定：药品费、手术费、住院费等由国家负担90%，个人负担10%。

3月20日　市领导同1.7万余群众参加清除珊瑚坝污水塘的义务劳动。经过全市30万人次、21天的奋斗，疏通珊瑚坝污水塘的渠道工程完工。

3月27日　天府煤矿1井111采煤队在急倾斜0.75米薄煤层回采工作面日进4米，创全国新纪录。

同日　中梁山煤矿北平硐职工在1730多米深的地层下，创平硐大断面岩石掘进日进15.15米的全国新纪录。

4月3日　重庆建设机床厂制造出重庆第一辆长江牌26型载重汽车。该车75匹马力，载重量2.5吨，最高时速78千米。

4月5日　重庆望江机器厂制造出第一辆长江牌46型吉普车。该车75匹马力，最高时速120千米。

4月14日　重庆汽车配件厂造出一辆载重1吨的红岩牌小型轻便汽车。

4月15日　重庆四○一汽配厂造出16匹马力的"八一"号小型拖拉机。

同日　重庆水泵厂造出手扶式拖拉机。

4月21日　重庆建设机床厂造出7匹半马力的长江牌轻型拖拉机。

4月27日　江陵机器厂造出人造卫星牌17占全钢防水、防震手表。

本月　重钢铸造车间试制出全国最大的钢板全冷面球墨轧辊。

5月7日　重庆三江钢铁厂动工兴建，计划一期工程1959年底完工，达到年产钢10万吨、钢材13万吨的生产能力。9月2日，该厂开始出钢。1959年2月，该厂年产钢材5万吨轧钢机投产。

同日 国营长安机器厂生产出第一台20匹马力柴油机。本年共生产414台这种柴油机支援农业灌溉。

5月17日 年产42万吨原煤的荣昌一、二号斜井建成投产。

本月 重庆市民歌民谣采集工作告一段落，共采集到民歌民谣3000多首。在此基础上编辑的《重庆采风录》第一、二辑出版。

6月18日 市钢铁、机械、电机工厂赶制成套的炼铁、炼钢和轧钢设备，以满足四川省和西南地区发展钢铁工业的需要。这批设备包括年产1万至5万吨的轧钢机26套、无缝钢管厂设备1套、鼓风机200台等。是日，市委召集有关工厂签订共同完成任务的协议书。

6月26日 重钢试轧出中国第一批含铜重型钢轨和高矽重型钢轨。这种钢轨是当年国家35项重大科技研究项目之一。

6月28日 綦江汽车齿轮厂试制出猛进牌GJ-10型5吨载重汽车。

6月29日 国营空气压缩机厂试制出中国第一台年产10万吨氮肥大型合成氨冷冻设备——2S氨气压缩机。

6月30日—7月7日 冶金部在渝召开全国耐火材料生产促进会。与会代表实地参观后认为，重钢在生产黏土砖、矽砖方面创造的生产奇迹是耐火材料工业的重大技术革命。

7月1日 两路口至杨家坪无轨电车线通车典礼举行。该条电车线路由全市人民集资修建。

同日 重庆肉类联合加工厂建成投产。该厂8小时可宰杀生猪2000多头，是西南地区第一家现代化肉类加工厂。

同日 鹅岭公园正式开放。该园是在清末宣统年间始建的李跃庭别墅（亦称礼园）基础上扩建而成，面积98.1亩。

同日 重庆灯泡厂建成投产。

同日 新建机器厂继先进牌71型轿车、72型大卡车后又试制出73型轻便卡车。

本月 市工商局配合业务主管部门将上清寺地区的合营、合作商店和合作小组分别并入相关的国营企业。到第四季度，全市过渡到国营的公私合营商店有82个、8033人，合作商店有134个、1.71万人，转入人民公社、街道工厂或服务站的有1136户、1365人，其他调出者近万人。同期，全市手工业过渡为全民所有制的有212个社组、1.77万人。

本月 重庆开始贯彻执行以"调整产量、比例税制、按社计征"为主要内容的新农业税条例，拟定了所属各区县平均调整产量比例和计征比例。

8月1日 中央卫生检查团来渝。该团对重庆市进行3天检查，认为已基本上消灭"七害"。

8月19日 建设机床厂制造出西南地区第一台750千瓦发电机。

8月30日 重庆发电厂扩建工程的第一台1.2万千瓦机组发电。到1960年上半年，该厂8台1.2万千瓦机组全部建成发电。

8月31日 望江机器厂生产出西南地区第一套年产5万吨的无缝钢管设备。

本月 重庆市第一个无烟煤矿——南桐矿区松藻煤矿投产。

9月1日 川江宜昌至重庆段实现上下水全面夜航。

同日 长寿县大洪河水库动工。到1963年10月5日，库区水面3万亩的大洪河渔场建成。1964年10月1日，水库总装机容量3.5万千瓦的4台发电机组发电。

9月18日　袁茄（袁家岗至茄子溪）公路建成通车。

9月22日　设计能力年产钢60万吨的重钢转炉车间投产，5号转炉炼出第一炉钢。

本月　从长寿县城到江北县两路的渝长公路竣工通车。

10月12日　重庆啤酒厂动工兴建。

11月4日　国家重点工程之一的长寿化工厂扩建工程氯丁橡胶车间建成投产。

11月20日　重钢三厂设计制造出中国第一台工业立式连铸钢机。1964年4月27日，该厂设计制造的中国第一台1700毫米弧形连铸钢机投产。

11月30日　重钢建成一个现代化装置的无缝钢管车间。1959年1月5日，该厂轧出外径82毫米的无缝钢管。

12月15日　市人委批准九龙坡港为水陆联运货物换装港。该港由交通部投资500万元扩建，年通过能力由1956年的11万吨增至83万吨，成为长江上游最大的水陆联运港口。

本年　全市造林38万亩，为1957年造林面积的17倍。

本年　全市消灭钩虫病工作取得重大进展，6个区已无钩虫病患者，钩虫病感染者比率农村下降到10%以下，城镇下降到3%以下。

一九五九年

1月30日　西南地区第一个现代化大型矿井——中梁山煤矿南矿井提前9个月建成投产。

本月 根据市委指示，共青团重庆市委组织一支由青年技术革新能手廖世刚、魏高厚、唐永康、李秉中等人及团干部组成的"三结合"先进经验播种队，在空压厂、长安厂等10多个厂矿传播先进思想和先进技术。

2月16日 四川省、重庆市有关部门与解放军某部合作，在重庆进行首次人工消云造雨试验获得初步成功。

3月 市委、市人委联合发出《关于立即开展防旱抗旱运动的指示》，要求各地书记挂帅，发动群众掀起抗旱运动高潮。

4月17日 中央爱国卫生检查组来重庆检查。经过4天的检查，检查组对重庆市除"四害"、讲卫生工作感到满意，对王家坡、鹤皋岩、谢家湾文化一村等地区给予高度赞扬。

本月 重庆市著名的技术革新标兵、木工黄荣昌被重钢提升为机械工程师。黄荣昌及其技术革新小组从20世纪50年代中期到1964年4月共成功创造革新机器设备220台。

5月25日 长寿水力发电厂下硐电站新装的第二台水轮发电机组建成发电。至此，龙溪河梯级电站的最后一级电站全部建成。

5月31日 重庆市第一座年设计生产能力60万吨、全机械化的新型竖井——鱼田堡煤矿一号竖井正式投产。

6月18日 四川省煤矿工会和重庆市煤管局联合工作组在天府煤矿开展"一条龙"攻硫试点工作，使用原煤2306吨炼焦17炉，使焦炭硫分降到0.99%，灰分降到13.82%，脱硫率达70%。

7月12日 市委、市人委联合发出紧急通知，要求各区县全力以赴抗旱保苗，全栽全种。连日来，有30万人昼夜出动同干旱作斗争。8月1日，市级机关、财贸部门、市中区举行3000名党员干部参加的大会，动员机关干部参加抗旱。8月5日，市级机关干名干部到市郊抗旱。到8月6日止，全市已出动各种抗旱工具570多万件次，抗旱浇地面积332万亩，每天出动抗旱大军30多万人。8月19日起，全市农村每天出动60万人抢栽晚秋作物，至9月19日，全市共栽种晚秋作物172万亩，为增种计划的101.6%。

本月 民生修造船厂制造出中国第一艘1200吨浮坞。12月27日，该浮坞正式投入使用。

8月31日 市财政局、市城市建设局发出《关于本市包工企业流动资金自本年9月1日起试行金额信贷的联合通知》。规定企业流动资金由建设银行以信贷方式统一供应、统一管理。

本月 重庆市跳伞运动员王素珍、赵成英在成都举行的六省区飞机跳伞赛中与山东省的高明一道，以平均离靶心7米的成绩打破8.73米的女子600米集体定点着陆跳伞世界纪录。

9月1日 设计能力年产钢25万～30万吨的刘家坝转炉厂一期工程建成投产。22日，二期工程完工。

9月5日 全川江683.79千米的河段实现航标、信号电气化和电气标灯自动化。

9月28日 西南地区第一个超高压变电站——双山变电站经国家检验合格，正式投入使用。

9月30日 举行重庆市庆祝中华人民共和国成立10周年大会。市长任白戈在报告中总结了重庆市10年来的巨大变化：重庆市已变成一个拥有440万人口的以钢铁、机械、煤炭等重工业为基础的综合性城市。10年来，全市职工人数由10万人增加到72万人，工业总产值比解放前增长13倍，钢产量增长67.6倍，钢材产量增长78.8倍，生铁产量增产16.6倍。郊区农村组成了50个人民公社，蔬菜、副食品已做到基本自给。

10月22日 重庆白沙沱长江大桥基本建成。该桥是一座铁路桥，北接成渝铁路，南连川黔铁路，全长820米，高出水面60米，有12个墩台、12孔钣梁、4孔桁梁、1孔结合梁。12月3日大桥交付使用，12月10日正式通车。同时，川黔铁路北段重庆至赶水段改建线路（珞璜—五岔）建成通车。

11月20日 从市区到綦江和南桐矿区的长达96千米的高压输电线架设完工。

本月 全长14千米的小鱼沱—赶水和全长33千米的白市驿—歇马场2条钢铁运输专用铁路建成通车。

12月21日 年产炼焦煤45万吨的砚石台矿井建成投产。

本月 重庆市为重钢制造的第一座现代化大型炼焦设备——45孔炼焦炉完工。该炉设计能力为年产焦炭32万吨，于1960年1月30日投产。

本月 全市农村、机关、厂矿等集体单位的牲畜防疫网基本建成，有牲畜防疫机构2356个。

一九六〇年

1月1日 重庆水轮机厂制造出第一台8750千瓦大型水轮发电机组。

2月3日 重庆市1959年妇女建设社会主义积极分子代表大会和第五届妇代会召开。3年来，重庆市妇女广泛参加生产和建设，女职工已达16万多人，农村妇女已占农业劳动力总数的50%左右。

2月4日 市委在建设机床厂召开全市机械化、自动化现场会，号召全市职工大搞技术革新和技术革命，提高机械化、半机械化程度，向自动化进军。至25日，全市已实现手工操作机械化6922项、半机械化2.13万项、单机自动化1235台、半自动化4184台、自动生产线514条、联动线212条。全市工业系统节约劳动力近5万人。

3月15日 拥有1500多个座位、采用圆筒形薄壳结构的山城宽银幕电影院建成。全市有6万多人次参加影院修建义务劳动，整个工程85天完成。

同日 重庆市第一座容积620立方米的高炉在重钢建成投产，炼出第一炉铁水。

本月 城市人民支援农业生产的群众运动在全市开展。全市50万人奋战3天，为市郊各区县人民公社积肥、送肥8.5亿斤。

4月4日 市中区建成3.3千米长的菜园坝—储奇门轻便轨道。

5月21日 重庆市第一条长635米的嘉陵江过江架空索道建成投用。该索道位于詹家溪地区，日运量200吨。

12月15日 市区开始用一频道播出试验性黑白电视节目。

本年 中国农业科学研究院柑橘研究所在重庆市北碚区歇马场原西南农科所旧址成立。

一九六一年

3月9日 针对自1960年秋季以来大搞代食品原料生产出现乱挖乱砍现象致林木被严重破坏的情况，市委发出《关于保护林木，禁止乱砍滥伐的通知》。

9月25日 市委发出《关于加强抢种秋冬菜检查工作，保证按时、如质如量地完成播种任务的紧急通知》。市委各检查组前往各地检查工作。

9月30日 重庆天原化工厂六六六原粉工程竣工投产。

11月 罗广斌、杨益言创作的长篇小说《红岩》由中国青年出版社出版。

本年 全市征购粮食2.01亿斤，农村销售粮食2.88亿斤，销大于购8696万斤。全市农村共发放旱灾救济款230多万元，在春、夏荒和冬令期间国家救济农村社员106万多人。

本年 市种子站成立。

一九六二年

2月26日 市委第十八次全委（扩大）会议召开。传达扩大的中央工作会议（即七千人大会）精神，提高思想，统一认识，总结几年来的工作经验教训。会议5月18日结束。会议中期，四川省委在渝召开重庆工作会议。

8月 为支援浙江省防治三化螟虫害，重庆市组织调运的第一批1000吨六六六粉剂和可湿剂农药运往上海。

本月 全市农村有生产队2.62万个，实行单干和包产到户的约3689个，占总数的14.1%，其中单干的1996个，包产到户的1693个。

9月3日 大坪至石桥铺地区大型输水管道工程竣工并开始通水。

10月26日—11月7日 举行重庆市物资交流会。四川省内外

14个专区和重庆市的代表团以及其他16个地区部分企业的代表与会，购销总额6000余万元。

12月15日 市中区储奇门缆车站正式通车。

本年 市自来水公司沙坪坝高家花园日产5万吨水厂基本建成投产。

本年 全市改革区县财政管理体制。区的财政体制由"收支下放地区调剂，总额分成，一年一定"改为收支两条线；县级财政体制基本不变。工商税中的地方税和县管理的其他收入改为县的固定收入，市不参与分成；区的支出预算和县的财政预算均量入为出，先收后支，不得安排赤字预算。

本年 1961年开始的调整工作初见成效：缩短了基建战线，停止了大部分基建项目；全市精减职工和减少城市人口39万多人，有25万人返乡参加农业生产；工业内部的比例关系得到一定调整，支农的生产资料和轻工业、手工业产品产量有较大幅度增长；市场供应状况逐渐好转，人民生活有所改善。

一九六三年

1月1日 南岸区、江北区自来水公司并入市自来水公司，连同原合并的渝西自来水股份有限公司、公私合营李家沱给水公司和北碚自来水公司，形成统一的专业性重庆市自来水公司。

3月27日—28日 市科委和市工业生产委员会召开全市计量工作会议。16个单位介绍加强计量工作、提高产品质量的经验。会后，全市机械、冶金、轻工、化工行业和科研院所、大专院校等建立计量机构71个，占应建立机构总数的44.7%。

4月11日　重庆市第五届基层选举工作结束。全市选出乡镇人民代表大会代表（社员代表大会代表）2.3万人，其中妇女代表占30.3%；各区县选出区县人大代表3042人，其中妇女代表占29.2%。

5月20日　全国第一条向城市供气的天然气长输管道运输线巴渝线竣工。巴渝线管径426毫米×7毫米，全长54.43千米。

本月　重庆电机厂试制出四川省第一台800千瓦电动机。

6月5日　重庆市小百货批发交易市场、土产日杂批发交易市场、干副食品批发交易市场建立并正式营业。

6月19日　重庆市首次采用飞机防治森林（包括风景林）害虫。至7月20日，共出动安二型飞机140架次，飞行55小时1分，完成对中梁山和燕尾山2.93万亩森林松毛虫防治任务，平均杀虫率84.2%。

7月13日　市冶金局研究所与成都钢铁厂、成都黑色冶金实验厂合作研究硫酸渣炼铁课题获得成功，制成硫酸渣烧结矿。

9月21日　市种子管理站成功繁殖出玉米杂交品种"金可"和"万杂2号"。

本月　自1月以来，重庆市政工程公司共修缮竣工55个"四道"（街道、梯道、巷道、下水道）工程。

12月27日　石桥铺至小龙坎无轨电车线路工程建成交付使用。

本月　重钢焦化厂煤气综合利用工程硫酸铵车间和甲苯车间建成。

本年　重庆市新建的16条农业输电线路和变电站工程绝大部

分完工,输电线路总长度34.97千米。

本年 重庆冶炼厂试制电解钴获得成功,并生产电解钴400公斤,成为四川省第一家生产电解钴的企业。

本年 大足县农科所研制出"足农7号""足农9号"小麦品种。这2个小麦品种品质好、产量高,每亩产量250~300公斤,在四川省和陕西省推广种植,最大种植面积达到100多万亩。

本年 市种子公司从四川省种子公司引进杂交玉米"万杂2号",在长寿湖渔场试种20亩获得成功。1965年示范种植"川农516""中杂"等品种6000多亩。

一九六四年

1月28日 重庆冶炼厂采用硫化镍阳极直接电解特号镍的工艺获得成功。这项工艺质量达到国际先进水平,为国内首创。

4月10日 重庆市第一个电力提灌网工程——巴县虎溪电灌网竣工。该工程1963年10月动工,投资129.4万元,包括变电站1座,高压线路19千米,配电线路29.5千米,总装机容量515千瓦的低扬程电力提灌站23个,输水渠道34千米,灌溉面积2万亩。

4月27日 重钢三厂设计制造的中国第一台1700毫米弧形连铸钢机投产。

5月31日 市少年儿童图书馆建成开放。

本月 重庆钢铁公司成功试制出远洋破冰船船身钢板。

7月15日—18日 重庆市农村群众科学实验工作会议召开。传达贯彻市委、市人委《关于加强农业科学技术工作领导的通知》

精神，讨论开展群众性科学试验活动的有关问题，总结交流经验，讨论农业技术推广工作和培训10万农业技术人员的规划等问题。

本月 开办华新、江陵、建设、江溪、光明、钢花、石坪桥7所初级中学校。

9月 重庆地区三线建设规划小组成立。根据中共中央和全国计划会议提出的"以重庆地区为中心，用3年或者稍长一些时间建立起一个能生产常规武器，并且有相应的原材料和必要的机械制造工业的工业基地"，以及在机械工业方面"以重庆为中心逐步建立西南的机床、汽车、仪表和直接为国防服务的动力机械工业"等指示精神，组织编制了重庆地区三线建设初步规划。根据国家计委规划的项目和各部提供的资料，以重庆为中心迁建的项目212个，部分迁建的项目200个，对口支援技术项目12个。在迁建的212个项目中，东北地区27个，华北地区43个，上海地区122个，广州、南京等城市20个。

10月1日 长寿县城客运缆车站竣工通车。该缆车道长282.1米。

本月 自1月以来，全市新建136个机电提灌站，新装152台抽水机，总装机容量5300多匹马力，比上年增长1.8倍。全市完成重点电灌工程6项，共52个站56台抽水机，总装机容量2266匹马力，控制灌溉面积4.8万亩；完工机灌工程2个，共18个站20台抽水机，总装机容量200匹马力，控制灌溉面积8700多亩，机灌面积比上年增加50%。

本月 大洪河水电站建成。该电站1958年10月动工，坝高37米，库容1.6亿立方米，装机4×8750千瓦。

11月 石油工业部一坪化工厂（合成润滑油脂研究所）在巴

县一品公社建立。

本月 重庆汽车发动机厂引进法国贝利埃公司MC640高速大功率柴油机生产技术（国内型号6140型），为红岩CQ261重型军用越野车配套。

本年 重庆市钢铁、机械、化工、轻工等系统试制出60多种重要新产品，部分产品正式投入生产。

本年 市内各区县交通主管部门共整修桥梁100多座、道路90多条，进一步改善了农村交通条件。

本年 市种子公司从广东引进中稻及早稻"四矮"（珍珠矮、广场矮、矮子砧、矮脚南特号）品种，比原种植的高秆老品种增产10%~20%。1965年，"四矮"品种种植面积发展到10万亩。

本年 全市兴办17所职业学校、农业中学和专业训练班。

一九六五年

2月21日 中共中央批准第五机械工业部以重庆为中心的常规兵器工业生产基地建设计划，揭开了兵器工业三线建设的序幕。26日，中共中央、国务院颁布《关于西南三线建设体制问题的决定》，决定成立西南三线建设委员会。

3月26日 第一机械工业部批准株洲仪表专用材料研究所、上海热工仪表科学研究所材料组、机械科学研究院上海材料研究所弹性材料研究室等内迁重庆，建立仪表专用材料研究所。

本月 上海九〇一厂金属粉末车间迁入重庆一〇三厂并投产，生产铜、镍、铅、锡、铝、钴等有色金属粉末，年生产能力296

吨，填补了西南地区的一项空白。

4月3日 国家计委决定在重庆地区新建以生产磺胺类药为主的西南合成制药厂。1966年5月，该厂破土动工。1970年，该厂磺胺产品线陆续投产。

5月1日 杨家坪至石桥铺无轨电车线路工程建成通车。

5月7日 市计委对重庆市计划经济体制问题进行全面调查，形成专题调查报告《计划经济工作中的管理体制问题》。《报告》建议根据"统一领导，分级管理""大权独揽，小权分散"的原则对国民经济管理体制进行改革。

本月 市文化局举办重庆市直属剧团新排及重新加工革命现代剧目集中演出。1964年以来，全市戏剧工作者创作、改编、移植、排演了《嘉陵怒涛》《江姐》《龙泉洞》等100多个现代剧目。

本月 西南制药一厂研制的抗血吸虫病药物"血防846"在全国血防领导小组召开的南方各省（市、自治区）卫生厅局长成都会议上通过鉴定。1965年12月，"血防846"投入生产。

本月 重庆长寿化工厂完成氯丁橡胶项目万吨级技术改造。

本月 九龙坡区华岩水库建成。该水库总蓄水量50万立方米，占地面积109亩，投资25.9万元。

6月 市文化局和市科协联合举办科学教育电影宣传周，放映科学教育电影80余部。

7月 重钢新建的58=1型45孔1号焦炉投产。这项工程投资3344万元。

本月 为摸清川江通过能力和扩大川江通过能力，长江轮船公司重庆分公司组织进行洪水期宜昌至万县、宜昌至重庆重载试验。

本月 东风船厂建成中国自行设计制造的第一艘内河自航油轮

"建华801"。该油轮长83.2米，宽12.5米，载重800吨。

9月3日 一机部根据加强三线建设的决策，在四川省设立西南工作组，确定第一期工程项目有重庆花石仪表材料厂、转速表厂、自动化装置厂、仪表材料研究所、自动化仪表研究所、西南游丝厂、西南仪表零件厂等7个。是日，西南仪表基地建设开工典礼在花石仪表材料厂举行。至年底，完成投资489.73万元，基本建成西南游丝厂和西南仪表零件厂。

同日 中国民航四川省管理局开通重庆至南充、重庆至达县2条地区航线。

本月 在国家科委和冶金部召开的全国钢铁技术会议上宣布5项科研成果，重钢三厂的连续铸钢和行星轧机2项成果名列其中。

10月1日 1956年4月动工的川黔铁路建成。在重庆菜园坝火车站举行川黔铁路通车仪式，中共中央西南局、四川省代表团、贵州省代表团及重庆市各界群众近3000人参加仪式。

11月8日 市属医疗卫生单位480多人组成农村巡回医疗队，分赴万县、达县、涪陵专区和市内各县开展巡回医疗工作。

12月14日 重钢五厂建成投产。该厂由鞍钢第二中板厂内迁建成，设计年产中板20万吨。

本月 设计年生产能力81万吨的南桐红岩煤矿建成投产。该煤矿1958年11月动工兴建，中途因国民经济调整曾一度停工。

本年 是国家经济三年调整时期的最后一年，全市（含江津专区）总人口1039.96万，人口自然增长率28.7‰；工业总产值26.05亿元（新口径，1980年不变价），钢产量46.14万吨，原煤产量508.96万吨，发电量14.07亿千瓦时；农业总产值14.08亿元（新口径，1980年不变价），粮食总产量277.7万吨，油料总产量2.0364

万吨，农业保证灌溉面积188.6万亩；预算内财政收入4亿元；高等院校在校生1.74万人；全民所有制单位职工年均工资620元；零售物价总指数（以1950年为100）为133.1。

本年 从1964年到1965年底，国家着手进行大规模的三线建设，从北京、上海、辽宁等12个省市迁到重庆地区的企事业单位60个，其中冶金部的单位4个，煤炭部的单位2个，一机部的单位10个，五机部的单位8个，六机部的单位6个，八机部的单位5个，石油部的单位1个，化工部的单位5个，地质部的单位3个，交通部的单位2个，纺织部的单位2个，建材部的单位6个，铁道部的单位1个，邮电部的单位1个。1965年，重庆地区在建的三线重点建设项目107个，投资2.5亿元，其中在重庆市的项目53个，投资1.7亿元。

一九六六年

1月6日 重庆机床厂设计制成高效率自动滚齿机（YZ3132型、Y3150型），效率比老型号机床提高3～5倍。

1月16日 重庆嘉陵江大桥建成通车，沟通了市中区和江北区的交通。该桥1958年12月动工兴建，长560米，总投资1679.67万元，是横跨嘉陵江上的第一座钢梁公路桥。

1月23日 为发展城市植树造林，市园林局决定采取"城市各单位划片包干，负责到底，固定常年造林责任区，十年不变，保证成活成林"的政策。

2月6日 綦江齿轮厂和全国60多个单位合作，研制出中国第一批25吨自动卸货汽车。

2月27日 市经委、市科委召开大专院校、科研部门、工厂"三结合"技术协作会议。会议通报：1965年全市共开展技术协作项目970项，完成562项，其中部分项目达到国内外先进水平。会议讨论落实本年第一批技术协作项目。

本月 市冶金研究所研制出无镍低温钢。

本月 红旗化工机械厂制成过去一直靠进口的合成纤维喷丝泵。

本月 重庆大学和重庆轴承厂等单位联合设计的中国第一台钢球自动检验机试制成功。

3月 一机部上海热工仪表研究所迁到重庆，定名为一机部工业自动化仪表研究所。

本月 中国民用航空第十七飞行大队由成都迁来重庆。

4月 西南医院、重庆外科医院成功施行断臂、断腕、断腿再植手术。

5月3日 为使军工用金属材料立足重庆，市计委、市经委部署16个军工用材料布点规划。根据这一规划，先后重点建设有色金属管材厂等厂和研究所，使重庆市地方冶金工业由原来的"三厂一所"逐步发展为"九厂两所"共11个企事业单位。

6月1日 全国仪器仪表新产品展览在重庆开展。展览历时49天，展品近5000项。展览期间，举办科技讲座14次，培训专业人员1100余人。

本月 交通部投资592万元改造的九龙坡煤码头工程竣工。该工程1965年1月动工，设计年通过能力60万吨，年卸车能力70万吨。

7月 中国第一辆重型越野汽车——CQ260在四川汽车制造厂试制成功。

8月1日 中央决定缩小粮食地区差价，调整粮价，实行粮食购销同价，对职工予以补贴。重庆市属中央和省管的11个粮食品种收购价由每百斤平均价8.69元调整为9.88元，市管的26个粮食品种（小杂粮）收购价由每百斤平均价11.19元调整为12.49元。全市不分城乡，粮食平均统销价由每百斤11.68元调整为14.06元。有供养人口的职工每人每月补贴3元，无供养人口的职工每人每月补贴1.5元。

9月30日 北碚区街道工业人造宝石小组研制出人造宝石，填补了西南地区的一项空白。1969年，该小组又研制出国防用激光宝石。

12月27日 重庆港九龙坡港区重件码头建成交付使用。该码头1965年12月1日动工兴建，是西南地区最大的重件码头。

本月 重庆合成纤维厂建成。

本月 重庆钢铁公司第四钢铁厂在綦江县三江地区建成投产。

本年 全市改田改土9万多亩，完成农田水利工程2500余处，新增农田灌溉面积18.6万亩；全市成片造林3万亩，零星植树7500万株，育苗7000亩。

本年 小安溪渠化工程完工。工程投资200万元，筑坝11座，渠化108千米。

本年 上海工具厂的一部分迁到重庆，改名为重庆工具厂。该厂是西南地区唯一生产齿轮刀具的专业工厂，是国家重点骨干企业之一。

本年 重庆无线电测试仪器厂建成。

本年 开始第三次对长江重庆至宜昌段航道进行大规模整治。整治历时10年结束，治滩97处，累计完成工程量295.73万立方米，航道宽由50米扩至60米，航道曲度半径由720米增至750米，航道深2.9米。

一九六七年

3月4日 市农业生产指挥部成立。指挥部由重庆军分区领导，地方领导干部、群众组织代表和贫协组织代表组成，负责对全市农业生产实行集中统一领导。10日，指挥部召开农业生产工作会议，要求动员一切力量，迅速掀起春耕生产新高潮。

3月18日 重钢三厂1700毫米弧形连续铸钢机、750毫米行星轧机经国家计委和冶金部鉴定合格正式交付生产。

本月 市种畜场3月和8月分别从英国、瑞典直接引进长白猪（原名兰特瑞斯猪）39头。经市种猪场饲养、杂交、改良，到1985年止，这种猪被推广到全市各区县，成为生猪改良的主要品种。

8月 1962年停产的重钢刘家坝转炉厂将原10吨涡鼓型侧吹转炉改造为氧化顶吹炉，定名为重钢第六钢铁厂。

10月13日 市农业生产指挥部召开支援农业三秋动员会。会议强调，一切单位、一切部门要动员一切可以动员的力量下乡支农。

本年 重庆机床厂试制出国内第一台加工精度四级以上的涡轮母机Y3780；试制出国内第一台高效滚齿机YB3120。

本年 长江流域规划办公室考古队、水文处组织峡区洪水考古调查，市博物馆派员参加，编撰《长江三峡洪水历史资料》。

一九六八年

1月　解放军第十四研究院微型电路和半导体器件研究所在永川县建立。该所1982年更名为电子工业部第二十四研究所。

6月26日　重庆市6条河流规划编制完成。该项规划工作于1964年经市委批准，组成工作队，历时近5年，规划面积9281.6平方千米，共编制灌溉、发电、防洪、航运、水土保持、改土、造林等综合性报告32本。

12月　白市驿机场扩建工程竣工。该工程于1966年8月动工，将原有1500米的碎石跑道扩建为2200米的水泥混凝土跑道，两端安全道各400米，滑行道长2200米与跑道平行，停机坪180米×80米，扩建后的机场可起降波音737、三叉戟等全重80吨的大型飞机。

一九六九年

2月　位于长寿县的四川染料厂一期工程竣工投产。1984年12月全部工程完工，总投资1.36亿元。

4月　西南制药一厂研制出痢特灵无毒生产全新工艺。这套新工艺能做到就地取材，缩短一半生产过程，成本大大降低，并彻底解决了有毒气体危害工人健康的问题。

6月 重棉四厂制造出重庆市第一台清花自动喂棉机。

9月25日 重庆市第一座大型钢索吊桥在北碚区建成。该桥全长233.2米，宽8.5米，主孔跨度长186米，是当时国内同类型跨度最大的吊桥，被命名为朝阳桥。

10月 重庆铸造机械厂试制出中国第一台2.5KG热心盒射芯机和K87壳芯机，使工效提高百余倍。这是中国铸造工业的重大革新。

本月 市第三人民医院经过1个多月抢救，成功治愈1名烧伤面积达92%、3度烧伤面积达60%的患者。

11月 由燃料化学工业部投资，原中国医药工业公司重庆分公司建筑安装队改建为重庆制药机械厂，主产搪瓷玻璃制药设备，成为全国制药机械行业的骨干企业之一。

本月 半导体微波器件研究所建立。该所1982年更名为电子工业部重庆光电技术研究所。

本年 长寿县用自广西调进的南竹种子进行大面积实生苗繁殖造林。至1981年，累计造南竹林4.6万亩，保存8400亩。

本年 重庆发电厂从1958年开始的扩建工程完成。形成拥有1.2万千瓦汽轮发电机组8台、5万千瓦汽轮发电机组4台、总装机容量29.6万千瓦的火力发电厂。

一九七〇年

5月29日 重庆锁厂试制出西南地区第一台KT10–60A手轮式凸轮控制器。

6月　西南制药三厂研制出药物滴丸新剂型。

7月27日　长寿县农机厂等单位联合试制出长寿牌载重汽车。

本月　中国食品系统第一个山洞冷库在南桐矿区建成投产，冷藏量为300吨。1976年冷库扩建为冷藏量1000吨。

8月　由云南省东方红无线电厂、重庆光学仪器厂等6个企业、大专院校、研究单位组成的"全国彩色电视机四川会战协作区超声延时线重庆攻关小组"试制出超声延时线。

9月　"205"微波工程四川境内全段电路打通。23日，试通北京至重庆、北京至成都电话。

10月1日　重庆电视转播台建成，用2频道首次转播中央电视台节目。该台于本年5月底动工兴建。

本年　北碚机械厂试制出山城牌2.5吨农用柴油汽车。该厂是全国第一家生产轻型农用柴油汽车的工厂。

本年　重庆衡器厂与一机部工业自动化仪表研究所研制出SDH型10吨数字电子秤。

一九七一年

2月　由长航重庆分公司东风船厂自行设计建造的第一艘4000匹马力"长江4002"大型拖轮下水。拖轮1972年投入营运。

5月　西南铝加工厂压延车间全面建成投产。至此，1965年7月1日动工的该厂一期工程基本完成，形成熔铸、热轧、冷轧、精整、模压、挤压等6条主要生产线，可年产铝材2.45万吨。

6月　重庆地质仪器厂研制的半导体地震模拟计算机正式投

产。重庆机床厂试制出一台数字控制全自动非圆齿轮铣齿机床。重庆中梁山煤矿试制出煤矿瓦斯遥测仪。

7月—1972年4月 市中草药资源普查组开展全市中草药资源普查工作，共普查药材742种，收集验方243个，编写出版《重庆中草药》一书。

8月3日—7日 重庆市计量工作军民结合会议召开。中央和四川省有关机构派员参加。讨论建立计量标准、开展计量检定工作等问题。至1972年7月，全市建立起6类共33项计量标准，开展145个计量检定项目。

9月 市郊农村各区县实现广播载波化，93%的农村人民公社建立广播站，不少社队实现农户家家有广播喇叭。

10月1日 重庆微波干线投入使用。

12月7日 长江重庆大渡口至湖北宜昌段航道航标灯电气化恢复工作基本完成。

本年 全市各行业进行技术革新，研制出新产品、新技术、新工艺、新材料共4000余项。其中Y31125E滚齿机、28吨自卸汽车、可控硅调速12辊冷轧机、800可控硅励磁发电机等12项具有先进水平。

一九七二年

1月 西南制药一厂自行制成生产缓血酸胺的全套设备，年产量可达10吨，填补了中国医药工业产品一项空白。

本月 重庆钢铁公司麻柳滩磁选厂动工兴建。该厂规模为年磁选处理原矿120万吨，自采原矿25万吨，于1975年底建成。

2月 南桐矿务局研制出半导体震动放炮五用仪。该仪器在震动放炮的同时可完成测量瓦斯浓度、通讯报告、停电、起爆、记录瓦斯涌出量等5项任务。

3月 市建筑科学研究所研制出电阻应变片。该产品广泛用于国防、航空、船舶机械和建筑工程。

4月 全市组织690多名医务人员赴农村、厂矿，加强对常见病、多发病、地方病的调查研究及防治工作。

6月 全市组织106个单位开展大协作，进行氮肥设备大会战，完成了设备制造任务。

8月1日 綦江大桥建成通车。该桥长180余米，宽12米，高19.8米，由3个跨度为40余米的弧形石拱桥和两端的引桥组成。

9月 开展全市水利工程大检查。全市已兴建水利设施2.4万处，其中中小型水库438座，山平塘2.08万口，引水堰1089条，固定机电提灌站1688个（7.17万匹马力），小水电站100个（5676千瓦）；蓄引提水能力3.88亿立方米，保灌面积（按每亩400立方米的标准）共97.66万亩。国家1962—1972年对重庆水利建设投资2600万元。

10月15日 江北县海底沟地下水库建成。该水库地下溶洞含水层面积62.85平方千米，储水1340万立方米，投资2.85万元，形成自流灌溉面积20642亩。

本月 九龙坡水厂竣工投产。该水厂综合利用重庆发电厂的冷却水，日产量5万吨。

11月 四川省轻工业产品质量评比大会在重庆召开。重庆市有81种产品被评为较好产品。重庆市轻工业系统当年恢复和新增品种316个，增加花色1841个。

本年 重庆第一棉纺织厂用化学浆料代替粮食浆纱取得成功，制成化学纤维素羧纤纳浆料。

本年 全市有400多个综合利用项目投产，利用"三废"生产出金属材料、化工产品、农肥农药等10万余吨，产值2000余万元。

本年 巴县农林局果树组和园艺场选育出锦橙优良单株"铜水72-1"。该单株1974年被评为省级优良单株。

本年 重庆铝厂建成投产。

本年 于4月、5月组织的有490多名医护人员参加的重庆市"六二六"巡回医疗队到万县、南充、江津专区和市属远郊农村开展工作，年内诊治54万余人次，抢救危重病人2500余人，培训农村基层卫生人员990多人次，培训"赤脚医生"530余人次。

一九七三年

3月21日 重庆长江兰家沱港区正式投产。兰家沱港是由国家计委批准在重庆兴建的两个水陆联运新港区之一，核定年通过能力34万吨，1966年12月动工兴建，1972年6月30日建成。

本月 重庆第二机床厂制造出3.12米立式车床。该车床长6米，高5.3米，重42吨，填补了重庆市机械工业的一项空白。

4月 市钢铁研究所与重庆钢铁公司联合研制出无镍铬低温钢。这种钢可在零下196摄氏度使用，是中国钢铁工业产品中的一个新品种。

8月 长寿卧龙河气田试产。

12月26日 东风船厂为川江航运设计和建造的第一艘大型客货轮"东方红119"轮成功地驶抵红港（朝天门港）码头。该轮长68.2米，宽13.2米，有800个客位，吃水浅，航行性能良好。

本月 重钢提前完成本年钢、钢丝、带钢生产计划和新品种试制任务。二炼钢车间7号电炉创造炉龄212炉的历史最高纪录。

本月 重庆食品行业因地制宜兴建山洞冷藏库。据南桐矿区、市中区、北碚区、九龙坡区4个冷藏库统计，共投工17.5万个，开洞面积8560平方米。市中区南纪门山洞冷藏库总长400米，高和宽在5米以上，使用面积2200平方米，四周以岩壁作墙，内设8个库房，另有蛋库、机房、水池，合乎战备要求，造价仅为同规模地面冷库的三分之一。

一九七四年

3月 市歌舞团创作的人民解放军在珍宝岛浴血奋战为题材的舞蹈《生命不息，冲锋不止》被文化部评为优秀节目。

8月 矿山机器厂、东风造船厂等45个单位共同研制出重庆市第一台125吨大型吊车。

重钢三厂生产出中国自行设计的700毫米钳式行星轧机。这台轧机由21套机械设备组成，经国家鉴定正式投入生产。

9月5日 重庆籍跳水运动员谢才明在伊朗德黑兰举行的第七届亚洲运动会上获男子跳板跳水赛第一名。

10月 西南铝加工厂生产出国家急需的高强铝合金。

12月 重庆化工厂年产3万吨的硫酸车间投产。

本月 白沙沱长江大桥复线工程竣工。该工程于1973年底开始兴建。

本月 重庆钢丝绳厂采用沸水皂液淬火新工艺代替铅淬火进行热处理取得成功。

本月 长航重庆分公司东风修造船厂试制的长江牌2000匹马力船用柴油机经交通部鉴定合格。

本年 重庆长风化工厂在长寿县黄桷岩建成投产，投资3549万元。

一九七五年

1月 重庆肉类联合加工厂自行设计、制造、安装的9000吨冷库大修改造工程完成。

2月 市革命委员会召开技术革新经验交流会。会上通报：从1970年至本月，全市厂矿企业实施技术革新项目3.5万多个，自制和改造高效专用机床6000多台，建成一批机械化、自动化生产线。

5月 重庆天原化工厂在成都工学院等单位协作下利用盐酸浸取法用钛精矿制造人造金红石取得成功，产品质量达到国家标准，为发展中国钛制品工业开辟了途径。

本月 重庆电信局研制出球型半电子电传机，可进行单、双流通报，提高电路利用率1倍左右。

6月9日 四川省第二批赴西藏医疗队出发。该医疗队由重庆市属医疗卫生单位和重庆医学院等19个单位的60余人组成。

6月26日 市革委召开全市卫生工作交流会。会上通报：自

1965年来，全市县、区医院由6家增至38家，公社卫生院（所）由26个增至214个。

7月1日 重庆冶炼厂粉末冶金过滤材料正式投产。该厂是中国第一个生产粉末冶金过滤材料的企业。

9月17日 由市属26个医疗卫生单位和部分大专院校的310多名医务人员组成的29个巡回医疗队分赴涪陵地区、万县地区、合川县及市内一些区县开展医疗工作。

9月21日 重庆市推广应用优选法成果展览开展。从本年5月中旬至8月底，全市推广优选法成果13.65万余项，其中重大成果1400多项，增产节约价值达1.44亿多元。

本月 重庆煤矿安全仪器厂会同有关科研单位研制出AYT-1型瓦斯遥测警报仪。这项成果填补了中国煤矿安全生产的一项空白。

10月 綦江县农机厂研制出山城-12型小四轮拖拉机。这种拖拉机轻便、灵活、安全，不择道路，丘陵地区一分（约6.67平方米）左右的田地都可耕耙，适合重庆市农村需要。

11月28日 重庆天原化工厂年产70吨发酵味精工程竣工投产。

本月 市委、市革委召开推广优选法和开展技术革新、技术革命经验交流会，2000人参加。会上通报：全市推广优选法和开展技术革新、技术革命已取得成果4.19万余项。

12月26日 重庆市供水大会战一期工程竣工，2座40多米高的深井建成，重庆市首次制造的8台大型立式水泵投产，全市日供水能力增长近1倍。

12月31日 成都—重庆、重庆—昆明微波干线整治完毕，正式开通使用。

本年 西南制药一厂研制出防治血吸虫病新药"7505"（硝酸氰醚）。

一九七六年

1月 市委农工部在长寿县召开四级农科网经验交流会。会上通报：全市绝大部分县、区、社建立农科所或站，660多个大队建立农科队，5400多个生产队建立农科组，全市农业科技队伍达4万余人，有试验田、高产田、种子田4.6万多亩。

3月 东风造船厂第二艘自产大型川江客货轮"东方红120"轮建成。

4月23日 四川省石油管理局7002钻井队职工在重庆成功钻探中国第一口6011米的超深井。这标志着中国石油钻井技术达到一个新的水平。

本月 市科技局、市卫生局联合召开全市中西医结合经验交流会。重庆市医疗系统已在几年间组织近千名西医人员学习中医，并整理刊印《老中医经验专辑》《简明中草药方剂手册》等图书。

本月 市环境保护监测站成立。

5月 重庆石油仪器修配厂研制出中国第一台高温高压放射性测井仪。该仪器在中国第一口6011米超深井连续工作3小时，性能稳定，质量良好。

6月28日 四川仪表九厂研制出中国第一台阳离子交换器失效监督仪，填补了中国分析仪器领域的一项空白。

本月 重庆市鱼苗生产计划完成，鱼苗自给有余，结束了过去"千里运鱼苗"的局面。

8月—10月 在长寿县、巴县、江北县、綦江县、沙坪坝区施行人工降雨，出动175人、三七高炮12门，发射人工降雨弹4800发，一次最大降雨量81毫米，受益农田80万亩。

9月21日—23日 市计委、市工交部、市财贸部联合召开全市废旧物资工作会议。会上通报：10年来，全市商业部门回收废旧物资总值7500多万元，总重量46万多吨，其中废钢铁29万余吨。

9月26日 水陆联运新港区——猫儿沱港区建成投产。猫儿沱港区建设投资2655万元，1966年1月动工，建有高度机械化的磷矿码头，货场面积6649平方米。该港的建成为云南、贵州、四川的磷矿外运创造了条件。

10月30日 巴县杨家洞水轮泵站竣工通水。该工程1971年动工，国家投资56.5万元，安装红岩614型水轮泵6台，净扬程368米，灌溉农田5487亩。

本年—1985年 重庆市和江津地区在巴县、江津县、綦江县、南桐矿区等区县建成用材基地32.3万亩，并兴建油桐、油菜、油橄榄、南竹等基地。

本年 重庆市从湖南省引进杂交水稻示范种植，示范面积1952亩（含江津地区）。到1985年，全市杂交水稻种植面积占全部耕地面积的70%以上。

本年 重庆师范专科学校在长寿县葛兰、渡舟两个公社推广高温大屋窖红苕保鲜技术，当年建窖269个，藏红苕209.25万公斤，红苕保鲜完好率95%以上。继而大面积推广。

一九七七年

1月1日 重庆市地震台建成，开始开展连续性测报工作。

2月 西南铝加工厂研制出铝合金特宽板材，填补了国内一项空白。

本月 重庆矿山机器厂研制出国内第一台新型防喷器KPY35–210型液压控制防喷器。

3月1日 重庆轮船公司建成的第一艘大型客轮"红卫11"号投入运输。该轮马力为500匹，可载客600人。

3月7日—13日 重庆市1977年上山下乡知识青年先进集体先进个人代表大会召开。会上通报，9年来，重庆市有36万名知识青年到农村插队落户，有2.1万名知识青年到云南支援边疆。

4月 北京至重庆60路报纸传真收片机安装完毕，试片效果良好。

5月 綦江县农机厂接受重庆市组织的手扶拖拉机生产大会战的总装任务。当年，该厂建成年总装5000台手扶拖拉机的生产线。至1981年，该厂共总装手扶拖拉机8000台。

本月 重庆市第一座倾斜式浆砌条石连拱坝在永川县革命水库建成。该工程建设总投资127万元，坝高29.5米，坝顶长163米，拱底厚2.5米，拱顶厚1.9米，库容量300万立方米，灌溉农田5790亩。

6月7日 重庆市客运交通业和饮食服务部门开展为旅客服务的劳动竞赛。市人民交通公司恢复通宵车，开行解放碑至杨家坪，两路口至沙坪坝，观音桥经牛角沱、菜园坝、道门口、临江门、上清寺回观音桥等主要客运线路。

6月18日 由重庆市医疗、教学、卫生单位医务人员组成的四川省第二批支援西藏医疗队60多人返渝。医疗队1975年6月前往西藏昌都地区，2年中为藏民治病48.8万人次，做手术4800多人次。

6月27日 新桥医院研制人工肾取得成功，填补了国内人工肾的空白。

本月 重庆石油仪器修配厂研制出中国第一台FC-250型自然伽马放射性测井仪。

本月 重庆无线电专用设备厂研制出中国第一台10位半自动封阳极机。

7月23日—24日 重庆市组织人工降雨。在长寿县、江北县、巴县及6个区设12个炮点，空军出动2架次飞机，大炮、飞机协同作业，大部分区县普降小雨。

9月 重庆锅炉厂、重庆建筑工程学院、重庆大学联合研制出中国第一台MNQ4-8-1全自动燃气锅炉。

本月 重庆煤炭科学研究所和松藻矿区指挥部研制出中国第一台缓倾斜薄煤层HB4-160型双伸缩自移式液压支架。

本月 全市广泛开展增产节约运动。本年1月—9月，全市已节约和回收煤炭21.46万吨、焦炭2.24万吨、电力8000万度、天然气3042万立方米、成品油5684吨、金属材料1500吨、木材6100立方米、酸碱4500吨、工业用粮400万公斤、工业用布15万米等物资。

10月5日 轻工部主持召开山城牌手表鉴定投产会议，同意山城牌手表按一级手表正式投产，供应市场。

12月9日—10日 重庆市恢复高考制度，首批报考大学的7万余名考生在全市13个区县参加文化考试。

12月26日 位于石白路（石桥铺至白市驿）的歌乐山隧道建成通车。该隧道1974年4月开工，长706.28米，车行道宽7米，人行道宽0.85~1米，高6.5~7.5米，总投资516.55万元。

本月 全市各主要厂矿根据中央文件精神，陆续撤出派驻学校、医院、文化单位的工人宣传队。

本月 开展重庆市工交、国防、基建单位工业学大庆、普及大庆式企业群众运动大总结、大检查、大评比。全市抽调2000多名干部组成各级检查团，由市委负责人挂帅，四川省委有关部门负责人参与领导，严格按照大庆式企业的6条标准对各单位进行检查评比。

本月 重庆特殊钢厂用DJS-7电子计算机按回归法对20MnMoB钢成分控制进行计算，提出化学成分控制范围，使该产品性能稳定。这是重庆市在生产中应用电子计算机的先例。

本年 重庆市对全市工业企业实行8项经济指标考核办法。要求把产量、质量、品种、原材料燃料动力消耗、劳动生产率、成本、利润、流动资金占有量的8项经济指标全面管起来，并编入年度、季度、月度计划下达给企业，实行严格考核。

一九七八年

1月12日　中共中央、国务院决定将万县市列为对外开放城市。

2月17日　重庆大学恢复为全国重点大学，重庆建筑工程学院、西南政法学院新增为全国重点大学。

4月　在南岸海棠溪长航疗养院修筑停车场的工地发现2座西汉古墓，出土铜釜、铜鼎、铜甑、铜鍪、铜钫、铜壶等50余件。这是在重庆市区内首次发掘出西汉古墓。

6月1日　襄渝铁路建成，正式交付使用。襄渝铁路东起湖北省襄樊市，西抵重庆市，全长916千米。

6月15日　市革委转发市民政局《关于改变现有街革委体制的具体意见》。指出，全市现有的街道革命委员会一律改为街道办事处，街道办事处的管辖范围仍按原街革委范围不变；街道办事处的名称前冠以地区名称。

7月16日　重庆市恢复升学考试制度后第一次普通高中、中专统考结束，15.6万名考生参加考试。

9月29日　中华人民共和国成立后重庆市第一家专业出租汽车公司成立，10月1日正式营业。

10月　重庆市10万余下乡和支援边疆知识青年开始陆续返城。

本月　重庆大学、中国矿业学院、重庆建筑工程学院、西南农学院在"文化大革命"后招收第一批研究生，87人入学。

12月28日　教育部发出通知，经国务院批准全国恢复和增设

169所普通高等学校，其中有重庆交通学院、四川畜牧兽医学院。

一九七九年

1月13日 市委发出《关于组织、传达学习党的十一届三中全会文件的通知》，要求提高认识，把主要注意力转移到社会主义现代化建设上来。

2月19日 渝州大学正式开学。这是重庆市第一所市属普通大学。

4月11日 建设银行重庆分行与四川维尼纶厂签订5000万元的贷款总合同，从1980年4月1日起对该厂的建设工程由拨款改为贷款。这是重庆市第一个由拨款改为贷款的基本建设项目。

11月29日 重庆市组建第一家企业性公司——重庆市钟表工业公司。

11月 全国管径最大、距离最长的天然气长输管道运输线——720输气管道运输线南干线竣工。该线由重庆市江北县两路镇经江津县塘河至成都，重庆市境内管道长127.2千米，管径720毫米×8毫米。

本月 经国务院批准，国家体委确定重庆等16个城市和地区为开展足球运动重点地区。

12月14日 四川维尼纶厂建成投产。该厂1974年8月动工兴建，主要设备从法国、英国、德国和日本引进，建设总投资10.04亿元，设计年产维尼纶4.5万吨，是中国最大的化工、化纤联合企业。

本年 重庆大学研制的高钛型钒钛铁矿的高炉冶炼新技术获国家发明奖一等奖。

一九八〇年

1月23日 在四川省东部地区找到3个新气田,分布在重庆市江北县香国寺、福成寨和邻水县张家场。

3月31日 市人民银行试行企业化经营管理,实行利润留成,实行权、责、利"三结合",用经济办法办银行。

同日 四川省中药研究所与重庆饮料厂共同研制出可乐型饮料天府可乐。双方长期协作、联合开发,形成重庆市第一个科研生产联合体。

4月17日 经国务院批准,在长江沿岸开办8个对外贸易运输港口。分别是江苏省张家港、南通、南京,安徽省芜湖,江西省九江,湖北省武汉,湖南省城陵矶,四川省重庆。

7月1日 长江上游的第一座大型公路桥——重庆长江大桥竣工通车。该工程1977年11月26日动工,总投资6468万元。桥长1121米,桥墩高50~60米,桥面宽21米,可并列行驶4辆卡车。主航道跨径174米,为全国第一。

7月7日 四川省政府重新公布全省文物保护单位名单,其中在重庆的有位于市区的中共中央南方局及八路军重庆办事处旧址、桂园、11·27烈士墓暨中美合作所集中营旧址;大足县北山、宝顶山、南山、石篆山、石门山摩崖造像和多宝塔;潼南县杨闇公墓、大佛寺摩崖造像;合川县涞滩摩崖造像、钓鱼城遗址;江津县大佛寺摩崖造像；江北区汉代无铭阙。

7月11日 中共中央副主席、国务院副总理、中央军委副主席邓小平视察重庆后，乘船东下考察长江三峡，并听取四川省、湖北省有关工作汇报。

8月15日—17日 市教育局召开各区县教育局局长和部分重点中小学校校长会议。会议决定在照顾一般中小学的同时，集中力量办好一批重点中小学，发挥重点学校优势。重庆确定重点中学33所，其中市一中、市三中（今南开中学）、市八中、市二十中（今育才中学）、市四十一中（今巴蜀中学）和西师附中被四川省教育厅确定为四川省首批办好的重点中学。

8月22日 经国务院批准，中华人民共和国重庆海关正式成立。

8月28日 重庆港对外贸易正式开展。首次采用江海联运方式，将4424吨钢材运抵香港。

9月4日 中国首次自行设计的大型、多功能XSJ–D型测量式生物显微镜由重庆光学仪器厂试制成功并通过鉴定。

9月26日 四川省第一个军民联合发展民用商品的嘉陵摩托车经济联合体在重庆诞生。

10月24日—26日 市委召开农村工作会议，强调进一步完善农业生产责任制，允许不同地区、不同社队有多种形式和多种计酬方法。

本月 市委发出通知，要求认真贯彻中共中央关于控制人口增长的公开信精神，要求党员团员和干部带头只生一个孩子。

12月28日 自9月26日开始的重庆市区县、社镇两级人民代表大会代表差额直接选举结束。全市有97.4%的选民参加投票，选出区县人民代表3769名、社镇人民代表2.44万名。

本年　全市安置8万多名城镇待业青年。

本年　全市获全国科学大会科技成果奖的项目213项，获四川省科技成果奖的项目461项，获重庆市科技成果奖的项目944项。

一九八一年

1月1日　重庆至北京、上海、南京、武汉、广州、西安、兰州、长沙、成都、昆明、贵阳、郑州12个城市的微波长途电话正式开通。

1月4日　重庆无线电测试仪器厂研制出VS15型电视彩色增益和延迟测试仪、VS16型视频数字电平表，填补了国内空白。

1月7日　重庆生产的1300吨甲醇首次出口日本。

本月　市政府颁布《关于加强物价管理的暂行规定》。规定市场商品零售价格与服务收费标准必须稳定在1980年12月7日的水平，并认真整顿议价，加强物价管理。

2月20日　重庆农药厂一批96%乐果原粉运往荷兰鹿特丹。这是重庆产农药首次进入国际市场。

3月1日　重庆市首次发行中华人民共和国国库券，共发行438.5万元（含江津地区）。

4月21日　在川东地区及重庆市发现22处距今5000～4000年的新石器时代遗址，分布在长寿县、江北县、巴县、江北区、南岸区、江津县和涪陵县境内，已采集到670件石器和2000多块陶器碎片。

5月21日 重庆三峡牌洗衣机生产经营联合体成立。联合体由重庆造船厂、前卫仪表厂、重庆微型电机厂、重庆塑料一厂、嘉陵无线电厂、重庆洗衣机厂等8个全民所有制和集体所有制企业组成。

7月17日 国营空气压缩机厂研制的801淤泥海滩作业车在天津大港油田试车成功,填补了中国特种车的一项空白。

8月16日 重庆东风船厂制造的中国第一艘内河专用旅游船"神女"号试航。

9月25日 重庆电视台成立,10月起开始播送自办节目。

9月 在江北县龙王洞八字岩一带发现特大型隐伏石膏矿床。矿区面积约15平方千米,地质储量10亿吨左右。

10月18日 重庆重型铸锻厂首次与美国商户签订船用集装箱紧固件供货合同。

11月24日 国营157厂、国营167厂、綦江农机厂、重钢、重庆标准件公司组成菊花牌自行车生产经营联合体。

12月4日 全国最大的铝材氧化上色车间在西南铝加工厂建成,设计年产氧化上色铝材3200吨。

12月10日—14日 重庆杂技团代表中国第一次参加第八届摩纳哥世界马戏杂技节,演出的《坛技》获得瑞士杂技俱乐部奖。

本年 重庆市对1949年11月30日以来兴建的水利工程进行"三查三定"(查安全,定标准;查效益,定措施;查综合经营,定发展规划)。全市已建成水利工程8.15万处,蓄引提水能力20.69亿立方米,有效灌溉面积491.74万亩,其中水田472.28万亩。

本年 重庆市住宅建设开工135万平方米,竣工76万平方米,有1.5万余户职工住进新房。

一九八二年

1月1日 中国第一条城市跨江客运索道——嘉陵江客运索道建成，车厢最大容量为46人，最大牵引速度为每秒7米。该索道1980年12月15日动工兴建，总投资381万元。

3月3日 在江北区老城重庆织布厂扩建工地发现元末农民起义军领袖、大夏国皇帝明玉珍墓。出土丝织品、袍服、金银器皿和玄宫之碑1块。这是全国发掘的第一座农民起义领袖墓，后被确定为市级重点文物保护单位。

3月 市委在巴县小坝乡进行人民公社管理体制改革试点，实行党政分开、政社分设，建立乡党委、乡政府、乡人民公社（经济组织）。

本月 重庆金刚砂布厂生产的飞箭牌耐水砂纸首次出口墨西哥。

5月15日—18日 中共中央主席胡耀邦在重庆视察，听取四川省和重庆市党政领导的工作汇报，并就领导班子年轻化等问题发表讲话。

6月22日 中国跳伞队选手、重庆籍运动员张建中在郑州举行的特技跳伞比赛中以5.6秒完成整套特技动作获得冠军，并打破世界纪录。

7月17日 重庆水轮机厂、重庆电机厂等企业参与制造的水轮发电机组首次销往南美，第一批22台机组启运秘鲁。

8月5日 市委、市政府决定改革市区工业管理体制。将市中区、沙坪坝区、江北区、南岸区、九龙坡区、北碚区、大渡口区等7个区的全民和集体所有制工业企业全部上收由市管理,市属工业按行业、按产品归口管理;按照专业化协作和经济合理的原则,按产品按行业成立69个企业公司(总厂);逐步实行政企分开。

同日 重庆造船厂建造的第一艘钢质海船"辽丹8号"下水。

8月30日 四川汽车制造厂生产出CQ30·290型18吨公路载重汽车,是国产最大吨位载重汽车。

9月27日 全国第五次质量月授奖大会在北京举行。重庆机床厂的重机牌Y3150E型滚齿机获金质奖。

9月28日 四川省地质局川东南地质大队在北碚区同兴乡飞峨山发掘出两具较完整的恐龙化石。

11月8日 国务院公布,重庆市缙云山风景名胜区被列为国家重点风景名胜区。

11月10日 重庆市家用电冰箱联合体成立。

11月30日 重庆大学、重庆特殊钢厂和重庆锯条厂联合研制的新型高速钢手用锯条通过鉴定,性能达到国际先进水平。

本月 重庆市第一个年产混合精饲料1万吨的饲料加工厂建成投产。

12月6日 市作家协会刊物《红岩》发表的长篇小说《许茂和他的女儿们》获首届茅盾文学奖。

12月10日 《重庆—图卢兹建立友好城市关系议定书》在法国图卢兹市签字,两市正式结为友好城市。

12月25日 四川省政府颁发《重庆市环境污染物排放标准》。

12月28日 重庆市第一个年产90万吨原煤的矿井綦江石壕煤矿竣工投产。

12月30日 一座西汉后期土坑木椁墓在市中区临江支路市交电公司住宅施工现场被发现，出土铜器50余件，可复原的陶器20余件。

一九八三年

1月10日 江北织布厂首次向加拿大出口色织涤棉细布10万余米。

1月15日 重庆市第一个蔬菜铝箔冷库建成投产。该冷库使用面积1800平方米，可储藏蔬菜800吨。

本月 西南地区最大的枢纽变电站江北县界石堡变电站一期工程竣工，投入运行。

2月8日 中共中央、国务院正式批准四川省委、省政府《关于在重庆进行经济体制综合改革试点意见的报告》。原则批准给重庆市"以相当于省的经济管理权力，由市直接承担完成国家计划和上缴财政任务的责任"，国家对重庆市实行计划单列，并决定将永川地区并入重庆市。

2月15日 重庆服装工业公司组成的劳务合作技术服务组一行149人飞赴伊拉克。这是重庆市首次单独承担劳务技术服务项目。

3月2日—21日 国家体改委、四川省委联合在重庆召开经济体制综合改革试点工作会议，中央、省、市有关部门负责人到会。会议研究制定26个专项改革方案，就改革的目的、内容、要求、机构设置和实施方案等作出规定。

3月3日 重庆市开始三线建设高速工作。成立重庆市三线建设调整改造规划办公室，采取新建窗口、迁建、迁并、并入等方式对原三线建设单位进行调整和改造。

3月7日 国家科委确定把科技体制改革列为重庆市综合经济体制改革的内容之一。

本月 重庆市被评为第一批全国田径之乡。

4月1日 经中共中央、国务院批准，永川地区与重庆市正式合并，实行市领导县的管理体制。重庆市由原9个区、4个县增加到9个区、12个县，总面积由9678平方千米增加到2.31万平方千米，总人口由651万增加到1379万。

4月10日 中国第一台全部用国产原件组装的高精度多阻抗标准电平表由重庆通信设备厂研制成功，填补了国内通信计量设备的一项空白。

4月25日 市政府转发《重庆市国营工业企业利改税试行办法》，要求市级工业企业从5月1日起实行，区县级企业从下年1月1日起实行。

5月6日—12日 市委、市政府召开农村体制改革工作会议。会议研究城乡结合，发挥两个优势，促进城乡经济发展等问题，作出《关于搞好市领导县的若干问题的决定》。《决定》提出9条措施，向区县下放部分经济管理权。

5月29日 重庆市政府友好访问团赴美访问。重庆市政府与西雅图市政府签署两市建立友好城市关系协议书。

6月6日 国务院作出《关于重庆市城市总体规划的批复》，原则同意重庆市城市总体规划的报告，明确"重庆是我国的历史文化名城和重要的工业城市，是长江上游的经济中心，水陆交通枢纽和对外贸易港口"。

6月24日 重庆皮革机械厂首次向巴基斯坦出口6台XIBI–B型片帮机。

7月4日 重庆特殊钢厂研制的中国第一条中速中负荷钢坯修磨作业线投产。

7月29日—8月4日 中共四川省重庆市第五次代表大会召开，全面贯彻落实中央7号文件部署重庆经济体制综合改革试点工作，提出"坚决而有秩序地进行经济体制综合改革试点"的任务。

8月11日 市政府发出《关于城乡个体经济几个问题的通知》，规定个体工商户可以从事手工业、修理业、运输业、房产修缮业、城乡贩运业、服务业、饮食业、商业等行业的生产经营活动。

8月17日 市政府作出决定，从10月1日起全市执行《对个体商贩和部分集体企业实行由批发部门代扣零售环节工商税的暂行规定》。

本月 在九龙坡区马王场附近陆续发现20余件旧石器时期石器，证明约在2万年前重庆这一地区就有人类居住。

本月 在第22届世界产品评选会上，峨嵋牌重庆沱茶为中国制茶工业获得第一块国际金质奖章。

9月8日 永荣矿务局与自贡东方红锅炉厂、重庆大学、重庆建筑工程学院、重庆煤矸研究所合作，综合利用煤矸石和劣质煤获得成功，获全国优秀科技成果奖特等奖。

9月9日 经国务院批准，撤涪陵县设县级涪陵市。

本月 全国第一家与电视差转台结合在一起修建的倒锥形水塔在西南铝加工厂建成投入使用。

10月1日　中国第一个摩托车质量监督检验中心——重庆摩托车质量监督站建立。

11月14日　经国务院批准，撤销黔江县，建立黔江土家族苗族自治县。

11月25日　市物价局发出《关于扩大企业定价小商品范围的通知》。全市（第二批）放开284种小商品的价格。

12月15日　重庆电器科学研究所低压电器试验站通过技术鉴定，成为中国第一个按国家标准和国际电工委员会相应标准进行技术认可的低压电器试验站。

12月26日—28日　中共中央总书记胡耀邦在重庆视察，并作题为《议大事、懂全局、管本行》的重要讲话。

本月　重庆红星无线电厂和湖南长沙电业局研制出中国第一代超短波袖珍式双功能无线电话机。

本年　重庆市对牛、羊、禽、蛋、水产品、干鲜水果全部放开经营。

本年　红岩机器厂500千瓦柴油发电机组在联邦德国、法国、日本等54个国家和地区的国际招标中中标。

本年　巴县乡镇企业全年总产值达1.26亿元，是重庆市第一个乡镇企业产值超过亿元的县。

一九八四年

1月2日　中国第一种全国性医药专业大型新闻周报《医药报》在重庆创刊发行。

1月6日 重庆市国际经济技术合作公司成立，正式开展对外经济技术合作业务。

1月10日 全国首创的重庆工业品贸易中心开业。1万平方米的交易大楼设有7个展销大厅，商品经营实行"地不分南北，人不分公私，谁都可以来买，谁都可以来卖"，不论数量多少、级别高低、地区远近均可自由购销，改革了商品流通渠道。

3月31日 解放前全国最大的私营航运公司——民生公司在重庆重新组建，成为中国第一家大型民办集体航运企业。

4月16日 市政府颁发《关于放活科研单位的暂行规定》，要求积极推行有偿合同制，实行所长负责制，建立基金和自主发放奖金，促进人才流动，兴办各种形式的科研生产联合体。

本月 举行重庆市首次高等教育自学考试，全市有1万余人报名参加。

5月 四川省地质局川东南地质队六分队在铜梁县发现天青石矿，预测储量在100万吨以上，品位极高，有的含锶达90%。

6月9日 市政府颁发《关于进一步扩大国营商业企业自主权的规定》，从业务经营、留成资金使用、劳动人事管理等9个方面扩大国营商业企业的自主权。

6月10日 市委、市政府颁发《关于扩大县的经济管理权限的规定》，从计划管理、固定资产投资、物资分配、经济技术协作、对外贸易、劳动管理、税收、物价管理、管理机构设置等10个方面扩大区县政府的管理权限。

6月14日 市政府颁发《关于人才合理流动工作中若干问题的试行规定》，对人才合理流动作出10条规定。

6月24日 市委、市政府颁发《关于大力发展城镇集体经济的决定》，就放宽政策，搞活集体企业，疏通企业产销渠道，搞好集体企业的整顿和改革，减轻集体企业的负担等方面作出具体规定。

6月30日 全市农村党、政、企分设，建立乡政府的工作基本完成，全市813个公社改建为814个乡。

7月 全市各企业全面试行厂长（经理）负责制。

8月 重庆变压器厂生产出1万千伏安自耦有载调压节能变压器，每台变压器每年可节约电费约3万元。

9月27日 重庆船厂制造出重庆第一艘气垫船717-11型侧壁式气垫船（"岷江"号）。该船长20.4米，宽4.4米，主机功率600匹马力，可载客54人或装货4吨，时速40千米。

10月15日 牛角沱立交桥配套工程八一隧道动工，属双孔单流向隧道，是连接长江大桥和嘉陵江大桥南北交通的咽喉要道。总投资830万元，1986年6月17日竣工。

11月6日 由电子工业部、重庆市政府共同投资组建的西南计算机工业公司开业。1985年6月20日公司开始批量生产具有20世纪80年代水平的长城0520A微型电子计算机。

11月20日 市第二人民医院焦春堂发现的一种电脉速度异常的血红蛋白，得到国际公认。这是世界上首次发现的新型血红蛋白，按发现地命名为"H6重庆"。

同日 市政府发布《收取城市综合配套费暂行实施办法》，规定凡在市内城镇新建、改建房屋，一律收取城市综合配套费，费用主要用于新开发区和旧城区改造的配套项目建设。

11月29日 重庆大学、重庆特殊钢厂、重庆锯条厂联合研制出国内首创的新型高速钢机锯条。

本月 市血站血型室发现罕见的A·BX型血。

12月15日 经国务院批准，重庆市等13个城市享有（可以）拟定市内需要的地方性法规草案的权限，增强了重庆市作为中心城市的管理能力。

12月17日 重庆无线电三厂装配生产出重庆市第一台彩色电视机。

本年 重庆市与香港冯秉芬有限公司合营的渝丰国际有限公司在香港成立。重庆市以渝丰公司为总部，陆续在欧美、日本开设海外公司，把技术引进、出口、旅游、信托投资和劳务输出结合起来。渝丰公司成为市政府开展对外经济活动的派出机构。

本年 江北县黑水滩河上游的胜天水库及其配套水渠竣工。干渠总长108千米，隧洞43个，架空渡槽74个，灌溉面积2.6万亩。该工程1971年动工，1980年开始蓄水，总投资1269万元。

一九八五年

1月15日 市政府发出《关于改革蔬菜产销体制的通知》。取消派购，实行自由购销、多渠道经营，价格全部放开。

1月23日 重庆市取消生猪派购，实行议价议销，购销价格同时放开后，给城镇居民以价格补贴。

本月 江北县被定为中国与联合国儿童基金会合作发展妇幼卫生示范县。

本月 全国第一个用于城市客运的电梯工程凯旋路电梯工程动工。总投资176万元，建筑面积3133平方米，1986年3月30日竣工。

2月9日 重庆市第一家中外合资工业企业——庆铃汽车有限公司成立。

2月11日 西南地区最大的针织联合企业重庆针织总厂成立。

4月1日 市政府取消粮食统购，改为合同订购，并对合同订购的粮食实行优惠价（即收购比例价）。

同日 重庆天府可乐饮料工业公司成立。参加这个联合体的有20个省、市、自治区的45个分厂，职工3500人，年可生产天府可乐饮料12万吨。

4月2日 中国第一座高硼硅玻璃全电熔窑炉在北碚玻璃仪器厂投产，填补了国内空白。

4月5日—9日 重庆、武汉、南京、广州、南宁、长沙、南昌、福州、郑州、平顶山、焦作、石家庄等10余个城市物资协作会在重庆召开，成交总额2300余万元。

4月23日—28日 四省区五方经济协调会第二次会议在重庆召开。会议研究制定《四省区五方经济技术协作互惠暂行办法》和联合发展交通邮电等7个方案，并决定在重庆兴建川滇黔桂渝经济协作大厦。

5月18日 重庆汽车制造厂、日本五十铃汽车有限公司、日本京连兴业株式会社合资的庆铃汽车有限公司开业。这是中国第一家中日汽车生产合资公司，主要生产柴油轻型卡车。

5月 四川省涪陵柴油机厂生产的CJ50-1型摩托车发动机被评为"中国机械工业部优质产品"。

6月 重庆市农产品除"三粮"〔米（稻）、面粉（小麦）、玉米〕、"三油"〔菜油（油菜子）、花生油（果）、棉籽油〕、棉花、烤烟、甘蔗、南竹、桑蚕茧等少数品种继续实行计划管理外，其他农产品价格放开实行市场调节。

11月30日 重庆江北机场工程破土动工。机场1989年12月30日建成，投资3.04亿元，占地4500亩，跑道长2800米、宽60米，属国家一级机场。1990年1月，机场正式通航。

12月19日—21日 长江沿岸中心城市经济协调会第一次会议在重庆召开。会上通过《长江沿岸中心城市经济协调会若干原则》，共达成67项意向性协议。

12月25日 重庆嘉陵江石门大桥动工兴建。大桥为独塔单索面预应力混凝土斜拉桥，主桥跨径200米和230米，正桥全长780米，桥面总宽度25.5米，南北引道总长2762米。1988年12月，该桥建成通车。

同日 铜梁县产天青石（锶矿）首次出口日本315吨，出口美国50吨。

本年 全市撤销21个乡，建立21个新镇；撤销11个乡，分别划归9个镇管辖；将42个村分别划归一些镇管辖；巴县的接龙区公所和接龙乡驻地由接龙场迁至塘边坝。

本年 沙坪坝区石桥乡成为重庆市第一个亿元乡。次年2月7日，市委、市政府向该乡颁授"富冠渝州"金匾。

本年 国务院批准重庆市三线企业调整改造规划方案。全市共有29个调整搬迁项目，总投资额6亿元，"七五"计划期间将实施16个项目。

一九八六年

1月31日 中央政治局常委、中央军委主席邓小平一行61人到大足考察宝顶石刻，并对文物保护作出重要指示。

3月27日 重庆市与加拿大多伦多市签订缔结友好城市关系协议。

3月28日 市委、市政府发出《关于增强区县总揽经济全局能力若干问题的决定》。

4月27日 在南斯拉夫萨格勒布春季国际博览会上，重庆市送展的TDP辐射治疗器（誉称"神灯"）获得金奖。该成果由市硅酸盐研究所于1979年研制成功。

6月5日 第六届优秀电视剧飞天奖评选揭晓，重庆电视台的《巴桑和他的儿女们》获优秀电视单本剧一等奖。

7月1日 《重庆市环境保护奖惩办法》公布，1982年颁布的环保奖惩办法停止实施。

同日 全国第一个煤矿瓦斯大型民用工程——中梁山瓦斯开发利用主体工程建成通气。

7月22日—25日 市十届人大常委会第十九次会议通过以黄葛树为市树、以川茶花为市花的决定。

9月3日 重庆市人民政府批准市机械局所属红岩机器厂试行资产经营目标责任制，并向全国公开招标，选聘厂长。

9月10日 全国第一个钢材专营市场在重庆开业。

10月23日 重庆市与日本广岛市缔结友好城市签字仪式在广

岛市政府大楼举行。

10月27日 民政部公布首批全国重点烈士纪念建筑物保护单位，重庆张自忠烈士陵园名列其中。

11月8日 西南地区最大的火力发电机组——重庆发电厂20万千瓦机组竣工投产，每天可发电480万度。

11月19日 以国营重庆无线电厂、重庆无线电三厂、国营建安仪器厂3个电视机总装厂为主体，55家相关企业参加的联合体——重庆电视机联合公司成立。

12月2日 重庆市第一个民办股份制合作金融机构——杨家坪城市金融服务部开业。

12月5日 重庆选手李涛在印度尼西亚雅加达举行的第一届亚洲青年田径锦标赛上，以10.26秒的成绩创造男子100米跑亚洲新纪录。

同日 以第三军医大学为主研究的中国第一代全氟炭代血液（人造血）技术成果通过国家级鉴定。

12月16日 重庆市第一家以农副产品为原料的中外合资企业——庆红食品有限公司开业。

12月20日 市第二人民医院首次发现的1例新型异常血红蛋白通过鉴定，达到国际先进水平。市第二人民医院和上海儿童医院合作进行的四川省β-地中海贫血基因研究在渝通过鉴定，这项研究是在全国首次采用人工合成寡核甘酸杂交技术对β-地中海贫血基因进行分析。

本月 国务院公布第二批历史文化名城，重庆市名列其中。

本月 重庆市最大的地方性水电站——安居电站建设获国家计委批准，有关设计方案通过审定。

本年 城乡居民收入大幅增长,城镇居民平均收入比上年增长14.6%;农村人均纯收入(扣除物价上升因素)增加47元,有5万贫困户基本脱贫。

一九八七年

1月1日 《重庆市治安管理处罚条例》正式施行。

1月7日 重庆市第一家股份制企业——重庆中药股份有限公司成立。

1月22日 在市中区枣子岚垭重庆市住宅公司施工工地发现2处东汉时期墓葬,出土一批铜器、陶器、陶俑、古钱币及大量的纹饰汉砖。

本月 由冶金部钢铁设计总院、重庆特殊钢厂和兵器部西南车辆制造厂共同研制的17CyM-nBHZ新型齿轮硼钢通过冶金部、兵器部联合组织的技术鉴定,填补了中国新型硼钢的空白。

2月17日 重庆市最大的多功能汽车客运站——南坪汽车站正式营运。

2月22日 重庆市乡镇企业工作会议召开,市委、市政府向1986年工农业总产值突破1亿元的沙坪坝覃家岗乡颁授"比翼齐飞"金匾。

本月 益民机械厂制造出中国第一代超微型汽车样车。该车可乘坐2人,载重250公斤。

3月20日 在江北县鱼嘴镇蒋祠沱长江北岸发现五代枯水石刻题记:"大蜀明德三年(963年——编者注),岁次丙申,二月上句。此年丰稔倍常，四界安怡，略记之。水去此一丈。"

3月26日 重庆天原化工厂年产5000吨人造金红石装置通过部级鉴定。其工艺在国内外均属首创，技术达到国际先进水平。

3月30日 重庆三三一惨案死难志士群葬墓地纪念碑落成仪式在江北区五里店举行。

4月15日 在市中区朝千路一码头附近发掘出青铜戈、矛、剑、弩机等春秋战国时期文物共5件。这是在市中区范围内首次出土成套青铜兵器。

5月11日 重庆第一座有偿使用桥梁——海棠溪跨线桥竣工通车。

6月 经市政府批准，市中区21个街道办事处调整为11个，即上清寺、大溪沟、较场口、解放碑、朝天门、望龙门、七星岗、南纪门、两路口、菜园坝、王家坡。

7月1日 《重庆市征收城镇土地使用费暂行办法》开始实施。

9月19日 大足县文物普查队在宝山乡建角村重组夹子山发现一组唐初摩崖造像，10龛共70余尊，并刻有唐永徽元年（650年）和乾封元年（666年）题记，使大足石刻起始年代提前200余年。

9月22日 西南地区第一条光纤通信系统（大坪—上清寺）通过技术鉴定，正式并网开通。

9月24日 长江第一条空中走廊——重庆长江客运索道投入运行。

11月5日 第一次全国城市桥梁学术会议在重庆召开，300余名专家学者出席会议。会议认为重庆石门斜拉大桥的建桥技术和质量达到国际先进水平。

11月16日 中国第一个股份制企业集团——中国嘉陵工业股份有限公司（集团）正式成立。

11月27日 市委、市政府发布《关于完善农村合作经济双层经营体制的决定》。

12月10日 市政府决定，即日起对城镇居民实行猪肉凭票供应。

12月15日 重庆市首家中外合资医药企业——重庆康乐制药有限公司成立。

12月15日—17日 市十届人大六次会议召开。首次采用差额选举方式选举出四川省七届人大代表147人，审议并通过《关于重庆市第十一届人民代表大会代表名额和选举问题的决定》。

一九八八年

1月7日 中国四联仪器仪表集团公司在北碚正式成立，以四川仪表总厂为主体，有63个成员单位，是全国仪表行业规模最大的跨地区、跨行业、跨所有制的联合实体。

1月15日 国内首个300波特低速数据通信网在重庆开通。该网具有传输电报、数据、信息、文件、图表等功能。

2月10日 綦江县被文化部命名为中国现代民间绘画之乡。

2月12日 重庆珞璜电厂项目供货合同在北京签字。次日，中国华能国际电力开发公司与法国阿尔斯通公司、日本三菱重工和三菱商事株式会社在重庆签署珞璜电厂设计纪要。

2月23日 山城电影院改造工程竣工，成为西南地区首家能放映70毫米宽银幕电影的特级电影院。

2月25日 由第三军医大学野战外科研究所主研，重庆利华橡胶厂、中科院力学所协助研制的中国第一代防雷鞋在重庆通过部级鉴定。

本月 国务院公布第三批全国重点文物保护单位名单，其中有重庆市的中美合作所集中营旧址。

3月26日 由川滇黔3省18市地联合组建的重庆经济协作区正式成立。

3月 由重庆微电机厂设计制造的微机软磁盘主轴直流无刷稳速电动机通过部级鉴定，达到世界先进水平。

本月 国营重庆特种车辆总厂经国家计委批准在巴县正式成立。该厂是国家"七五"期间三线建设调整改造的最大项目，由双溪机械厂、红山铸造厂、庆岩机械厂、红泉仪表厂和渝州齿轮厂合并组成，1992年建成。

4月27日 国家"七五"期间重点工程——重庆重型铸锻厂年产铁路货车2000辆改造工程通过部级验收。

5月10日 国内首个设备专业市场——重庆设备市场开业。

5月上旬 中国天府可乐集团公司成立。

5月18日 国务院批准设立四川省黔江地区，辖石柱土家族自治县、彭水苗族土家族自治县、黔江土家族苗族自治县、酉阳土家族苗族自治县、秀山土家族苗族自治县。

5月28日 重庆首条微型计算机生产线——西南计算机公司微型计算机生产线通过验收。

6月8日 中国第一条汽车试验专用路及配套设施在川黔公路九龙坡区路段附近建成通车（投用）。

6月29日　渝丰公司宣布购买美国一家飞机零件生产厂的全部资产，成为重庆市第一家在海外独资经营的工厂。

本月　邮电部批准重庆建立国内卫星通信地面站。

7月2日　重庆客车总厂开发的重庆牌CQ445型和CQ465型两种豪华旅游客车通过部级鉴定，投入批量生产。

本月　中国第一条自行设计制造的700毫米带连续电镀锌生产线在重钢四厂建成投产。该生产线投资500万余元，年生产能力为1万吨。

本月　全国第一支特种消防中队在重庆建立，主要担负高层建筑和油类、化工等特殊火灾的消防任务。

本月　机电部"七五"期间重点技术改造项目——重庆蓄电池总厂异型蓄电池生产线建成投产。该项目总投资1300万余元，可年产20万千伏安时的异型蓄电池。

8月　西南合成制药厂的"酮基布洛芬生产工艺研究"项目获国家科委颁发的国家级科技进步奖二等奖。

9月15日—17日　由西南车辆制造厂、望江机器厂等12家兵工企业组成的重庆铁马汽车联合体研制的新型载重汽车——铁马SC2630重型汽车和自卸车通过部级鉴定。

10月25日　市政府作出决定，即日起对彩电、电冰箱、摩托车、呢绒、毛毯、洗衣粉等紧俏商品调出市外实行许可证制度。

本月　重庆山泉饮水净化厂生产的山泉牌SQ-DJ系列多功能低度酒处理设备获国家科委颁发的首届"星火计划"成果金奖。

本月　重庆建设机床厂生产的重庆·雅马哈CY80型摩托车获全国两轮摩托车外观质量展评会70~90毫升车型组一等金杯奖。

11月1日　国家"七五"重庆建设项目成渝高速公路开工。

11月1日—4日 重庆市参加北京—广州—北京万里行第二届国产轻微型汽车质量测试赛的渝城牌CG120B双排座轻型客货两用车获特邀金奖，渝州牌YZ-213轻型越野客货车和渝州牌YZ-122型双排座轻型客货两用车获综合质量银奖。

11月22日 中国医药对外贸易总公司、西南制药三厂、英国葛兰素公司在北京签署合资合营协议，成立中英第一家制药合资企业——重庆葛兰素制药有限公司。该公司投资1000万美元，设计年生产能力为600万支。

本月 在江北县黑沟村简家梁发现一具身长约7米的古生物食肉恐龙化石。经鉴定，这具恐龙距今约1.3亿年。

12月28日 重庆嘉陵江石门大桥正式建成通车。

一九八九年

1月1日 市政府颁布《重庆市鼓励外商投资的规定》，即日起施行。

1月7日 市政府召开首次全市国土工作会议。重庆市土地管理工作开始进入统管轨道。

2月20日 市政府发布通告，在全市执行法定计量单位。从4月1日起，铭牌、广告、包装、报刊、广播电视等一律采用法定计量单位。

同日 《重庆市预决算审批监督暂行条例》公布生效。

3月2日 市委、市政府召开全市乡镇企业工作会，将"亿元致富杯"授予在1988年乡镇企业产值超过1亿元的南岸区南坪乡，九龙坡区八桥乡，巴县白市驿区、虎溪区、长生区等5个乡（区）。

3月5日　在重庆医科大学附属第二医院新建住院部工地发现一座东汉时期岩墓，出土文物数十件。

3月23日　重庆市开通国际直拨电话，可与世界160余个国家和地区直接通话。

6月1日　西南铝加工厂成功生产出一批被称为"亚洲第一环"的航天用铝合金大锻环，为中国航天工业对外承接任务奠定了物质技术基础。

9月30日　举行重庆市首届对外经济技术贸易洽谈会，日本、美国、苏联、联邦德国、意大利等20余个国家和地区的600余位来宾参加，达成成交额4200万美元。

11月21日　重庆在海外的第一家高科技合资企业美国TCC电子有限公司正式成立。

12月21日　长江沿岸中心城市经济协调会第五次会议在重庆举行。会上通过《长江沿岸中心城市经济协调会若干原则》。

一九九〇年

1月22日　重庆江北国际机场正式通航。

2月　四川染料厂向泰国出口一套价值15万美元的65%发烟硫酸生产装置。这是重庆市出口的第一套化工设备。

3月17日　重庆汽车单向器厂试制出"丰田"等5种进口汽车单向器同类型产品，填补了中国汽车单向器生产的空白。

本月　市委、市政府颁布《关于3年消灭宜林荒山、7年绿化重庆的决定》。

4月15日 由武汉市政府投资，在重庆川江港机厂建造的集吸水、制水于一体的大型钢质船上水厂竣工，日产水5万吨。

4月23日 市十一届人大常委会第十三次会议召开。会议通过《重庆市人大常委会关于同意市人民政府对新评"巴渝十二景"命名的决定》。巴渝十二景是缙岭云霞、北泉温泳、独钓中原、大足石刻、四面飞瀑、南山醉花、统景峡猿、南塘溪趣、歌乐灵音、山城灯海、长湖浪山、朝天汇流。

5月10日 重庆市第一个公用型多功能汽车站——重庆汽车北站开业。该站拥有能停200辆大型客车的地下停车场，日发车可达390辆，日客运能力上万人次。

5月11日 《重庆市实施〈中华人民共和国集会游行示威法〉办法》公布施行。

5月25日 市人大常委会颁布《重庆市城市园林绿化条例》。

7月1日 全国第四次人口普查于夏时制零时开始。11月12日，市统计局发布1990年人口普查主要数据第一号公报。全市人口1470.09万人。其中，男性763.55万人，占51.9%；女性706.55万人，占48.1%。

7月5日 全国第一台2.8米轧机在西南铝加工厂试车成功。这项投资1亿元的国家重点改建工程使该厂的生产设备和工艺水平达到20世纪80年代国际先进水平。

本月 重庆交通学院防滑坡研究所首创预应力锚索拒滑桩新技术。这项新技术应用于210国道、珞璜电厂等10余个重点工程，为国家节约经费1000万余元。

8月29日 《经济日报》刊载1989年中国500家最大工业企

业（按销售额排列），重庆有11家企业上榜，分别是重庆钢铁公司、重庆特殊钢厂、西南铝加工厂、嘉陵机器厂、重庆卷烟厂、四川维尼纶厂、建设机床厂、四川汽车制造厂、四川仪表总厂、重庆汽车制造厂、重庆五洲实业公司。

8月30日　年产30万吨真空制盐的传动盐厂工程正式开工。

9月2日　川东造船厂为新加坡客户制造的2300吨甲板驳在涪陵下水。这是重庆市船舶批量出口的第一艘驳船。

9月8日　重庆市被列为单位代码试点城市。

9月24日　"庆荣"号海轮载着重庆市首批6241吨天青石和钢材安全抵达日本大阪港。四川省重庆轮船总公司首次江海全程联运获得成功。

本月　国家"七五"重点项目、国内第一条连续镀铅生产线在重钢四厂建成。

10月10日　全国第二次稻田养鱼经验交流会在重庆闭幕。1989年重庆稻田养鱼面积9.19万公顷，鱼产量1.66万吨，位列全国14个计划单列市第一名。

10月27日　国家"七五"能源建设重点项目——松藻矿务局打通一矿150万吨扩建工程竣工投产，是重庆地区产量最高的矿井。

本月　在永川县新店乡会龙村采石场发现一批古生物化石，经专家鉴定属于生活在距今3万至2万年的更新世哺乳动物，其中有大型的中国犀、貘、牛、水鹿、竹鼠和小型的啮齿类动物。

11月6日　重庆市沙坪坝区覃家岗乡入选全国100个"乡镇之星"名单。

11月26日　市人大常委会公布《重庆市保护妇女儿童合法权

益条例》《重庆市实施全民义务植树条例》。

11月28日 在第三十九届布鲁塞尔尤里卡世界发明博览会上，重庆有6个项目获金奖（分别是东方神农药笔系列、三维内胁管、太乙神灸、电报警安全帽、水下彩色灯、微型除痔钳），两个项目获银奖（分别是鼠笼式无级调速电动机、摆仪）。

一九九一年

1月15日 市国营、集体商业企业实行"四放开"，即经营放开、价格放开、用工放开、分配放开。2月1日起，"四放开"在南坪工贸大楼首批试点。

本月 江津县被民政部、解放军总政治部命名为全国第一个双拥模范县。

本月 西南铝加工厂与中南工业大学、东北工学院联合研制的国家"七五"重点攻关项目铝锂合金通过部级鉴定，填补了国内一项空白。

2月1日 重庆市第一条跨省长途汽车客运线——重庆至贵阳班车开通。

本月 重庆江北机场场道工程和嘉陵江石门大桥工程获全国建筑业工程质量最高荣誉奖鲁班奖。

3月31日 国家"七五"科技攻关重点项目——重庆特殊钢厂特殊钢方坯连铸机正式通过国家计委和冶金部联合组织的验收鉴定，填补了国内特殊钢方坯连铸空白。

本月 国务院批准重庆高新技术产业开发区为国家高新技术产

业开发区。

本月 国家"七五"重点新产品、西南铝加工厂生产的超特大模锻件通过部级鉴定，达到国际先进水平。

4月15日 中共中央总书记、中央军委主席江泽民到重庆考察时强调，科学技术是第一生产力，要努力发展科学技术，不断吸收先进技术，抓好科技成果的推广应用。

4月29日 重庆市最大的公路、铁路立交桥在南桐矿区建成通车。该桥长584米，桥面宽12米，建设投资383万元。

本月 在美国匹兹堡市举行的第七届发明与新产品博览会上，重庆代表团获1个大奖、2个金奖、1个银奖、1个铜奖。

6月1日 重庆至广州公路汽车客运线正式开通。该线路全长1919千米，是国内最长的公路客运线。

6月12日 市人大常委会颁布《重庆市实施〈四川省计划生育条例〉办法》，即日起施行。

6月15日 沟通中国中南和西南两大地区的主要通信干线——重庆至武汉微波通信工程建成，并投入使用。

8月24日 国家公布100个产粮大县名单，其中重庆市有合川县、巴县、江津县；公布100个产猪牛羊肉大县名单，其中重庆市有11个，合川县、巴县、江津县列前3位；公布100个农业总产值大县名单，其中重庆市有巴县、合川县、江津县。

6月19日 《人民日报》以《重庆"农业三绝"》为题，介绍了重庆的再生稻、半旱式栽培、稻田养鱼的成果及经验。

6月28日 国家重点建设项目、西南地区最大的火力发电厂——华能珞璜电厂一号机组首次并网发电成功。

9月5日 川滇黔桂藏渝蓉五省区七方经济协调会第八次会议

在重庆召开，达成联合协作项目协议360个，资金拆借6000万余元。

本月 重庆钢铁设计院高级工程师陈宗源发明的三环减速传动装置通过冶金部主持的技术鉴定，属国际首创。

10月18日—20日 市委召开工作会议，贯彻中央工作会议精神，研究落实进一步搞好国营大中型企业的措施，决定选择34家国营大中型工交企业试行在生产经营、产品定价、内部分配、劳动用工、技术改造五个方面享有自主权（简称"五自主"）。

10月31日 西南地区第一家规范化的外汇调节市场——重庆外汇调节市场开业。

本月 重庆高新技术产业开发区被列为全国5个（北京、沈阳、武汉、南京、重庆）重点实验区之一。

11月1日—5日 商业部、国家经济体制改革委员会在重庆联合召开全国搞好国合商业座谈会。

11月6日 重庆市有20个大项目获国家"七五"重点科技攻关成果奖。其中，豪华型大客车总体设计达到国际20世纪80年代先进水平，4063立方米宝钢2号高炉是国内第一座最先进的特大型高炉，C-1200柴油机填补了中国高速大功率柴油机制造的空白。

本月 重庆市华光铸造机械厂开发出四螺杆真空反应混炼挤出机。这是中国第一台具有国际先进水平的高分子合成与加工的机械。

本月 由重庆电力学校、重庆合成化工厂联合研制的EH-1型银催化剂通过能源部的技术鉴定。该产品属国际首创。

12月 四川省第一条地方铁路万南（万盛至南川）铁路正式营运。

一九九二年

1月1日　重庆市住房制度改革方案开始实施。

1月8日　重庆市"八五"重点建设工程——四川陶瓷厂竣工验收。该工程投资7000万元，建筑面积5万平方米，可年产36万件高中档卫生洁具，填补了西南地区的一项空白。

1月13日　国家高技术项目——强激光能量分布微机分析系统由重庆大学光机系研制成功，属国内首创，达到20世纪80年代的国际水平。

2月28日　西南地区最大的现代化生猪市场在荣昌县建成。该市场占地面积1.5万平方米，总投资220万元，可一次接纳4500头仔猪、40家经营户进场交易。

3月10日　由重庆交通学院与市公路养护总段共同研究的，采用特细砂薄层钢纤维混凝土制作薄层新型路面的方法通过技术鉴定，达到国际先进水平。

本月　经国家科委、国家体改委批准，重庆高新技术产业开发区被列为全国5个推行综合改革试点的高新技术产业开发区之一。

4月5日　参加七届全国人大五次会议的重庆代表团一行23人返渝。重庆的全国人大代表向大会提出议案，支持兴建三峡工程，但要求对重庆的特殊情况另立专案论证研究。七届全国人大五次会议通过《关于兴建长江三峡工程的决议》。

4月17日　重庆市首次有偿出让土地使用权。工商银行重庆市分行房屋开发公司等7个建设单位率先告别无偿无期使用国有土地的历史,以有偿有期的方式获得7幅地块的使用权。

5月20日 经国务院批准,永川撤县建市(县级),原行政区域不变,隶属关系不变,四川省管辖,重庆市代管。

本月 国务院批准重庆为沿江开放城市。

7月12日 《重庆市住房保证金管理暂行办法》正式实施。

9月1日 昆明—重庆—青岛空中航线首航成功。

10月9日 重庆证券交易中心开业。

11月12日 中共中央政治局常委、国务院总理李鹏抵渝,先后到南坪开发区、重庆百货大楼、重庆电子大厦、庆铃汽车有限公司考察,并听取四川省、重庆市领导的工作汇报,就有关三峡工程和重庆市经济发展等问题作出指示。

11月16日 外商独资建设经营重庆地下轻轨和城市公交实行股份制改组2项协议在重庆正式签字。28日,地下轻轨朝天门小什字段正式开工。

11月18日 重庆交电站完成对东风灯具厂的兼并。这是重庆市第一例商业企业兼并工业企业。

12月8日 重庆蓄电池总厂研制生产的新型铅酸蓄电池经鉴定达到国际先进水平,结束中国长期以来完全依赖从国外进口固定型密封式铅酸蓄电池的历史。

12月10日 经国务院批准,四川省江津县撤县建市(县级)。江津市归四川省直辖,省政府委托重庆市代管,以往的一切关系不变。

12月11日 经国务院批复,撤销万县地区及万县市、万县,设万县市及龙宝、天城、五桥3个市辖区;实行市管县制度,万县市管辖开县、忠县、梁平、云阳、奉节、巫山、巫溪、城口8

个县。

12月18日 合川市成立。合川市为四川省直辖县级市,省政府委托重庆市代管,以往的一切关系不变。

12月19日 中国摩托车行业最大的工业集团公司和最大的中外合资企业——建设工业(集团)公司和重庆建设·雅马哈摩托车有限公司成立。建设工业(集团)公司由301家企业组建而成,重庆建设·雅马哈摩托车有限公司由建设机床厂与日本雅马哈发动机株式会社合资经营,是全国摩托车行业中最大的工业集团公司和最大的中外合资企业。

12月24日 以重庆钢铁公司为核心,由105家企业和单位组成的重庆钢铁集团成立。

同日 以重庆啤酒厂为核心、山城啤酒联合体为基础,由24家企业联合组建的重庆啤酒集团成立。

一九九三年

1月3日 市委、市政府在沙坪坝区覃家岗乡政府隆重举行亿元村授牌大会,将两块"双星齐耀"荣誉匾分别授予该乡农、副、工、商总产率先超过亿元的上桥村和新桥村。

1月8日 中国兵器工业总公司西南公司成立。该公司是西南地区最大的一家自主经营、独立核算、自负盈亏、具有法人资格的经济实体,有职工25万余人,固定资产36.9亿元。

1月15日 中科院南京紫金山天文台将1978年11月26日发现的一颗小行星(编号为3011号)命名为"重庆"。"重庆"星的国际命名由设在美国波士顿的国际小行星中心和小行星命名委员会于1992年9月12日发布。

同日 合川渭沱水电站发电通航，是重庆市"七五"最大能源项目，也是重庆市第一个利用外资建设的水电站。

本月 四川省委、省政府在重庆召开三峡库区工作会议，决定建立一个包括重庆、涪陵、万县、黔江等地在内的三峡经济区。

3月4日 经国务院批准，南桐矿区更名为万盛区。更名后，该区仍保留原有行政区划，隶属关系不变。

3月12日 中国西南航空重庆公司成立。该公司拥有以波音737机型为主的大中型飞机9架，经营30余条航线。

3月22日 多伦多市议会正式通过议案，恢复与重庆市的友好城市关系。

4月4日 国务院正式批准设立重庆经济技术开发区。该开发区位于南坪地区，总面积9.6平方千米。

4月18日 中国西部地区首家集现货、期货为一体的交易所——重庆生产资料交易所开业。

5月8日 国务院批准沈阳、杭州、武汉、哈尔滨、重庆、长春、芜湖等城市的经济技术开发区实行沿海城市经济技术开发区的政策。

6月8日 中日合资重庆长安铃木汽车有限公司正式成立，是第一家中日合资生产轿车的企业，年产轿车10万辆。

6月29日 重庆市召开私营企业协会成立大会。10月下旬，市委、市政府出台《关于进一步发展私营隔日经济的若干规定》。

7月12日 渝开发和渝钛白股票正式进入深圳证券交易所挂牌交易。重庆药业进入上海证券交易所挂牌交易。

8月 国家"八五"重点建设项目、中国第一条铝带涂层生产线工程在西南铝加工厂建成，通过单机送电试运转，结束了中国涂层铝带长期依赖进口的历史。

9月30日 总投资超过2亿元的重庆第三条东西方向进出城通道——菜（菜园坝）袁（袁家岗）公路，以及全市最大的立交工程——菜园坝立交正式建成通车。菜袁路正线总长4073.2米，建设工期达21个月。

10月4日 从德国引进的ZF-5S-111GP变速箱在西南车辆制造厂制造成功，并获德国ZF公司生产合格证。该厂是国内首家获此认证的企业，其变速箱制造技术达到20世纪80年代国际先进水平。

10月20日 重庆市与俄罗斯沃罗涅日市结为友好城市。这是第一个与重庆市建立友好关系的东欧国家城市。

本月 南岸区南坪街道在全市街道中率先实现经营总收入超亿元。

本月 1986年以来，重庆重型铸锻厂实现产销铁路货车1万辆，产品销往除台湾、西藏外的所有省、市、自治区，为中国铁路运输累计提供1264亿吨千米的运输能力。

11月4日 重庆第一个非公有制经济园区——沙坪坝区非公有制经济园区挂牌。

11月7日 长江暨三峡生态环境监测网在重庆建立，是中国第一个江河流域环境监测网络。重庆是该网的第一批成员之一。

本月 国务院残疾人工作协调委员会、国家教委、民政部、中国残疾人联合会授予江津市"特殊教育先进市"称号。

12月7日 市政府宣布，重庆市提前7年基本完成高标准扫除青壮年文盲的任务，城乡青壮年非文盲率分别达到99.8%和99.2%。

本月 经国家对外贸易经济合作部批准，西南合成制药厂获得进出口权。这是重庆市医药行业获得进出口权的首家企业。

一九九四年

1月14日 四川三峡经济联合发展委员会第一次会议在重庆召开。会议通报，三峡库区范围内的湖北省宜昌市和四川省万县市、涪陵市被国务院增列为沿江对外开放城市。

1月24日 重庆市杂技团表演的《舞流星》获得第八届世界未来杂技大赛金奖——巴黎市奖。

本月 西南地区最具特色的机动车交易市场——重庆杨家坪分市场建成。该市场总投资1.5亿元，建筑面积20万平方米。

2月 西南铝加工厂分别获得国家商检局和英国标准化协会（BAI）颁发的ISO9002认证注册证书，成为全国第一家通过国内、国际ISO9000系列质量体系认证的特大型企业。

2月2日 市领导为1993年突破10亿元产值大关的沙坪坝区万桥镇、覃家岗镇授予"再创辉煌"匾额。

3月3日 四川省最大天然气过江管道在江津市黄磏横江穿越成功，管道长774米、重760余吨。该工程是四川省重点工程，投资2000万余元，南干线从川东至川西，绵延数百千米，日输气量250万立方米。

3月30日 西南车辆制造厂新建的ZF变速器生产线通过国家

验收。这是中国第一条通过国家验收的ZF变速器生产线，制造水平达到20世纪80年代的国际水平。

3月31日 中国第一个地产协会——重庆市地产协会成立。

4月 由重庆市化工研究院承担的国家"八五"重大科技攻关项目利用天然气旋焰乙炔炉余热喷油联产乙炔、乙烯及其综合利用中间试验装置建成并进入试生产运转。

5月2日 聂荣臻元帅陈列馆奠基仪式在江津市举行。中共中央总书记江泽民为陈列馆题写馆名并题词，国务院总理李鹏为陈列馆题词。

5月7日 市委、市政府发布《关于进一步扩大对外开放的意见》。

6月3日 重庆市"八五"重点建设项目——重庆长风化工厂万吨苯胺装置一次试车成功。该项目总投资7000余万元，是西南地区规模最大的苯胺生产装置。

本月 全国最大的高水位落差机械化斜坡式客运码头——朝天门客运码头建成，有3个千吨级客轮泊位，两组客运缆车，缆车与趸船配套使用。

本月 在第五届亚太国际贸易博览会上，重庆市有10种食品获金奖，1种食品获银奖。

7月15日 《重庆市农民负担管理规定》经重庆市第十二届人民代表大会常务委员会第八次会议审议通过；9月26日，经四川省第八届人民代表大会常务委员会第十一次会议批准实施，有效保护了农民合法权益，减轻了农民负担。

7月22日 重庆市被评为全国双拥模范城。

8月17日 重庆庆铃汽车股份有限公司H股股票在香港联合

交易所挂牌交易。这是首家在香港招股上市的内地合资企业。

8月25日 国务院批准建立长江三峡经济开发区。

9月19日 国家"八五"期间以工代赈扶贫基建项目、重庆市重点建设工程——潼南涪江大桥通车。总投资2880万元，1992年9月15日动工，大桥引道总长2.83千米，主桥长573.87米，桥面宽14米，桥面海拔高程257米，能满足五级通航要求。

10月1日 《重庆市禁止燃放烟花爆竹条例》正式实施。

10月13日—14日 中共中央总书记、国家主席、中央军委主席江泽民，中央政治局候补委员、书记处书记温家宝，在重庆视察长安机器厂、重庆通信设备厂、重庆大学等。江泽民题词："努力把重庆建设成为长江上游的经济中心"。

10月16日 中共黔江地委、行署发布《黔江地区1994—2000年脱贫奔小康纲要》。

12月9日—11日 中共中央政治局常委、国务院总理李鹏在重庆考察。李鹏勉励重庆市各级干部和全市人民要抓住三峡工程建设的机遇，加快重庆经济发展，并题词"开发三峡，振兴重庆"。

12月27日 重庆电信史上规模最大的工程——江北长途交换中心破土动工。

一九九五年

1月28日 成渝高速公路中梁山隧道全线通车。中梁山双洞隧道全长6268米，净空宽9.66米，高6.55米，设有6处人行通道、3处汽车暂避道、1处通风竖井及照明、消防、监控设施。

3月1日　重庆市实行新的行政区划，将原有的9个区、3个代管县级市、9个县的建制调整为11个区、3个代管县级市、7个县的建制。扩大市中区、江北区、南岸区、沙坪坝区、九龙坡区、大渡口区和北碚区的行政区域，市中区更名为渝中区，撤销江北县、巴县建制，新建渝北区、巴南区。

3月24日　由重庆西南车辆制造厂生产的铁马牌重型汽车向泰国出口441辆，创中国重型汽车单次出口数量最高纪录。

5月5日　首届全国舞龙比赛在北京颐和园落下帷幕，铜梁县舞龙队获得冠军。

7月1日　成渝高速公路全线试通车。全长340.2千米，经过14个县（市）区，穿越3座大隧道，修建立交桥20座，总投资43亿元。9月15日，该公路正式通车。

8月23日　市政府颁布《重庆市人民政府关于在公共场所禁止吸烟的通告》。

9月13日　市委、市政府发布《关于进一步放活国有小企业的决定》。

10月2日　市委、市政府发布《关于进一步搞活区市县经济的决定》。

一九九六年

1月8日—12日　市十二届人大常委会第十七次会议召开。通过《重庆市旅游管理条例》和《重庆市国有企业法定代表人离任审计条例》，原则同意《重庆市总体规划（1996—2020年）》。

1月17日　市政府和建设部决定共同建设重庆建筑大学。

5月20日　新加坡交通部部长马宝山率领的新加坡政府代表团一行62人到渝访问。该代表团到渝旨在加快新加坡—四川工作委员会工作进程，推进新加坡工商界在渝投资，拓宽双方合作领域。代表团就贸易与服务业、基础设施、制造业、旅游业等与重庆市有关部门进行对口洽谈，并签订意向性协议。

7月10日　市委、市政府发布《关于推进两个根本转变、加快全市工业发展的意见》。

9月15日　万县市、涪陵市、黔江地区划归重庆市代管。

9月26日　由国家教委、湖北省政府联合举办的全国教育对口支援三峡库区工作会在万县市召开。全国22个省市、40多个部委教育部门、40所国家教委直属高校的261名代表参加会议。经过洽谈，有10个支援单位与受援单位签订协议书，支援资金600余万元，达成资金、设备、图书及校办资产的意向性援助协议17项。

10月7日—8日　重庆市加快国有企业改革工作会议召开。此前，市委、市政府于10月5日发布《关于加强国有企业改革的意见》。

10月11日　当国务院总理李鹏得知重庆在近几年的大拆迁中仍有10余万户居民得不到安置时亲自批准从总理预备贷款中安排3亿元专项贷款用于重庆市实施拆迁安置方案。这是1996年动用的第一笔国务院总理预备贷款。

10月17日—20日　国务院总理李鹏在川鄂两省和三峡建委有关负责人陪同下先后在重庆、涪陵、万县、秭归、宜昌和三峡工程工地考察，实地了解三峡库区移民工作进展情况。

10月30日—31日　三峡工程移民工作会议在重庆召开。

12月18日 国务院总理李鹏考察万县市。李鹏要求进一步做好开发性移民工作，进一步做好迁建规划，做到惜土如金。

12月25日 重庆市深化改革加快区县市经济发展工作会议召开。

一九九七年

1月12日 李家沱大桥和滨江路举行通车典礼。

1月20日 市政府印发《重庆市鼓励外商投资若干优惠政策》。

3月21日 市委、市政府作出《关于大力发展个体私营经济的决定》。

3月14日 八届全国人大五次会议批准设立重庆直辖市，撤销原重庆市。重庆直辖市管辖原重庆市、万县市、涪陵市和黔江地区所辖行政区域，辖43个区市县，面积8.24万平方千米，人口3002万（其中农村人口2440万），含汉族、苗族、土家族等50个民族。6月18日，举行重庆直辖市挂牌揭幕大会。时任国务院总理李鹏代表党中央、国务院和江泽民同志向重庆各族人民表示热烈祝贺。

4月14日 华能珞璜电厂二期工程开工。该工程是国家"九五"重点能源建设项目。总投资48.6亿元，安装2台36万千瓦燃煤发电机组（分别为3号、4号机组）及脱硫装置。1998年3号机组投产发电，1999年4号机组投产发电。珞璜电厂装机总容量达144万千瓦，进入中国最大火力发电厂行列。

5月1日　涪陵长江大桥建成通车。该桥是国道319线（成都—厦门）跨越长江的一座特大型公路桥梁，也是连接涪万高速公路与涪陵市开发区的一座集公路交通、移民开发和城市建设于一体的要道，全长631米，主跨330米，为预应力混凝土双纵肋梁斜拉桥，总投资2.09亿元，于1994年11月4日动工兴建。

5月27日—6月1日　中国共产党重庆市第一次代表大会召开。

5月29日　市政府印发《重庆市"五三六"扶贫攻坚计划（1996—2000）》。

6月6日—12日　政协重庆市第一届委员会第一次会议召开。

6月7日—15日　重庆市第一届人民代表大会第一次会议召开。

6月19日　市高级人民法院、市人民检察院挂牌成立。

7月1日　万县长江公路大桥正式通车。

7月5日　市委办公厅、市政府办公厅发出关于开展对口支援三峡工程重庆库区移民工作的通知。

9月23日　国家给重庆市六大优惠投资政策：一是国家在每年财政专项补助方面给予支持；二是贷款规模按高于全国平均水平安排，其中每年安排15亿元三峡库区联营贷款，5亿～10亿元库区基本建设贷款，5亿元安居工程专项贷款；三是涉及开发性移民建设项目，国家每年返还重庆市8500万美元进口物资关税；四是重庆市上报的A股、B股、H股、红筹股，国家优先安排上市；五是优先批准外资银行在重庆设分行或办事处；六是外资企业在重庆投资所得税率由过去的33%降为24%，若在重庆经济技术开发区和重庆高新技术产业开发区可降至15%。

9月27日 三峡工程重庆库区一期移民任务完成。

10月31日 达万（四川达县至重庆万县）铁路破土动工。国务院总理李鹏、副总理邹家华出席开工仪式。该铁路是国家1级单线铁路，正线全长158千米，总投资25.5亿元，由铁道部、重庆市、四川省共同建设。2002年10月竣工，23日经初验后投入临时货物营运。2004年11月1日，全线正式通车营运。

11月1日—5日 中共中央政治局常委、国务院副总理李岚清考察重庆医科大学、重庆大学、重庆建筑大学、重庆南开中学等，主持召开了教育改革座谈会，听取重庆市委、市政府的工作汇报。

12月5日 市委、市政府发布《关于切实做好稳定和完善农村土地承包工作的通知》。

12月8日 重庆市稳定和完善土地承包工作电视电话会议召开，强调搞好第二轮土地承包工作。

12月11日 全市城镇住房制度改革工作会议召开。

12月20日 江津长江公路大桥建成通车。该桥总投资3亿元，由江津市政府和马来西亚南发集团香港（满景）国际有限公司合资合作修建，其中外方投资80%，1994年8月动工，桥长1360米，为连续钢构预应力混凝桥，共24个桥墩，主跨单孔长240米，桥面为4车道，宽21.5米，南北引道全长11千米，桥名由聂荣臻元帅于生前题写。

12月27日 重庆长江鹅公岩大桥开工。该桥为双向6车道，2000年12月竣工，29日举行通车典礼。

一九九八年

1月4日—5日　重庆市三峡工程移民工作会议召开。传达贯彻国务院三峡工程移民暨对口支援工作会议精神，总结重庆库区5年来移民工作经验，研究部署二期移民工作。

3月11日　江泽民同志参加九届全国人大一次会议重庆代表团全体会议时，要求重庆集中力量抓好"三峡移民、国企改革、扶贫工作、生态建设"四件大事。

3月31日—4月11日　全市扶贫工作会议召开，提出全年扶贫攻坚四大目标，以基本解决100万农村贫困人口的温饱问题。

4月13日—17日　中共中央总书记、国家主席、中央军委主席江泽民在重庆视察。随同视察的有中共中央政治局委员、书记处书记、国务院副总理温家宝。江泽民强调指出，深入贯彻十五大精神是全党最重要的任务，要用十五大精神统一思想，总览全局，指导各项工作，确保实现全年的奋斗目标。江泽民还考察了部队连队营房，深入到班排与战士亲切交谈，并接见驻渝部队师以上干部和市公安局、武警部队的代表。

11月9日—10日　重庆市贫困地区农村基层组织建设经验交流会在黔江召开。

12月13日　国务院正式批复《重庆市城市总体规划（1996—2020年）》。国务院原则同意《总体规划》确定的2500平方千米城市规划区范围，在规划区内，实行城市统一的规划管理。《批复》提出，要把重庆市建设成为具有"山城""江城"特色的现代化城市。

12月28日—30日　国务院总理朱镕基先后考察重庆市和湖北省移民工作情况。考察期间，朱镕基分别主持召开有重庆市、湖北省、三峡建委和三峡工程总公司以及设计、施工、管理等部门和单位参加的座谈会，并讲话。

12月31日　重庆朝天门广场竣工和正式开放仪式举行。市委、市政府为中共中央总书记、国家主席、中央军委主席江泽民题名的"重庆朝天门广场"揭幕。该工程由观景广场、护岸梯道、交通广场和周边环境配套四大部分组成，占地面积8万平方米，工程总投资3亿元，是重庆市最大的公共广场，是重庆直辖市形象的重要标志。该工程于1997年3月28日开工。

一九九九年

1月13日　胰肾联合移植手术在新桥医院取得成功。新桥医院大器官移植术达到国际先进水平。

4月1日　修订后的《重庆市城市总体规划（1996—2020年）》经国务院批准开始正式实施。

5月12日　公安部新闻发言人宣布：经国务院批准，重庆市酉阳土家族苗族自治县和秀山土家族苗族自治县为对外国人开放地区。

5月22日　重庆市召开首届杰出青年农民表彰大会。

5月27日　市政府召开电视电话会议，贯彻国务院《社会保险费征缴暂行条例》和《失业保险条例》。

7月19日 经人事部批准，重庆成为全国博士后工作管理体制改革试点市，从1999年10月起全面启动博士后体制改革试点工作。

9月1日 一届市委第57次常委会议重点研究了进一步加快小城镇建设问题，作出《中共重庆市委 重庆市人民政府关于进一步加强小城镇建设的决定》。

10月12日 重庆大学建校70周年庆祝大会在市人民大礼堂举行。中共中央政治局常委、全国人大常委会委员长李鹏为重庆大学校区题词：努力办好重庆大学，争当科教兴国先锋。

10月26日 重庆银钢内燃机制造有限公司研制的摩托车双向可控超越滑行节能器获第三届爱因斯坦世界发明（技术、产品）博览会国际最高金奖，是该届博览会唯一获此项殊荣的中国产品。

10月29日—30日 三峡工程库区农村移民外迁现场会在重庆市举行。中共中央政治局委员、国务院副总理吴邦国出席会议并作总结讲话。

11月1日 《重庆市土地利用总体规划（1997—2010年）》通过国务院审批正式开始实施。

11月13日—14日 市委、市政府召开重庆市直辖以来第一次全市教育工作会，要求进一步落实科教兴渝战略，研究和部署加快教育改革与发展、全面推进素质教育的任务。

11月19日 聂荣臻元帅铜像揭幕暨陈列馆开馆仪式在江津市举行。中共中央总书记江泽民为陈列馆题写馆名，中央军委副主席、国务委员兼国防部部长迟浩田出席仪式并讲话。

11月22日 考古学家黄万波教授在巫山县境内发现1.5万年前的古人类遗址。

11月24日　市政府在忠县召开加快库区乡镇移民公路建设现场会。

12月1日　联合国教科文组织世界遗产委员会第二十三届会议作出决定,将重庆大足石刻作为文化遗产列入《世界遗产名录》。

12月7日　市政府召开全市农村移民外迁工作会议。贯彻落实国务院三建委农村移民外迁会议精神,部署全市农村移民出县市内安置任务,要求江津、合川、铜梁、垫江、梁平5个县(市)到2003年全面完成三峡库区2万农村移民安置任务。

二〇〇〇年

1月1日　《重庆市新闻媒体广告管理条例》《重庆市司法鉴定条例》正式实施。

同日　"长安"商标获授中国驰名商标。

1月9日　重庆市西部大开发工作领导小组首次会议召开,标志着重庆市正式启动西部大开发工作。

4月28日　渝长高速通车。

5月11日　市委、市政府出台《关于加强生态环境保护和建设的决定》。

5月25日　市一届人大常委会第二十五次会议上审议通过《重庆市鼓励公民见义勇为条例》。该《条例》于2000年7月7日起施行。

5月31日　根据国务院有关规定,经教育部批准,重庆大学、重庆建筑大学、重庆建筑高等专科学校合并组成新的重庆大学。新的重庆大学为教育部直属全国重点大学，是一所理、工、经、管、文、法、艺等多学科综合大学。

6月7日　重庆市"百亿工程"五大基础设施建设项目：轻轨较新线工程、大件运输专用公路工程、主城区排水系统工程、主城区天然气改扩建工程和二郎立交桥工程开工建设。

6月8日—9日　重庆·中国西部大开发国际讨论会在重庆举办。

6月14日　重庆市川剧院改编创作演出的川剧《金子》荣获文华奖。

6月24日　第三军医大学西南医院胸心外科成功地完成一例心肾联合移植手术和一侧心脏原位移植手术，创下我国器官移植领域两项纪录：首例心肾联合移植和两侧心肝移植。这标志着我国器官移植取得重大突破，技术水平跻身国际先进行列。

6月29日　重庆市歌乐山烈士陵园《红岩魂》形象报告展演在北京京西宾馆礼堂演出。中共中央政治局常委、国务院副总理李岚清等党和军队领导人同参加中央思想政治工作会议的人员一起观看演出。

7月21日　市委、市政府召开电视电话会议，对万州和黔江的行政管理体制再作调整。撤销万州移民开发区，原万州移民开发区代管的忠县、开县、奉节、巫山、巫溪6个县由市直接管理。撤销黔江开发区和黔江土家族苗族自治县，设立黔江区，管辖原黔江县的区域范围，原黔江开发区代管的秀山、酉阳、彭水、石柱4个民族自治县由市直接管理。

8月13日　云阳县639名外迁移民启程前往上海，标志着三峡库区农村移民外迁工作全面启动。

9月30日 重庆籍选手田亮在悉尼奥运会男子10米跳台单人决赛中为中国奥运代表团夺得第28枚金牌。

11月24日 市一届人大常委会第28次会议表决通过《关于建设山水园林城市的决议》。

12月16日 渝怀（重庆至湖南怀化）铁路在重庆宣布开工。中央政治局常委、国务院总理朱镕基致电热烈祝贺。渝怀铁路建设总指挥部在重庆挂牌成立。

同日 重庆江北国际机场飞行区扩建工程竣工并投入使用。

12月27日 长江鹅公岩大桥正桥通过竣工验收。该大桥由正桥、西引桥和东引桥3个部分组成，全长7.27千米，总投资14.1亿元。

12月28日 长寿至涪陵高速公路建成通车。

本年 全部解决366万建卡贫困人口基本温饱，累计投入各类扶贫资金40亿元，农民人均纯收入增至1480元，修建乡村公路1.3万千米，解决360万人的饮水困难，4.8万户无房户和危房户的居住条件得到改善，完成高山移民1700户、6000人。

二〇〇一年

1月12日 重庆市获"中国优秀旅游城市"称号。大足石刻、巫山小三峡—小小三峡、丰都名山、奉节白帝城—瞿塘峡等4个景区被评为国家AAAA级景区。

3月20日 重庆市直辖以来首次外事工作会议召开。

4月17日 市政府印发《重庆市鼓励外商投资若干政策规定》。

4月25日　第六届中国重庆投资贸易洽谈会暨三峡国际旅游节开幕式在重庆技术展览中心举行。参加开幕式的有13个中央和国家部委、31个兄弟省区市（地、市）的领导，来自美国、日本、德国、俄罗斯等25个国家和中国香港、澳门、台湾地区的来宾（客商），境内外新闻机构的记者，以及本市各方代表，共4000多人。有337个项目签约，涉及金额220.28亿元人民币，其中重庆市签约项目331个。"一会一节"期间的"五一"旅游黄金周，7天共接待游客370万人次，旅游收入10亿元。

同日　重庆北部新区挂牌。

6月5日　市委、市政府召开农村税费改革工作会议，确定在永川、丰都、铜梁、垫江进行试点。

6月20日—21日　市委一届九次全委会召开，通过《中央重庆市委关于加快实施科教兴渝战略的决定》。

6月26日　达万铁路全线贯通。

6月24日—7月8日　重庆市政府代表团访问葡萄牙、西班牙和意大利三国，与三国共签约6个项目，协议和合同金额4273万美元。

7月13日　中共重庆市委、市人民政府印发《重庆市农村扶贫开发纲要（2001—2010）》，确定今后10年全市扶贫开发以尚未解决温饱贫困人口为首要扶持对象，以帮助贫困人口增加收入为重点，以进一步改善贫困地区生产生活条件，巩固扶贫成果为主要任务。《纲要》提出，力争到2010年，从根本上改善贫困群众的生产生活条件，全面改变贫困地区社会经济文化的落后面貌，为达到小康水平创造条件。

9月10日　全长1199.73米、总投资2.46亿元的忠县长江公路大桥通车。该桥于1998年5月动工。

9月22日 经教育部、农业部和市政府批准，原西南农业大学、四川畜牧兽医学院、中国农业科学院柑橘研究所合并组建新的西南农业大学。

9月25日 在北京举行的第二届全国少数民族文艺会演落幕。重庆市代表团的大型民族风情歌舞《太阳出来喜洋洋》获表演金奖、创作银奖。

11月16日—20日 第三届中国重庆高新技术交易会在渝举行。签约项目166项，成交总金额达62.4亿元。

11月19日 "半小时主城"通达工程建设计划在市委常委会上获得通过，规划在2005年内实施32个建设项目，彻底打通主城区"堵口"，实现"半小时主城"的规划目标。

12月26日 重庆市首条环线高速公路暨大佛寺、马桑溪长江大桥竣工典礼在大佛寺长江大桥南桥头举行。环线高速公路全长75千米，总投资45亿元，双向6车道，有3条跨江大桥，其中大佛寺长江大桥和马桑溪长江大桥由江泽民题写桥名。

二〇〇二年

1月11日 渝澳大桥通车。渝澳大桥全长1760.8米，单向4车道，是嘉陵江大桥复线桥。

2月11日 重庆市投入400万元，让非贫困区县1100户住岩洞、窝棚的农户搬进新居过春节。至此，岩洞、窝棚户已全部搬迁。

2月11日—12日　中共中央政治局常委、国务院总理朱镕基在重庆与干部群众和三峡库区移民共度马年春节。

3月15日　由重庆医科大学超声工程研究所研制、重庆海扶（HIFU）技术有限公司生产的高强度聚焦超声治疗肿瘤系统（海扶刀）启运出口英国，标志着我国具有完全自主知识产权的大型医疗设备出口实现零的突破。

4月5日　重庆市农村税费改革试点工作会议在铜梁召开。

4月8日　全市农村税费改革试点工作会议在铜梁召开。经国务院批准，2002年重庆市在各区县（自治县、市）全面开展农村税费改革试点。

4月9日　长寿区成立大会在长寿举行。长寿区行政区域为原长寿县行政区域，区人民政府驻凤城镇。

4月17日—19日　亚洲议会和平协会第三届年会（AAPP会议）第一次全体会议在重庆举行。中国全国人大常委会委员长李鹏当选为协会新任主席。会议通过《亚洲议会和平协会重庆宣言》。

4月20日—21日　重庆直辖与西部大开发研讨会在重庆召开。中共中央政治局常委、全国人大常委会委员长李鹏和夫人朱琳出席会议。

5月3日　文化部授予酉阳县"中国摆手舞之乡"称号。酉阳县是土家族聚居地，县内的后溪镇是摆手舞的发源地。

5月21日—24日　中共中央总书记、国家主席、中央军委主席江泽民在重庆考察。23日—24日，江泽民在渝主持召开六省区市西部大开发工作座谈会，并发表重要讲话。中共中央政治局委员、书记处书记、国务院副总理温家宝，中共中央政治局候补委员、书记处书记、中央组织部部长曾庆红出席座谈会。

6月6日 由原渝州大学与重庆商学院合并组建的重庆工商大学正式成立,举行授牌仪式。

8月28日 经国务院批准设立的重庆出口加工区通过了海关总署、国家计委等八部委的联合验收,封关运行仪式在北部新区经开园举行。

9月26日—29日 举行中国重庆第三届国际服装文化节。法国、意大利、英国、日本等国家和国内20多个省市的上万家企业5000余个服装品牌参展。

10月14日 西南农业大学家蚕基因组取得世界领先水平研究成果,完成10万条家蚕EST(表达序列标签)测序工作。

10月17日 重庆市人民政府与南非姆普马兰加省在渝签署《中华人民共和国重庆市与南非共和国姆普马兰加省建立友好市省关系协议书》和《中华人民共和国重庆市与南非共和国姆普马兰加省谅解备忘录》。

10月23日 达万(四川达川至重庆万州)铁路全线通车。这是通往三峡库区的第一条铁路,全长162.2千米。

10月30日 中国自行设计制造的亚洲第一条年产1万吨大规格铝及铝合金中、厚板材预拉伸板生产线在西南铝业(集团)有限责任公司竣工投产,结束了我国大规格铝合金预拉伸板全部依赖进口的历史,填补了国内空白。

11月13日 重庆市与保加利亚斯利文市建立友好合作关系签字仪式在渝举行。

12月3日 三峡库区第一座长江铁路大桥——万宜(重庆万州至湖北宜昌)铁路万州长江大桥破土动工。

12月8日 三峡库区最大的综合水利工程——开县鲤鱼塘水

库破土动工。水库主体工程于 2003 年 10 月 15 日正式开工建设。2008 年竣工蓄水。坝高 105 米，采用砼面板堆石坝，灌溉面积 16186.7 公顷，正常蓄水位高程 450 米，整个水库水面 314 公顷，总库容 1.04 亿立方米，新城供水 4545 万立方米，日供水能力 13 万立方米，总投资 9.25 亿元。

二〇〇三年

1 月 9 日　经国家旅游局批准，歌乐山森林公园、重庆人民大礼堂及人民广场、万盛石林、缙云山自然保护区、北温泉风景区获国家 AAAA 级旅游区称号。

2 月 25 日　遂渝铁路开工建设。这是中国西部地区第一条快捷铁路通道，2006 年 5 月 1 日正式开通客运。

4 月 10 日　重庆市"百个经济强镇工程"（简称"百镇工程"）正式启动。首批启动的有 40 个镇。

4 月 20 日　重庆市滨江运动休闲公园建成。该公园位于巴南区滨江路，总面积 4 万余平方米，是重庆市最大的运动休闲公园。

4 月 29 日　重庆市移民工作会议召开，对三峡重庆库区三期移民工作进行全面部署。三峡重庆库区三期移民工作正式启动。

5 月 29 日　万州五桥机场正式通航。此前，5 月 10 日机场试航成功，28 日机场通过总体验收。

6 月 18 日　重庆市大学城破土动工。重庆市大学城位于沙坪坝区西部虎溪镇和陈家桥镇，占地 20 平方千米，计划建设总投资 80 亿元。

6月21日　重庆市治疗"非典"创造3个零的纪录——患者零死亡，医务人员零感染，零病例传播。

6月26日—27日　市委二届三次全委会召开。市委作《加快实施城镇化战略，为全面建设小康社会而奋斗》的报告。通过《关于〈中共重庆市委关于加快实施城镇化战略的决定〉的决议》。

8月15日　海扶刀（高强度聚焦超声肿瘤治疗系统）出口日本签约仪式在重庆举行。此举首次实现中国具有自主知识产权的大型高科技医疗设备出口日本。

8月20日—21日　市委宣传部、市移民局联合召开"三峡移民精神"研讨会。

9月15日　重庆市召开全市文化体制改革试点工作会议，全面启动改革试点工作。重庆市是中央确定的文化体制改革综合试点城市之一。

10月30日　拥有完全自主知识产权的我国首部3G手机（第三代移动电话），也是世界上首款TD-SCDMA 3G手机由重庆邮电学院研制成功。

11月2日　《重庆日报》刊发《重庆市失业保险条例》。

11月15日　中国科学院和市政府在渝联合举行新闻发布会宣布：西南农业大学与中国科学院北京基因组研究所共同完成中国家蚕基因组"框架图"。

11月24日　"8小时重庆"交通工程中最大的控制性工程——通渝隧道贯通。

11月29日—12月6日　重庆代表团访问中国香港和中国澳门。访问期间，渝港双方共签约项目25个，合作项目总投资额82.8亿元人民币；渝澳双方签署《关于进一步推进CEPA框架下渝澳经贸合作的协议》。

12月26日 国道319线涪陵至秀山段全线通车剪彩仪式在涪陵白涛镇举行。"8小时重庆"交通工程全线贯通,实现了从边远县城出发乘汽车在8小时内到达主城区外环线。

同日 全长181千米的长万(长寿至万州)高速公路全线通车。这是重庆主城区通往三峡库区的第一条陆上大通道。

同日 重庆市第一座大型水电站武隆江口水电站竣工投产。该电站装机容量为3×10万千瓦,年均发电量10.71亿千瓦时,总投资20.4亿元。

二〇〇四年

1月7日 重庆大学进入全国创建一流大学和高水平大学(即985工程)行列。

3月4日 世界上最大的家蚕基因数据库在西南农业大学建成。

3月19日 重庆联合产权交易所集团股份有限公司正式组建,同时成立了重庆市国有资产产权交易中心。

5月26日—6月1日 "重庆·香港周"活动在重庆举行。此次"重庆·香港周"是CEPA正式实施后香港首次在内地举行的大型推介活动,360多位香港方面的官员、企业家、专家来渝参加活动。27日,"重庆·香港周"开幕式在解放碑中心广场举行,并正式签署《渝港投资贸易合作备忘录》。

6月17日—18日 市委二届五次全体会议召开。二届市委常委会作题为《加快推进新型工业化,努力实现全面建设小康社会宏伟目标》的报告。会议批准《中共重庆市委关于加快推进新型工业化的决定》。

6月22日 重庆奥林匹克体育中心体育场通过竣工验收。体育场占地18.67公顷，能容纳6万名观众，建设投资4.1亿元，是重庆市第一个达到国际标准的大型综合性体育场。

7月6日—7日 由重庆市人民政府和美国商业周刊社联合举办的主题为"新市场、机遇、增长"的"CEO真知灼见论坛·重庆论坛"在渝举行。中共中央政治局委员、国务院副总理曾培炎出席论坛，出席论坛的外宾有英国前首相梅杰、澳大利亚前总理霍克、菲律宾前总统拉莫斯、世界贸易组织前总干事及新西兰前总理摩尔等。

7月20日—31日 2004年中国亚洲杯足球赛重庆赛区（D组）比赛在重庆奥林匹克体育中心体育场举行。其间，亚洲足球联合会主席哈曼姆、秘书长维拉潘在渝参加有关活动。31日，约旦国王阿卜杜拉二世乘专机到重庆观看约旦队与日本队的四分之一比赛。

9月18日—10月7日 国家旅游局、重庆市政府主办的第九届中国重庆三峡国际旅游节开幕。中共中央政治局委员、国务院副总理曾培炎为本届旅游节致辞，世界旅游组织秘书长弗兰西斯科发来贺信。来自亚洲、非洲、欧洲的17个国家的驻华大使和夫人，联合国工发组织代表、国际藤竹组织总干事伊恩·亨特出席开幕式。美国等10余个国家和地区的65位旅行商、境内外数十个旅游团队参加开幕式。

10月16日—22日 重庆经贸代表团访问中国香港和中国澳门，落实CEPA框架下重庆与香港"9+1"、重庆与澳门"8+1"合作共识。访问港澳期间，重庆经贸代表团共签约项目46个，总投资额近350亿元。

11月29日 市委、市政府召开重庆市三峡库区经济社会发展工作会议。强调以全面实施《三峡库区经济社会发展规划》《三峡水库周边绿化带建设工程规划》《长江三峡区域旅游发展规划纲要》为起点，推进库区全面协调可持续发展，努力把库区建成新型生态经济区。

12月8日 重庆江北国际机场扩建工程竣工启用。该工程竣工使重庆江北国际机场拥有一条长3200米、可双向起降的跑道和一条平行滑行道，38万平方米的停机坪、45个停机位、10万平方米的航站楼，年旅客吞吐量可达1500万人次，具备直飞欧洲、澳洲等中远程航线的保障能力。

二〇〇五年

1月1日 即日起重庆市在西部地区率先全部免征农业税及附加。

2月3日 观音桥步行街开街。该步行街长430米，宽50米，包括观音桥广场、步行街、嘉陵广场三部分，是西南地区规模最大的步行街。

2月24日 国务院新闻办公室在北京召开重庆市经济社会新闻发布会。这是重庆市直辖后国务院新闻办公室首次为重庆召开专题新闻发布会。

5月30日—31日 市委二届七次全委会召开。批准《中共重庆市委关于统筹城乡发展加快农村全面建设小康社会步伐的决定》。

6月18日 重庆中国三峡博物馆正式开馆。

同日 重庆轨道交通2号线一期工程（较场口—动物园）正式通车。轻轨2号线全长19.15千米，设有18个车站，总投资43亿元。

7月17日 由西南师范大学、西南农业大学合并组建的西南大学正式成立。新成立的西南大学占地面积600公顷，校舍面积近150万平方米，有专任教师2650人，专职科研人员300余人，在校全日制本科生和研究生共5万人。

9月16日 第十届中国重庆三峡国际旅游节开幕。出席开幕式的有7个国家驻华使节，国防科工委、国家发改委、国家旅游局、国务院三峡工程建设委员会办公室等部门的现（原）任领导，重庆市委、市政府，国内兄弟省（市、自治区）旅游代表团，参加院士专家西部行重庆活动周活动的院士专家，以及10余个国家（地区）的旅行商和旅游团队等。

10月12日—14日 以"城市·人·自然"为主题的第五届亚太城市市长峰会在重庆举行。12日上午，峰会在重庆国际会展中心开幕，中共中央政治局常委、国务院副总理黄菊代表中国政府发表大会主旨演讲，全国人大常委会副委员长许嘉璐出席。参加峰会的有41个国家和地区的124个城市市长、议长或代表，13个国外机构代表，中国市长协会代表，255家中外企业CEO或代表。

10月16日 重庆三峡库区星火产业带建设正式启动。重庆三峡库区星火产业带建设包括"一带三区十产业"，即重庆三峡星火产业带，星火技术核心区、都市现代农业区、优势特色产业发展区，柑橘种植及橙汁加工、优势畜牧业、中药材种植及深加工等10个科技型优势特色产业。这项建设涉及23个区县（自治县、市），项目实施区域面积4.9万余平方千米，涉及人口1960万。

11月10日 西南地区最大的电脑市场重庆数码街开街。重庆数码街位于高新区石桥铺赛格电子市场，全长600米。

11月15日 中国和法国联合科考队结束对巫山龙骨坡古人类遗址的第三次清理工作。21日，中国科学院古脊椎动物与古人类研究所研究员黄万波教授在接受记者采访时表示，这次清理工作获得重大突破：找到了更多古人类生活的重要证据，从遗址的地质文化分层中发现"巫山人"在龙骨坡生活长达20万年。黄万波教授还首次描绘了200万年前"巫山人"的生活图景。经过3次清理，共发现100余种动物化石。这次还发现了多种植物孢粉化石，从而推断出200万年前龙骨坡遗址周围有森林、草地和河流，那里潮湿、温暖，适合人居住。

11月18日 重庆市"二环八射"高速公路建设8个项目开工仪式在江津举行。8个项目分别是渝湘（重庆至湖南长沙）高速公路黔彭（黔江至彭水）段、酉黔（酉阳至黔江）段、酉洪（酉阳至洪安）段，渝宜（重庆至湖北宜昌）高速公路奉云（奉节至云阳）段、巫奉（巫山至奉节）段，绕城高速公路东段、北段，江合（江津至合江）高速公路，总里程约473千米，计划建设总投资350多亿元。至此，重庆市2000千米高速公路建设项目实现全面开工。

12月11日—15日 重庆市党政代表团在福建省考察学习。重庆与福建双方签订11个项目合作协议，合同总金额160亿元，其中外资金额110亿元。

12月26日 渝湛高速公路最后一段崇遵（崇溪河—遵义）高速公路竣工通车。至此，中国西南出海快速大通道——重庆至湛江的快速通道1314千米全线开通。

同日　全长19.15千米的重庆轨道交通2号线（较场口—新山村）实现全线贯通。

12月28日　总投资5.89亿元，占地2175.3亩，可容纳70万标箱的西部第一大集装箱站——重庆铁路集装箱中心站在沙坪坝土主镇奠基。

二〇〇六年

1月7日　寸滩国际集装箱港一期工程正式建成投入运行。该集装箱港是重庆打造长江上游航运中心的标志性工程，计划总投资15.5亿元，分两期建设。

2月19日　被列入重庆市"十一五"重大项目的国内首条自主研发的生产线——储能式高频X光机生产线建设项目落户大渡口建桥工业园区。

3月2日　重庆"十字金街"开街仪式举行。"十字金街"以解放碑步行街为中心，是重庆市金融业务中心。

3月14日　市政府与国家开发银行签订战略合作备忘录，国家开发银行决定向重庆三峡库区提供200亿元贷款，并在未来2年为重庆基础设施建设、四大工业支柱产业发展和高新技术自主创新项目提供350亿元资本金贷款。

3月28日　全市"千百工程"启动大会召开，宣告重庆市社会主义新农村建设正式拉开帷幕。"千百工程"即在全市范围内选择1000个村重点推进新农村建设，并在其中选择100个村进行新农村建设示范。会上公布了100个示范村和900个推进村名单。会议提出，力争用15年或20年时间使全市所有行政村初步完成新农村建设。

4月21日—24日 中共中央政治局常委、国务院总理温家宝对重庆市经济社会发展特别是三峡库区移民安稳致富和社会主义新农村建设情况进行考察调研，并连续3个晚上主持召开企业座谈会、农业座谈会和重庆市工作汇报会，听取情况介绍。

5月20日 三峡大坝全线达到185米高程，大坝主体工程全部完成。三峡大坝全长2309米，1997年12月11日动工兴建。

6月18日—19日 市委二届九次全会召开，审议通过《中共重庆市委关于加快库区产业发展 着力解决移民就业 促进库区繁荣稳定的决定》。

8月31日 在2006中国地标峰会上，重庆解放碑CBD被正式授予"中国十大新地标商务区"称号。

9月1日 三峡重庆库区三期移民工程经国务院长江三峡三期移民工程验收组终验合格。

9月29日 渝中区洪崖洞民俗风貌区开市。该民俗风貌区地处解放碑CBD嘉陵江中心观景带，建筑面积6万平方米。建筑风格传承重庆3000年古建筑文化。

11月3日 西部地区人才队伍建设工作座谈会在渝召开。中共中央政治局委员、中央书记处书记、中央组织部部长、中央人才工作协调小组组长贺国强出席会议。

11月15日—17日 市委二届十次全会举行，审议通过《中国共产党重庆市第二届委员会第十次全体会议关于〈中共重庆市委关于构建和谐重庆的决定〉的决议》。

11月22日—24日 中共中央政治局委员、国务院副总理曾培炎在重庆忠县、云阳、奉节、巫山4个县考察，重点对移民后期扶持和三峡库区产业发展、生态环境保护、地质灾害治理等情况进行调研，并在渝主持召开重庆、湖北两省市三峡库区发展工作座谈会。

12月27日 全市首条智能高速公路——万开（万州至开县）高速公路通车。该公路全长29.3千米，建设总投资19.75亿元。

二〇〇七年

1月1日—4日 举行2007重庆·中国西部农产品交易会。来自北京、四川、云南等16个省区市和重庆市区县（自治县）的52个代表团参加交易会，参展企业850家，参展农产品品种近万个，现场销售农产品金额2100万元，签订销售订单和农业合作项目金额82.5亿元。

1月15日 涪陵区建成西南地区最大滨江景观广场，广场位于长江与乌江交汇处，占地面积10万余平方米。

1月16日 大足石刻景区通过全国首批AAAAA级旅游景区评定验收。

3月8日 中共中央总书记、国家主席、中央军委主席胡锦涛参加十届全国人大五次会议重庆代表团审议并发表重要讲话，对重庆新阶段的发展作出以三大定位、一大目标、四大任务为主要内容的"314"总体部署。三大定位：努力把重庆加快建设成为西部地区的重要增长极、长江上游地区的经济中心、城乡统筹发展的直辖市。一大目标：在西部地区率先实现全面建设小康社会目标。四大任务：加大以工促农、以城带乡力度，扎实推进社会主义新农村建设；切实转变经济增长方式，加快老工业基地调整改革步伐；着力解决好民生问题，积极构建社会主义和谐社会；全面加强城市建设，提高城市管理水平。

4月6日　轨道交通3号线一期工程开工。3号线南起鱼洞，北至江北国际机场，全长约60千米，其中一期工程为二塘至龙头寺段。

4月18日—21日　举行第十一届中国重庆投资洽谈暨全球采购会。有65家跨国公司参展，提供48亿美元的采购订单，21个省区市、新疆生产建设兵团、香港特别行政区、澳门特别行政区和台商代表团参展参会，供货商达1600多家。共签约项目264个，其中重庆市签约项目241个（外资项目125个）；签约项目总投资额1070.39亿元，其中重庆市签约项目投资额1027.96亿元（外资45.7亿美元）。

5月15日　重庆图书馆新馆竣工。6月14日，重庆图书馆新馆正式开馆。

6月7日　经国务院同意，国家发改委正式批准重庆市为全国统筹城乡综合配套改革试验区。

6月8日　重庆轨道交通1号线朝天门至沙坪坝段开工建设。2011年7月28日竣工开通试运行。

6月16日　嘉华嘉陵江大桥正式通车。大桥全长4350米，宽37.6米，双向8车道，总投资22亿元。

6月18日　庆祝重庆市直辖10周年大会召开，中共中央政治局委员、国务院副总理回良玉出席并讲话。

7月10日　重庆市大足县、石柱县获中央宣传部、中央精神文明办等部门授予的"全国绿色小康县"称号，另有15个村、129户分别获"绿色小康村"和"绿色小康户"称号。

9月3日 市政府第107次常务会议审议通过《重庆市人民政府关于开展城乡居民合作医疗保险试点的指导意见》。

10月13日 商务部与重庆市在北京签署《共同建设内陆开放型经济合作备忘录》。多项在国内率先试行的政策和措施，使重庆成为内陆首个部市共建开放型经济"试验田"。统筹出口和进口、出口和内销、对外开放和对内开放的关系，探索内陆地区发展开放型经济的全新模式，是本次商务部与重庆市开展部市共建的出发点。

10月23日 重庆市巴南区通过国土资源部和中国矿业联合会专家组评审，获得"中国温泉之乡"称号。12月28日，中国矿业联合会向巴南区授牌匾。这是西部地区首个"中国温泉之乡"。

12月26日 重庆市最大规模廉租房建设项目——九龙坡华福家园廉租房项目动工。

12月27日 市委、市政府决定正式实行北部新区、重庆经济技术开发区、重庆高新技术产业开发区"三区合一"管理体制。三区统一进行规划建设。

12月28日 龙头寺公交枢纽站场工程竣工。该站场位于龙头寺火车站站前广场右侧，拥有2万余平方米的地下大型停车库和地面发车月台，是主城首个立体公交车站，可实现乘客轻轨、火车、长途汽车、公交车"一站式"乘车。

二〇〇八年

2月1日 铜梁、永川、江津、梁平、大足、武隆、黔江、荣昌、涪陵、沙坪坝、南岸、九龙坡、北碚等13个区县被科技部确认为全国科技进步考核先进区县。

2月18日 江北区在全市率先实现城市学生义务教育免费。

3月6日 在中共中央南方局八路军重庆办事处旧址举行周恩来纪念碑揭幕仪式，纪念伟大的无产阶级革命家周恩来诞辰110周年。纪念碑宽5.5米、高3.5米，由汉白玉和大理石构成，碑体为山形，象征着山城重庆，也寓意周恩来在重庆如攀登高山一般艰苦卓绝的工作。

4月7日 重庆市与广东省举行经贸合作签约仪式，双方签订投资总额95亿元的经贸合作协议。举行广东·重庆经济社会发展情况交流会。

6月11日—15日 2008中国重庆国际汽车工业展举行。中国、意大利、德国、英国、瑞典、日本、韩国等国家和地区的44家国内外整车企业及300余款热销车型参展，成交金额1.8亿余元。

7月8日 重建后的红岩魂陈列总馆举行开馆仪式。总馆展览面积4266平方米，分4个展区，展出图片1300余幅、文物1300余件。

7月17日 2008年跨国公司投资重庆经贸洽谈会举行，来自美国、日本、德国、法国、尼日利亚、丹麦等国家和中国香港地区的95家跨国公司的200多名代表参会。多家跨国公司与重庆签订共计32个合作项目协议，协议总金额710亿元。

7月25日　由工业与信息化部、国务院台办、商务部和市政府共同主办的"聚焦台商——重庆IT特别行动"正式启动，重庆与台湾在电子信息产业领域开展深层次、多领域的合作。渝台两地企业、相关组织和部门共签订64个项目协议，总投资额302.6亿元。

9月26日—27日　第七届中国城市住宅国际学术研讨会在重庆举行。来自英国、丹麦、荷兰、瑞士、日本等10余个国家和地区的近200名代表参加会议。

10月10日　国家标准化管理委员会正式批复，同意在重庆市九龙坡区开展城乡统筹标准化试点。九龙坡区成为全国首个国家级城乡统筹标准化示范区。24日，九龙坡区正式启动国家级城乡统筹标准化示范区建设。

10月23日　《重庆市主城区"一基地四港区"集装箱物流发展规划》出台。重庆市将建成长江上游最大的集装箱物流枢纽。"一基地四港区"规划涉及重庆西部现代物流产业基地（团结村铁路）、寸滩港区、果园港区、黄磏港区和东港（茶园）港区，总面积58平方千米，将形成铁路200万标箱、水路600万标箱的集装箱运输能力。

11月5日　第二届中加（重庆）经贸合作论坛在重庆举行。加拿大5个省的省长和167家企业组成近250人的团队与会，重庆市市级部门和企业的代表以及四川省、云南省政府及企业的代表与会。加拿大代表团是重庆市对外开放以来接待的来自单个国家规模最大、规格最高的外商代表团。

11月14日　国务院扶贫办与重庆市签署共同建设统筹城乡扶

贫开发示范区备忘录。

12月4日　全国首家农村土地交易所——重庆农村土地交易所挂牌成立。

12月18日　中国首个内陆保税港区——重庆两路寸滩保税港区挂牌成立。

12月21日—22日　中共中央政治局常委、国务院总理温家宝在重庆考察，深入企业、社区、乡村、水利工地、学校，深入考察经济社会发展情况，听取市委、市政府工作汇报。

12月31日　国务院总理温家宝主持召开国务院常务会议，研究部署加快推进重庆市统筹城乡改革和发展工作。

二〇〇九年

1月6日　重庆龙头寺长途汽车站投入使用。这是西部地区最大的长途客运站，占地面积5.2万平方米，其中停车场可停放200辆大型客车，站前广场可停放120辆小型客车，124条汽车线路通往全国。

2月5日　《国务院关于推进重庆市统筹城乡改革和发展的若干意见》正式发布。标志着重庆的发展正式上升为国家战略。

2月12日　由世界著名品牌大会和世界品牌组织、美中经贸投资总商会等联合推选的2008年度影响世界的中国力量品牌五百强排行榜在韩国首尔向全球公布，重庆市有6个本土品牌榜上有名，其中"长安"入围轿车类品牌，"太极"入围药业类品牌，"山城"入围啤酒类品牌，"龙湖"和"金科"入围地产类品牌，"宇通"入围客车类品牌。

3月18日 重庆市被国务院扶贫开发领导小组办公室和民政部列为农村居民最低生活保证制度和扶贫开发政策有效衔接试点省（市）。丰都县、武隆县、铜梁县为首批试点县。

3月26日 沪渝高速公路忠县至石柱段建成通车。该段高速公路全长35千米，起于忠县冉家坝，止于石柱县城附近三店。这是重庆市第一条主城通往少数民族地区的高速公路。

3月30日 长寿长江大桥正式通车。该桥全长1160米，双向4车道，桥面宽20.5米，是长寿首座跨江大桥。它的建成通车实现了重庆市沿长江的所有区县都有了长江大桥。

4月29日 朝天门长江大桥通车。该桥是世界上最大的拱桥，位于长江与嘉陵江交汇处，连接南岸区弹子石CBD（中央商务区）和江北区江北嘴CBD。全长约4.8千米（其中主跨552米，为世界之最），由江北立交、长江大桥、弹子石立交、黄桷湾立交及连接道路组成，是重庆市城市总体规划中的东西快速干道之一，2004年底开工建设。

5月18日 历时近8年、耗资1.89亿元的涪陵白鹤梁题刻水下博物馆建成开放。该博物馆是世界上唯一的水下博物馆。

5月28日—6月3日 由国务院台湾事务办公室和市政府主办的首届"重庆·台湾周"在重庆举行。以"交流、合作、发展、双赢"为主题，开展系列经贸交流活动、文化学术交流活动和展览展示活动。5月28日，举行首届"重庆·台湾周"经贸合作项目签约仪式。签订渝台经贸合作项目49个，项目总金额383亿元。在签约仪式上，市政府与全国台湾企业联合会签署促进渝台合作的战略协议。

6月19日—21日 首届中国西部旅游产业博览会在重庆举行。英国、新加坡、美国、俄罗斯等15个国家和地区及国内27个省（市、自治区）政府代表团队或独立单位参展，参展代表、旅游商家等专业人士4万余人。举办各种主题活动32个。签约总金额593.39亿元。

9月6日 重庆大剧院正式投入使用。重庆大剧院占地7公顷多，总建筑面积10.45万平方米，总投资16亿元，内设有大剧场、中剧场。大剧场可容纳1850人，中剧场可容纳930人。

9月9日 重庆科技馆开馆。重庆科技馆于2006年10月动工修建，建筑面积4.5万平方米，总投资5.6亿元。

10月28日—31日 2009全国对口支援三峡工程重庆库区经贸洽谈会举行。签约项目128个，协议投资额605亿元。

11月5日 重庆中国三峡博物馆和重庆人民大礼堂入选中华人民共和国成立60周年百项经典建设工程。

11月9日—12日 中共中央政治局委员、中央书记处书记、中宣部部长刘云山在重庆调研。刘云山一行参观重庆红岩魂陈列馆和红岩魂广场，考察社区、学校和文化单位，就推进社会主义核心价值体系建设与基层干部群众座谈。

12月4日 广东省党政代表团在重庆访问。举行重庆·广东经济社会发展情况交流座谈会。两省市政府签订《关于加强两省市全面合作的协议》。会后举行广东·重庆经贸项目合作签约仪式，现场签约项目40个，金额285亿元。

12月19日 全长118千米、总造价约116亿元的渝湘高速公路武隆至黔江段通车。标志着渝东南地区没有高速公路局面的终结。

12月23日　重庆武隆喀斯特获得联合国教科文组织授予的世界自然遗产证书。重庆武隆喀斯特于2007年6月27日申报世界自然遗产成功。

12月31日　重庆绕城高速公路（又称外环高速路）全线通车。绕城高速公路全长188千米，建设投资131亿元，贯穿巴南、南岸、江北、渝北、北碚、沙坪坝、九龙坡、江津8个区，将重庆都市经济圈扩大到鱼嘴、两路、蔡家、北碚、鱼洞、西彭、西永、长生、白市驿、界石、一品等11个经济组团，覆盖区域面积2500平方千米，直接或间接影响区域人口近650万。

二〇一〇年

2月11日　重庆嘉悦嘉陵江大桥建成通车。该大桥为单箱式双塔双索面矮塔斜拉桥结构，主跨250米，正桥长774米，西接北碚蔡家组团，东连渝北区悦来组团，2006年12月开工建设，总投资7.9亿元。

4月8日—11日　第九届重庆高新技术交易会暨第五届军博会在重庆国际会展中心举办。来自国内39个省区市（含副省级城市）、30个国家和地区的170个代表团、1603家企业携1.3万余个项目参展。中共中央政治局委员、国务委员刘延东，全国人大常委会副委员长陈昌智，全国政协副主席李金华出席开幕式。展会上，495个高新技术项目签约，合同交易额346.93亿元。

4月22日—25日　由国家旅游局、重庆市人民政府和湖北省人民政府联合主办的首届中国长江三峡国际旅游节在重庆举办。旅游节期间，旅游招商项目签约金额近300亿元。

5月14日　市政府颁布《重庆市农村扶贫条例》，8月1日起施行。

5月20日—23日　第十三届中国（重庆）国际投资暨全球采购会举办。国内22个省区市政府代表团和香港、澳门特别行政区政府代表团，以及来自美国、英国、日本、韩国、新加坡等43个国家和地区的知名企业参展参会。签约项目258个，协议投资额折合人民币2772.75亿元。

9月7日—8日　新加坡总理李显龙率新加坡代表团在重庆访问，并考察在渝投资发展的APL全球服务中心、中新大东方人寿保险公司等新资企业。

9月30日　随着渝湘高速公路黔江至洪安段和渝宜高速公路云阳至巫山段通车，重庆市"二环八射"2000千米高速公路建设目标提前10年实现，构筑起"4小时重庆""8小时周边"的高速公路网主骨架，全市高速公路密度达到每百平方千米2.4千米，居西部地区第一。

10月8日　"绿化长江重庆行动"启动仪式在北京人民大会堂举行。中共中央政治局委员、国务院副总理、全国绿化委员会主任回良玉出席仪式并讲话。中共中央政治局常委、全国政协主席贾庆林担任这项活动组委会名誉主席。启动仪式上，71家企业率先捐资15.2亿元。

12月6日—8日　中共中央政治局常委、中央书记处书记、国家副主席习近平在重庆市渝中区、江北区、沙坪坝区和两江新区调研，并主持召开重庆市党政干部座谈会。

12月16日　重庆农村商业银行在香港联合交易所主板挂牌

上市。

12月28日 巫山县官阳镇至当阳乡公路改造工程竣工通车，标志着巫山县境内乡镇和行政村全部实现公路通畅、通达。至此，全市855个乡镇、8741个行政村农村公路通畅率和通达率均达到100%，实现"双百"目标。

12月29日 重庆金融资产交易所揭牌。这是西部地区唯一的综合性金融资产交易市场。

本年 重庆市超计划实现10年扶贫开发确定的目标任务，18个扶贫开发工作重点区县农民人均纯收入增加到4235元，新修和改造公路7万多千米，解决了400万人的饮水安全问题，建成"农民新村"1728个、"巴渝新居"17.8万户，改造农村危旧房16万户，完成扶贫移民搬迁27.16万人。

二〇一一年

3月19日 中欧班列（渝新欧）正式开通运营。

5月6日 国务院正式批复《成渝经济区区域规划》。

5月10日 由韩国外交通商部和知识经济部联合组成的韩国政府经贸代表团，专程赴重庆两江新区考察两江新区中韩产业园项目。

5月20日 2011中国（重庆）国际文化创意产业项目推介会在渝举行。本届推介会推出102个项目，涉及文化创意产业各个领域，投资总额超过千亿元。会上签署4个战略合作协议和10个项目投资协议，协议投资金额分别为170亿元和54亿元。

6月1日 中共中央政治局常委、全国政协主席贾庆林在重庆秀山土家族苗族自治县洪安镇,就加快推进扶贫开发,促进武陵山区发展进行调研。

6月2日 国家发改委下发《关于印发成渝经济区区域规划的通知》,酝酿时间长达20年的《成渝经济区区域规划》正式出台。规划提出重大定位40个、重大项目83个、重大政策40条,总投资估算约4761亿元。

6月20日 市政府与全球最大笔记本电脑制造商仁宝电脑集团签署战略合作协议,仁宝正式签约落户重庆。至此,继惠普、宏碁、华硕三大电脑品牌商落户之后,全球排名前6位的笔记本电脑代工企业全部落户重庆,重庆生产的笔记本电脑总产量已占全球产量的90%,基本形成笔记本电脑品牌商、代工商、零组件企业"3+6+200"格局,全球最大笔记本电脑基地初显轮廓。

7月28日 重庆市轨道交通1号线一期工程开通试运营,这是重庆市首条建成通车的地铁线路。

9月24日 "世界五百强企业两江行活动"举行,40余家世界五百强企业与两江新区签订44个项目投资协议,项目总投资额737亿元,其中37个外资项目投入达到64亿美元。落户两江新区的世界五百强企业累计超过110家。

10月15日 国务院批复《重庆市城乡总体规划(2007—2020年)》,要求逐步把重庆市建设成为经济繁荣、社会和谐、生态良好、特色鲜明的现代化城市。

10月26日 国务院三峡办、重庆市政府联合主办的2011全国对口支援三峡工程重庆库区经贸洽谈会在万州举行,共签约项目91个,协议投资总额1949.99亿元。

11月19日　第八届中国（重庆）国际园林博览会开幕。中共中央政治局常委、国务院副总理李克强向大会发来贺信，全国人大常委会副委员长、民进中央主席严隽琪，全国政协副主席、台盟中央主席林文漪及有关方面负责人出席开幕式。园博会展期延续至2012年5月1日。

11月23日　加拿大—中国西部经贸合作交流会在重庆举行。

12月14日　重庆保税港区（二期）通过海关总署等国家11部委正式验收，标志着中国首个内陆保税港区——重庆两路寸滩保税港区全面建成。2008年11月，国务院批准设立重庆两路寸滩保税港区，12月18日挂牌成立，面积8.37平方千米。这是中国第一个设立在内陆地区的保税港区，也是第一个"水港＋空港"的双功能保税港区。

12月25日　大足区正式挂牌成立。经国务院批准，撤销大足县和双桥区，设立大足区，辖原大足县、双桥区所辖行政区域，区政府设在原大足县棠香街道。同时，设立双桥经济技术开发区作为市级开发区。

12月26日　綦江区正式挂牌成立。经国务院批准，撤销綦江县、万盛区，设立綦江区，辖原綦江县、万盛区所辖行政区域，区政府设在原綦江县古南街道。同时，设立万盛经济开发区作为市级开发区。

12月30日　轻轨3号线全线开通运营。从南岸区二塘到渝北区重庆机场全线运行时间约62分钟。

二〇一二年

1月27日　西南铝业集团成功试制出国产大飞机项目专用的第三代新型铝锂合金。该项目不仅填补国内生产空白，还为大飞机加速实现国产化奠定了坚实的材料基础。

1月31日　酉阳桃花源景区被全国旅游景区质量等级评定委员会评为国家AAAAA级旅游景区。

3月17日　中国西部地区第一个全程马拉松赛事——重庆国际马拉松赛于2012年在南滨路和巴滨路举行，来自40个国家和地区的3万余名运动员参与比赛。

4月6日　《2012年全市公租房选址规划》通过市政府审批。全年全市计划建设公租房1320万平方米23.65万套，超过国家下达给重庆市23万套的开工目标任务。重庆市3年建4000万平方米公租房的建设计划全部落实。

4月12日—15日　第十届中国重庆高新技术交易会暨第六届国际军民两用技术博览会在渝举行。来自35个国家和地区的240余家知名企业、30余所著名高校参会，参展代表团达到180个，参展面积4.5万平方米，参展项目3.5万项。展会签约项目近2000项，合同金额911.82亿元。

4月12日　渝新欧（重庆）物流有限公司挂牌成立。渝新欧（重庆）物流公司作为专营亚欧国际铁路联运大通道的平台公司，是全球首家由中国、哈萨克斯坦、俄罗斯、德国四国铁路部门和重庆交运控股有限公司"四国五方"共同合资组建的铁路物流企业，主要开展重庆和欧洲之间双向的"站到站"服务。

4月21日—23日 重庆机场悉尼—重庆—上海浦东—芝加哥—纽约—悉尼的国际货运航线正式开通，标志着重庆机场拥有了首条连接美国和澳大利亚的国际货运航线。

4月26日 重庆云阳龙缸国家地质公园正式开园。景区面积296平方千米，是一个集天坑、峡谷、溶洞、高山草场、森林、土家风情于一体的大型综合性国家地质公园，有大小景点60余处。特别是龙缸天坑享有"天下第一缸"的称号。

5月14日 重庆巴南区滨江路正式通车。该交通干道总投资33亿元，长18.3千米，起自巴南鱼洞老大桥，与南滨路相连，是重庆主城南部片区的交通动脉。

5月17日—20日 第十五届中国（重庆）国际投资暨全球采购会在重庆国际会展中心举行。"渝洽会"由商务部、国务院三峡办、中国贸促会、重庆市及有关省区市政府共同主办，以"投资促进、全球采购"为主题。邀请来自43个国家和地区的近1000家跨国公司参会，其中500强企业161家；邀请参会政府代表团50个，国内企业5900余家。展出面积5万平方米，境外、市外展位约各占三分之一。会议期间签约项目382个。

6月13日 中国老年学学会正式授予重庆市江津区"中国长寿之乡"称号。这是重庆市首个被认定的"中国长寿之乡"，也是中国面积最大、人口最多的"中国长寿之乡"。江津区健在的百岁老人有122人。

6月18日—22日 中国共产党重庆市第四次代表大会在市人民大礼堂举行。来自各条战线的700余名党代表参加会议。中共重庆市第三届委员会向大会作题为《深入贯彻落实科学发展观，为在西部率先实现全面建设小康社会目标而奋斗》的报告。大会通过《中国共产党重庆市第四次代表大会关于中共重庆市第三届委员会报告的决议》，批准第三届市委所作的报告。

6月25日 重庆市创建"世界温泉之都"温泉旅游重点项目授牌仪式在九龙坡区举行。柏联温泉等50个项目被授予"世界温泉之都"温泉旅游重点项目称号。

7月15日 市政府办公厅发布《重庆市人口和计划生育事业发展"十二五"规划》。规划明确"十二五"时期重庆市人口发展的基本思路、发展目标和工作重点，提出以科学发展为统揽，以均衡发展为主线，率先在西部地区形成城乡人口统筹发展格局。

7月26日 市政府办公厅印发《重庆市（武陵山片区、秦巴山片区）农村扶贫开发规划（2011—2020年）》。

9月10日 西藏昌都地区考察团到渝考察，与重庆市签订8个合作项目，协议资金逾100亿元。

9月14日 市委、市政府召开推进新型城镇化大会。会议提出，要深入贯彻落实科学发展观，全面落实"314"总体部署，认真贯彻市第四次党代会精神，把握城镇化转型发展新趋势，抓住机遇、积极作为，注重实效、扎实推进，努力提高重庆城镇化发展质量和水平，走出一条符合重庆实际的新型城镇化道路。同时出台《关于推进新型城镇化的若干意见》。

9月25日 市委、市政府召开加快推进农业现代化大会。会议指出要深入扎实推进农业现代化，为重庆全面建设小康社会打下坚实基础。

9月26日 市委、市政府出台《关于加快推进农业现代化的若干意见》。

10月26日 世界温泉及气候养生联合会第六十五届年会暨国际科学大会在重庆举行。会上世界温泉及气候养生联合会将全球首个"世界温泉之都"称号授予重庆。

11月24日 长安集团诞生150周年庆典活动举行。全国人大常委会委员长吴邦国等发来贺信或题词祝贺。长安集团是重庆工业领域的领军企业，在其150年的历史发展中，有一半时间都在重庆深耕，连续20年获"重庆工业五十强"称号，多年位居"五十强"首位，多年位居重庆税收第一位，为重庆的经济社会发展做出了突出贡献。

12月28日 全市重大利民惠民系列工程之一的沙坪坝铁路综合交通枢纽工程开工。沙坪坝铁路综合交通枢纽融高铁站房、综合换乘体系、配套城市道路、城市轨道交通及城市广场为一体，实现人员流动无缝衔接，综合交通枢纽体系均设置在地下，共7层，每层皆有不同交通功能并相互有机衔接，形成立体、便捷的交通转换体系。

二〇一三年

1月4日 重庆川剧博物馆开馆并免费对外开放。

同日 巫溪县天然气供应（一期）工程正式通气，并投入试运行。全市38个行政区县全部实现管道天然气供应，标志着重庆市天然气"县县通"规划建设基本完成。

1月7日 重庆联合产权交易所与中国农业银行签署战略合作协议，今后农行的国有资产及金融不良资产将进入重庆联交所公开挂牌交易。

1月8日 重庆市打印机单月产量突破150万台,成为全球最大的打印机生产基地。

同日 大渡口区即日起率先在全市免收诊疗费,有医保卡的居民到大渡口区社区卫生服务中心和乡镇卫生院看病不用再交1元的诊疗费。

同日 重庆两江新区人力资源开发服务中心挂牌成立。

1月9日 重庆中央活动区暨招商地块发布会举行。近150家实力企业参会。重庆中央活动区位于巴南区龙洲湾滨江片区。

同日 重庆市农产品加工交易服务平台网正式开通。这是重庆市首个农产品加工交易服务平台。

同日 国家安监总局与重庆市签订共建重庆安全技术职业学院协议,计划将该学院打造成为全国"安全应用型人才摇篮"。

1月10日—13日 第12届中国西部(重庆)国际农产品交易会在南坪国际会展中心举行。来自韩国、泰国、越南、突尼斯、哈萨克斯坦、斯里兰卡、马来西亚等国家和中国台湾、香港、澳门共13个国家和地区,以及全国其他28个省(区、市)的1860余家企业、经销商和采购商到渝开展贸易和洽谈。展会历时4天,参与市民33.5万人次,销售额2.6亿元。

1月11日 财政部、住房和城乡建设部评出首批国家级绿色生态城区,重庆市悦来绿色生态城区成为8个入选城区之一,并获得5000万元专项财政补助资金。

同日 市委决定追授吴光、张先俊"重庆市优秀共产党员"称号。2012年12月13日,时任市经信委副主任、市援藏办主任吴光和市经信委外经外事处调研员、市援藏办副主任张先俊在参加重庆市援藏竣工项目验收后返渝途中殉职。

1月16日　重庆市召开颁奖典礼表彰蔡家曜、陈浩等11名见义勇为市民，授予他们"见义勇为英雄"称号。

1月18日　国家科学技术奖励大会在北京举行。重庆市6项科技成果分别获得2012年度国家科技进步一、二等奖。涉及医学、农业、交通等领域的6项获奖成果中，4项是由重庆市科研单位牵头完成，其余2项是合作完成。

1月19日　中国远征军仁安羌之战202位阵亡将士的灵位从缅甸运抵重庆后，在罗汉寺举行纪念祈福活动。1942年，中国远征军为解救被日军围困在缅甸仁安羌的英军，以少胜多将日军击退，史称仁安羌之战。战斗中有202位中国将士牺牲。

1月21日　第2届"重庆市人民好公仆"表彰大会召开，包括击毙悍匪的沙坪坝区民警王晓渝在内的148名公务员获"人民好公仆"称号。

1月22日　重庆直升机产业投资有限公司通用航空产业基地竣工，重庆通用飞机工业有限公司挂牌。重庆造恩斯特龙直升机实现首次飞行。

2月5日　重庆市评选出第七期"我推荐我评议身边好人"，共评出王书浩、王鹏等10名"重庆好人"。

2月19日　感动中国2012年度人物颁奖盛典在北京举行。重庆市乡村医生周月华、艾起夫妇和"爱情天梯"主人公刘国江、徐朝清入围21强，周月华、艾起夫妇获感动中国2012年度十大人物。

同日　重庆市计量质量检测研究院获得国家认证认可监督管理委员会批准，成为中西部地区首家微型计算机、便携式计算机3C

认证指定实验室。

2月23日 国家发改委正式批复《重庆市城市轨道交通近期建设规划（2012—2020年）》。获批规划项目共8个，全长215.04千米，项目总投资约1097亿元。

2月25日 中国石化集团四川维尼纶厂、爱思开综合化学投资有限公司（SK综合化学）在渝签署1,4丁二醇（BDO）项目合资合同暨章程，双方共同投资建设一套世界级规模的每年20万吨BDO装置，并适时发展BDO下游衍生物产品。加上已有的天然气化工产业，重庆建设世界级天然气化工基地已逐渐成型。

3月18日 "渝新欧"首趟回程试验班列从德国杜伊斯堡顺利抵达重庆。这是重庆市开通"渝新欧"国际铁路联运大通道2年多来的首趟回程货运班列。

3月25日 重庆国际博览中心场馆正式运营。国际博览中心是悦来会展新城的重要组成部分，其室内展览面积达到20万平方米，展示面积列西部第1位、全国第2位。

3月27日 太平洋电信重庆数据中心在两江新区水土云计算产业园竣工投入运行。这是首个签约落户重庆市的云计算数据中心项目，也是首个竣工项目。该项目投资1.5亿美元，形成了4万台服务器运营规模，相当于重庆市全部数据处理量。

3月 重庆市与海南、四川、贵州三地签署《医疗保险异地就医合作框架协议》。双方信息平台对接等具体工作完成后，城镇职工医保参保者和城乡居民医保参保者都可以实现跨地区、无障碍刷卡实时结算。

4月15日 渝港经贸合作推介会暨签约仪式在香港举行。双方签约35个项目，签约金额129.63亿美元，涉及土地开发、金融、工业、物流、商贸等领域。

4月16日　全球两大汽车零部件制造商纳法、埃驰在北部新区投产。

4月17日　重庆能源集团永荣公司在永川新店子—老矿区找到新煤矿，初步探明储量达2.11亿吨。

4月18日　重庆市中小企业科技创新协会成立。

同日　重庆职业男子篮球队（重庆翱龙队）挂牌。

4月26日　由重庆野生动物世界升级而成的西部最大主题公园——重庆乐和乐都主题公园正式开门迎宾。

4月28日　重庆市机器人与智能装备产业发展联盟揭牌成立。

4月　中国交通建设公司二航局架桥队起重工孙家林、长安设备公司维修电工刘源获第11届中华技能大奖。至此，全市"中华技能大奖"获得者累计有8人。

4月　国务院正式批复国家发改委会同科技部、工业和信息化部、财政部编制的《全国老工业基地调整改造规划（2013—2022年）》，大渡口区作为重庆市唯一区县纳入此项规划。

5月16日　重庆市冶金工业协会成立。

同日　重庆市特殊教育中心挂牌。

5月18日　四川外国语大学揭牌。

同日　重庆社会经济研究会成立。

5月20日　重庆市京剧团有限责任公司青年演员周利获第26届中国戏剧梅花奖。

同日　重庆再生资源交易中心揭牌。这是全国再生资源行业首个电子交易平台。

5月21日　万州潭獐峡被住房和城乡建设部授予"国家级风

景名胜区"称号。

同日 市政府与招商局集团在渝签订投资发展项目合作备忘录，双方将在物联网产业基地建设、推动新型城镇化开发建设与运营管理等方面进行战略合作。

5月26日 重庆人文科技学院揭牌。该校由西南大学育才学院转设，是全市第1所由独立学院转设的民办普通本科高校。

同日 重庆棋手黄茜、谭中怡分别获2013亚洲国际象棋个人锦标赛女子组冠军和亚军。

5月28日 荣昌县获全国绿化委员会授予的"全国绿化模范县"称号。

5月29日 重庆市政府与微软签约合作共建微软全球服务交付中心。这是国内首个具有提供软件咨询、应用、开发和交付能力的全球服务交付中心，也是当时国内唯一能够承接和结算服务外包业务的交付中心。

5月31日 全市"美丽乡村"建设现场会在开县召开。这标志重庆市"美丽乡村"建设全面启动。

6月1日 全国自闭症诊断干预培训示范基地在重庆医科大学附属儿童医院成立。

6月6日 首届中国汽车市场发展高峰论坛在渝举行。

6月7日 国内首个云计算专利数据库服务平台在重庆正式开通上线。

同日 重钢集团获"2013节能中国十大贡献单位"称号，是唯一入选的钢铁企业。

6月8日 重庆平面广告20年回顾展暨重庆广告产业园示范区开放。

6月14日　"重庆与非洲"双语网上线。

6月16日　全国首届楷书书法作品展开幕式暨重庆市秀山自治县中国书法之乡授牌仪式在南坪会展中心举行。

同日　西南长城书画院暨晋唐书画院西南文化产业基地成立。

6月18日　5家机器人重点企业携手中科院重庆绿色智能研究院与两江新区签订正式投资协议。这标志着重庆两江机器人产业园正式启用。

6月20日　重庆市政府与腾讯科技公司在渝签订共同推动云计算产业发展战略合作框架协议，腾讯公司在重庆建立其在中西部地区首个大型云计算数据中心。

6月25日　重庆抗战遗址博物馆成为国家级海峡两岸交流基地。这是重庆市唯一的国家级海峡两岸交流基地。

6月26日　华岩隧道、高家花园复线桥开工建设。华岩隧道位于成渝高速中梁山隧道与华福隧道之间，是重庆市主城区开工建设的第15座特大型穿山隧道。隧道西起白彭路，穿中梁山、重庆西站编组站后，东接华福大道、金建路，线路全长7.1千米，双向6车道，设计车速60千米/时，2017年12月竣工通车。高家花园复线桥位于内环高家花园大桥旁，是主城区开工建设的第30座特大型跨江大桥，复线桥全长982米，单向5车道，设计车速80千米/时，2017年12月竣工通车。

同日　重庆市首座公轨两用斜拉桥——江津鼎山长江大桥建成通车。该桥为双塔斜拉桥桥型，分上下两层，上层为公路，下层预留重庆轨道交通5号线通道，全长6066米，钢结构主桥长897米，主跨464米，总用钢量2.6万吨，总投资28亿元。于2009年10月24日正式开工（初名江津迎宾长江大桥，后改为现名）。不仅是江津截至2013年主塔最高、跨度最长、投资最大、功能最全的桥梁，也是重庆截至2013年主跨最大的公轨两用斜拉桥。该桥获得2014—2015年度中国建筑工程鲁班奖。

6月28日 重庆广播电视集团（总台）版权服务工作站揭牌。这是西南地区首家媒体版权服务专业工作机构。

7月2日 重庆伟渡医疗设备股份有限公司自主研发、具有自主知识产权的放疗图像引导系统获得医疗器械注册证。该成果填补了国内同类产品领域空白，达到国际领先水平。

7月2日—4日 中国—中东欧国家地方领导人会议在重庆国际会展中心举行。与会的60余个中国和中东欧国家地方领导人发起"重庆倡议"，强调中国—中东欧国家合作的开启为地方发展带来了重要机遇，愿意将地方合作打造成中国—中东欧国家合作的重要支撑之一，促进这一合作全面深入发展，并欢迎更多的中国和中东欧国家的省、州、市加入到合作行列中。

7月4日 双碑嘉陵江大桥西引桥凌晨完成混凝土浇筑，标志双碑嘉陵江大桥边跨正式合龙。双碑嘉陵江大桥2008年12月开工，西接沙坪坝区双碑，跨嘉陵江，过江北农场与石马河立交相连，由东引桥、主桥和西引桥组成。大桥全长1927.5米，其中东引桥长263.5米，西引桥长1019米，主桥长645米。该桥是双塔单索面斜拉桥，主桥桥面宽32.5米，双向6车道，设计时速为60千米/时，是国内同类型桥梁中最宽的；主跨330米，跨度居全国同类桥梁第一。

7月6日 双碑隧道贯通。该隧道东连双碑，西接西永微电园，全长4373米，单洞3车道，是国内已贯通的3车道隧道中最长的隧道。

7月7日 "两岸同心——巴渝文化教育参访周"暨首届台湾大学生重庆实践活动启动,来自中国台湾省澎化、高雄、台南等地的15所大学和3所小学共79名师生在重庆展开为期一周的交流访问活动。

7月8日 全市首个大型机组风电项目——石柱狮子坪风电场投产发电,每年可提供清洁电力1亿千瓦时,每年可替代原煤4.5万吨,减少烟尘排放量约118吨。

7月11日 首版《重庆历史地图集·第一卷 古地图》正式出版发行,收录从北宋到解放时期的重庆古地图533张,时间跨度近千年。

7月14日 重庆市已攻克高性能润滑脂关键技术并实现产业化,生产出聚脲润滑脂、同寿命免维护通用润滑脂等3类8个品种的新产品。其中,同寿命免维护通用润滑脂被认为是当时国内综合性能最好的润滑脂品种。

7月16日 重庆首个太阳能光热建筑应用项目——西南大学育才学院学生宿舍通过验收。

同日 市文化遗产研究院考古人员在巫山县发现34座战国晚期至六朝时期的墓葬。

7月21日 重庆川江号子传承人合唱团在第8届勃拉姆斯国际合唱比赛中演唱的《船到码头把酒喝》获得金奖及最佳民族特色单项奖。

7月25日 重庆市口岸办、东方航空公司、重庆机场集团签署重庆—洛杉矶(经停上海)相关通航协议,这是重庆市首条通往北美洲的国际客运航线。

7月26日 重庆首家民营财务公司——重庆力帆控股财务有

限公司获得中国银监会的筹建批复。

7月28日 随着"乔域股份"成功挂牌，重庆OTC挂牌企业累计达到100家，其中20多家企业已具备登录新三板或上市条件，实现了历史性突破。

8月3日 市科委发布消息，市级科技计划项目"四氯乙烯干洗剂快速检测方法及行业准入机制研究"通过专家验收，重庆率先建立起干洗纺织品中四氯乙烯含量公共检测标准。

8月7日 市国土房管局发布消息，重庆市实施"红层找水"工程以来，已为全市超过100万人解决了生活用水困难。到"十二五"期末，再解决全市农村分散人口100万人的饮水问题。

8月9日 中国国际航空一架波音747-400宽体双层客机飞离重庆机场，在北京作短暂停留后将直接飞往美国旧金山。至此，重庆首条北美航线正式开通，重庆国际航空运输网络初步形成，已开通的国际（地区）客运航线达19条。

8月11日 重庆市《轨道环线工程可行性研究报告》通过专家评审，于年底前开工建设，2018年开通试运行。这是国家下放轨道交通项目审批权限后，重庆自行组织的第一个轨道交通项目。

8月14日 继2011年之后，重庆市再次提高居民住院报销比例上限，一档从过去的7万元调整为8万元，二档从过去的11万元调整为12万元。

8月16日 首列装载40个集装标箱的班列由成都驶入万州港红溪沟铁水联运港作业区，标志着万州港成为四川重要的物流出海通道之一，对推动四川与三峡库区物流贸易合作起着积极的推动作用。

8月20日 重庆市第2条飞北美的航线——重庆—洛杉矶（经

停上海）开通。

8月22日 城万（城口—四川万源）快速路正式通车，从主城驾车去城口只需4个小时，城口也由此融入"4小时重庆"。城万快速路全长66.3千米，于2009年12月正式动工建设。城万快速路起于城口县三塘坝，途经城口县复兴、龙田、高燕、庙坝、双河5个乡镇（街道）和四川省万源市的堰塘、八台、旧院、石塘4个乡镇，与达（州）陕（西）高速公路在石塘乡互通立交连接。城万快速公路通道全线穿行于大山之中，建桥梁65座、隧道26座、涵洞126道，桥隧比高达48.5%。其中白芷山隧道全长6710米，八台山隧道全长5275米，在当时全国已建成的二级公路隧道中长度分别排名第一和第二。

8月26日 西永综合交通换乘枢纽建设完工。西永换乘枢纽位于西永赖家桥，占地面积约7.8万平方米，是集市区公交、轨道、长途客运、出租车、社会车于一体的综合交通换乘枢纽。换乘枢纽由换乘大楼、长途客运停车区、公交停车区、出租及社会车辆换乘区、洗检修保区等组成。

9月1日 第15期"重庆好人榜"出炉，年过八旬的义务环保宣传员谭会中、因勇救落水小孩而牺牲的90后青年谭俊等29人成为"重庆好人"。

9月3日 重庆望江机械工业有限公司自主研发的5兆瓦风电齿轮箱，获得德国劳氏船级社A级认证，标志着"重庆造"风电齿轮箱再获进入欧洲市场的"绿卡"。

9月6日 重庆市与美国密歇根州签署战略合作协议，双方将重点推动汽车及周边产品制造、电子信息及服务外包业、旅游业、商贸物流业以及教育培训、现代农业、新能源等领域的合作。

9月8日　重庆市全面普及义务教育，"两基"人口覆盖率达到100%。

9月9日　在第12届全国运动会摔跤项目男子自由跤96公斤级别的比赛中，重庆选手崔晓成获得金牌。

同日　2013年全国"寻找最美乡村教师"大型公益活动揭晓"最美乡村教师"名单，重庆市巫溪县天元乡新田村小的"独腿教师"刘坤贤成功当选"2013年全国最美乡村教师"。

9月10日　在第12届全国运动会羽毛球女单项目的决赛中，重庆姑娘李雪芮夺得金牌。

同日　由中共重庆市委宣传部、教育部新闻宣传中心、教育部教师工作司、重庆市教育工委、重庆市教委、重庆大地影业公司联合拍摄的教育励志影片《守望一生》，获国际儿童电影节最佳教育故事片奖。

9月14日　《重庆日报》《重庆晨报》《党员文摘》《改革》入选"中国百强报刊"。

9月17日　在中国秦巴山区（重庆·城口）典型气候研讨会上，城口县因其优良的生态气候环境，被中国气象学会正式授予"城口·中国生态气候明珠"称号。

9月18日　江津区朱杨镇板桥村13岁少年王勇跳入水中救起3名落水少年而自己因体力不支献出生命，市政府追认王勇为烈士。

9月23日　西南大学家蚕基因组生物学国家重点实验室发布桑树全基因组测序成果，成功分析出桑树染色体基数以及各种基因的网络和功能。这一成果标志着中国蚕桑学研究取得又一重大突破。

9月27日　重庆送变电公司援建的西藏首座220千伏智能化变

电站——墨竹工卡变电站正式投入营运，彻底解决了西藏藏中电网长期存在的缺电问题。

10月2日　重庆市首个科学储粮示范镇在江津区石蟆镇挂牌成立。

10月3日　重庆市首个跨境贸易国际电商产业园在南岸开园。

10月10日　市政府第25次常务会审议通过《重庆市最低生活保障条件认定办法》。《办法》主要从家庭成员、家庭收入、家庭财产、家庭消费支出四个方面，对最低生活保障的基本条件和核定办法给予了明确。《办法》于11月1日起施行。

10月12日　重庆市纺织工业联合会成立。

10月21日　重庆再生资源交易中心首批产品开始上线交易。

10月28日　重庆市轨道交通环线开工建设。重庆轨道交通环线全长51千米，投资约342亿元，设33座车站，串联了沙坪坝区、江北区、渝北区、北部新区、南岸区、九龙坡区和高新区，衔接了沿线的沙坪坝火车站、重庆北站、四千米长途枢纽、陈家坪客运站、重庆西站等大型客流集散点。重庆轨道交通环线是重庆轨道交通线网中的骨干线路和唯一的闭合环状线路，东北半环（重庆图书馆—海峡路）于2018年12月28日14时开通试运营，西南半环（海峡路—二郎）于2019年12月30日14时开通试运营，剩余段于2021年1月20日开通试运营。

10月30日　首届中国服务品牌大会在重庆开幕，来自全国的知名专家、企业代表近400人参会。

10月31日　全市38个区县实现城乡居民医保和民政医疗救助"无缝衔接"。

11月2日　第9届全国杂技比赛在重庆落幕。重庆市获得2枚金牌、1枚银牌。

11月18日 市政府出台《重庆市最低生活保障工作责任追究办法》。

11月20日 市政府出台《重庆市城乡居民大病保险暂行办法》，2700万人受惠。

同日 重庆市首个民营旅游集团挂牌成立。

11月21日 重庆市专家工作站授牌仪式在重庆理工大学举行，对13家院士专家工作站举行集中授牌。

12月2日 科技部公布2013年全国县（市）科技进步考核结果，重庆市所有区县均通过考核，其中20个区县被评为2013年全国科技进步考核先进区县，分别是沙坪坝、北碚、南岸、九龙坡、渝北、江北、渝中、大渡口、涪陵、綦江10个区和梁平、璧山、荣昌、丰都、铜梁、开县、武隆、巫溪、潼南、石柱10个县。

12月3日 轨道交通4号线一期、5号线一期工程举行开工仪式。轨道4号线一期工程投资约90亿元，全线长约17.6千米，设9座车站，其中地下站6座，高架站3座。轨道5号线一期工程投资约230亿元，全线长约39.7千米，设25座车站，其中地下站20座，高架站5座。

12月5日 重大革命历史题材电视剧《聂荣臻》中央电视台首播新闻发布会在北京人民大会堂举行。该剧由重庆市委宣传部，重庆市江津区委、区政府，西部电影集团等单位联合出品，根据聂荣臻之女聂力所写的纪实文学《山高水长——我的父亲聂荣臻》改编而成。

同日 长江上游最大的"水、铁、公"联运物流枢纽港口——重庆果园港开港运行。果园港设计年吞吐能力3000万吨，包括集装箱200万标箱，商品滚装车100万辆，铁水联运规划设计年通过能力650万吨。

12月10日 重庆市国防教育馆正式开馆，该馆由教育馆、警备区军史馆和室外装备展三部分组成，室内布展面积5000平方米，展出图片970余幅，实物169件，历史文献132份，退役轻武器102件。室外展区面积约1万平方米，展出海、陆、空、天大型退役武器装备和模型24件。

同日 重庆长安工业（集团）有限责任公司与中科院重庆研究院合作，成功研发出首台"重庆造"弧焊机器人，这是重庆市"121"科技支撑示范工程——工业机器人研发与产业化重大专项的成果。

12月11日 市人力资源和社会保障局宣布，全市最低工资标准提高200元，从2014年1月1日起执行新的最低工资标准，第一档每月1250元，第二档每月1150元，均比以往每月提高200元。

12月12日 全市最大的社区养老服务中心——巴南区龙洲湾街道社区养老服务中心建成投用。

12月13日 南万（南川—万盛）高速公路建成通车。南万高速公路起于南川互通立交，止于万盛互通立交，全长30.6千米，串连起金佛山、黑山谷和仙女山3个AAAAA级景区，形成旅游"金山角"。

12月15日 《重庆日报》刊发《重庆市消防条例》。该《条例》自2013年11月30日起施行。

12月20日 四川航空3U605航班从重庆机场起飞，直飞澳大利亚悉尼，标志着我国西部首条直飞悉尼航线正式开通。

12月23日 国家高速G50s沪渝南线主城至涪陵段正式通车。

全线长83.3千米，其中主城至涪陵主线66.7千米，长寿连接线16.6千米（接茶涪二级路）。

12月25日 渝蓉高速重庆段正式通车。该段高速公路是重庆市建设标准最高的高速公路，设计时速120千米，双向六车道（不含应急车道），起于沙坪坝区青木关镇陈家桥，止于大足区，全长78.6千米，2010年开工建设。

同日 中国审判理论研究会审判管理理论专业委员会在重庆成立。

同日 重庆首届巴渝古建筑摄影优秀作品展在湖广会馆举行，收到来自重庆38个区县、200多名摄影师的600多组作品，共评出一、二、三等奖11名。

12月28日 总投资30亿元的玉柴—润通新型节能环保高品质小型柴油机项目落户两江新区龙兴工业园。该项目由广西玉柴集团和重庆润通控股集团有限公司共同投资，一期计划年产新型柴油机35万台，二期年产新型农机10万台，全部达产后年产值约100亿元。该项目填补了非道路用中国中高端柴油动力产品的空白。

同日 渝利铁路（重庆—湖北利川）正式建成通车。渝利铁路是国家"四纵四横"客运专线中沪汉渝蓉快速客运大通道的重要组成部分，全长261千米，总投资额270亿元。它的通车标志着重庆全面接入全国快速铁路网络。

同日 渝涪二线铁路建成通车。渝涪二线铁路全长100千米，总投资额36亿元。

同日 兴隆场铁路编组站开通运行。该编组站位于沙坪坝区回龙坝镇，是兰渝铁路主要控制性工程之一，是西部地区最大的编组站，占地面积333.33余公顷，设有36条调车线，解编能力达每日

2.4万辆，是西部地区货物列车汇集中心。

12月30日 奉溪（奉节至巫溪）高速公路正式建成通车。奉溪高速公路起于国家高速G42沪蓉线奉节东互通，止于巫溪县墨斗城，全长46.4千米，双向四车道，设计时速为80千米。

12月31日 轨道交通6号线通车到北碚。轨道6号线礼嘉至北碚段全程长26.2千米，由隧道和高架桥两部分组成，沿途共设8个停靠站。至此，全市主城九区实现轨道交通全覆盖，轨道交通里程达到170千米。

本年 编制完成武陵山、秦巴山片区扶贫攻坚实施规划，两大片区启动项目98个（完工15个，续建69个，新开工14个），完成固定资产投资200多亿元。

本年 制定出台《扶持贫困地区产业发展的暂行办法》，安排专项资金1.5亿元，重点支持武陵山片区发展草食牲畜、烟叶等扶贫特色产业，支持秦巴山区发展林果、中蜂、中药材等产业。

本年 全年下达专项资金4.04亿元用于高山生态扶贫搬迁，启动安置点建设525个，启动搬迁扶贫对象5万人。

本年 完成市级18个扶贫集团调整充实工作，新增成员单位200余个。选派140名优秀干部到贫困村担任驻村扶贫特派员。全年争取中央国家定点扶贫资金4亿元，争取山东援助重庆财政资金4200万元，实施项目60多个，举办鲁渝扶贫协作暨签约活动，签约项目34个，协议资金79.5亿元。召开民营企业支持贫困区县发展项目对接会，对接项目34个，协议资金79.5亿元。

本年 全年完成各类培训和资助15.3万人，占计划的109%，其中农村实用技术培训7.9万人，雨露技工、扶贫创业、公益培训1.63万人。资助210个贫困家庭子女读"五年一贯制"中高职连读班。举办8期500名贫困区县乡镇和村支"两委"干部培训,提高群众脱贫致富的本领。

二〇一四年

1月1日 重庆出版集团旗下的五洲文化传媒(集团)公司,以资本联合形式兼并重组的两家民营文化企业——北京五洲时代天华文化传媒公司、五洲博尔文化传媒(北京)公司在北京正式挂牌。这标志着重庆市文化产业在探索混合所有制发展模式的道路上迈出新步伐。

1月3日 由原市文化广播电视局和市新闻出版局合并组建的重庆市文化委员会正式挂牌。

1月5日 中科院重庆研究院与立谦汽车电子仪表厂合作,研发出重庆市首台经济型贴片机器人产品,并已实现批量生产。贴片机器人每小时能贴装3000个元器件,相当于6~7个人的工作量。

1月7日 重庆市南岸区在全市率先推出"智慧城管"APP,该软件集合城市管理投诉、行政审批、停车诱导等功能,市民登录nasz.cqna.gov.cn后下载手机软件,即可随时随地对身边发生的违法违规行为进行投诉、举报。

1月9日 工业和信息化部正式公布全国信息消费试点市(区、县)名单,重庆市成为首批全国信息消费试点市。

1月11日 重庆市大德公益基金会启动仪式在江北区观音桥步行街广场举行。这是重庆市首家由市民政局直管的独立公募基金会,由重庆百货大楼股份有限公司工会委员会、中国民生银行股份有限公司重庆分行工会委员会等共同发起，致力于"助学、救灾、济困、助残、安老、扶幼"六大公益领域。

1月13日 重庆市渝中区跨境电子商务产业园正式开园。重庆市是国家发改委指定的电子商务示范城市，也是全国唯一全业务跨境贸易电子商务服务试点城市。

同日 重庆通用航空培训有限公司获民航西南地区管理局颁发的经营许可证、运行合格证，这是民航部门颁发给重庆市通用航空培训企业的首张"准生证"。重庆通用航空培训有限公司正式获得进行直升机飞行员驾驶、维修培训的资格。

1月15日 2013年度"感动重庆十大人物"颁奖典礼在重庆广电大厦演播大厅举行。当选2013年度"感动重庆十大人物"的是：钟前进、陈冰、孟建、佘长淑、陈泽荣、谭俊、邓厚双、郑建伟、侯雪源、马善祥。

同日 由重庆市规划局组织、市勘测院具体打造的北斗卫星（BDS）地基增强系统在重庆市建成。这是全国首个山地城市BDS地基增强系统，改变了本地导航长期依赖国外卫星系统的历史。

1月16日 重庆市企业联合会、重庆市企业家协会、重庆市工业经济联合会发布第3届重庆知名品牌企业评选结果。重庆建工等45户企业被评为最具影响力的重庆知名品牌企业；博通信息网络等15户企业被评为最具潜力的重庆知名品牌企业。

同日 重庆市80后女作家李姗姗获冰心儿童文学新作奖。李姗姗创作的《森林》组诗被收录于《2013年冰心儿童新作奖作品集》。

1月17日 重庆《立德童谣》首次发行，首批1万册书送往全市141所乡村学校少年宫。

同日 华南城控股有限公司与重庆市政府签订投资协议，正式落户重庆市巴南区。重庆华南城项目规划总建筑面积近千万平方米，总投资额超过200亿元，建成后可提供5万～10万个创业机会、20万～30万个就业机会。

1月18日 重庆姑娘李雪芮在2014年马来西亚羽毛球超级赛中获得冠军。

1月24日 重庆长航东风船舶工业公司举行中国首艘水下考古工作船"中国考古01号"下水仪式。考古船共3层，为950吨级，全长56米，宽10.8米。

1月27日 位于重庆江北机场的重庆空港进境水果指定口岸开通，进口水果不必再通过沿海口岸入关再转运重庆，可直接到重庆报关入境，不仅节约转运时间，水果价格也会降低。

1月28日 重庆出入境检验检疫局经开区办事处正式开展检验检疫工作。这是渝南片区首家检验检疫机构，负责经开区、巴南区、南岸区、綦江区和南川区5区业务工作，方便400多家企业报检。

同日 重庆市跨境贸易电子商务综合服务平台上线运行。上线的综合服务平台是全国唯一涵盖一般进口和出口、保税进口和出口的全业务流程服务平台，具有安全便捷、独立开放、业务全面的特点。

1月 重庆市机关事业单位在职职工（含非在编人员）纳入生育保险参保范围，相关费用由用人单位缴纳。标志着重庆市生育保险从制度上实现机关事业单位、企业、社会团体、民办非企业单位等各类组织的全覆盖。

2月7日 市政府公众信息网发布消息称，《重庆市工商登记制度改革实施方案》已经市政府常务会议通过，即日起执行。今后在渝注册成立公司或企业，不再需要向审批部门提交注册资金验资报告，也无需应付繁琐的年检程序。

2月10日 感动中国2013年度人物在北京揭晓，重庆市巫溪县"重病母亲"姚厚芝当选。姚厚芝患有乳腺癌，因手术费昂贵，一直靠药物支撑。为给子女筹集学费，耗时3年绣出《清明上河图》。

同日 重庆市属国有三峡担保集团控股的渝台担保公司和教育担保公司，联合易九金融服务公司和"易极付"第三方支付平台，在国内首创"投融保"互联网金融产品。

2月11日 由重庆广仁铁塔制造有限公司、重庆大学等合作研发的输电线路分裂导线电流转移智能融冰装置，一两个小时可完成人工除冰几天的工作量，这一填补国内相关领域空白的研究项目通过了国家电网专家组的鉴定验收。

同日 重庆渝北两路城南机场南联络道工程H匝道跨越机场高速路复线桥通车。复线桥为双向5车道，通车后极大缓解了机场及两路城南周边的交通压力。

同日 2013年"中国人居环境奖"和"中国人居环境范例奖"揭晓。全国共有36个项目获得2013年"中国人居环境范例奖"，重庆市璧山县低碳生态绿岛建设项目、荣昌县濑溪河流域水环境综合治理工程榜上有名。

同日 重庆大渡口长征重工自主设计出一款特殊的新型敞车，型号为IC70。这是重庆市造出的首批精矿运输专用敞车。

2月17日 重庆市通信管理局发布消息称，重庆市将创建"宽带中国"示范城市，实现城市地区宽带接入平均能力达到

20Mbps（兆每秒），推进重庆市百兆光纤工程，率先在主城核心区的高端商务区实现宽带接入平均能力达到100兆，逐步实现农村地区宽带接入平均能力达到4兆。

2月20日 中国通用集团中国汽研科技产业园等5个先进制造业项目正式签约落户重庆大足双桥经开区。落户的项目包括中国汽研科技产业园项目、埃贝赫60万套汽车排气系统项目、长泰智能机器人制造产业园项目、重庆重汽集团1万辆专用车迁建项目、银桥科技通用机械和润滑油再生回收系统设备生产加工项目，重点发展特种专用车辆、汽车配件、高端装备等产业，5个项目总投资近110亿元。

同日 重庆市道路运输管理局发布消息，重庆主城绕城高速范围以内已实现公交线路全覆盖，2014年内主城新开、延伸公交线路30条以上。

2月22日 全球免疫诊断行业巨头瑞典默克迪亚公司正式与重庆市签约，与重庆市诊断免疫企业中元生物开展合作，在两江新区建设糖尿病科技中心。

2月23日 重庆市卫生和计划生育委员会发布消息，从2014年起，重庆市启动第3批区县公立医院改革试点，主城区全部纳入试点范围，使覆盖面达到70%。2010年7月，江北区作为全市唯一试点区，启动公立医院改革试点。2012年新增九龙坡区等9个试点区县，2013年试点范围扩大到20个区县。

同日 民建重庆市委举行2014年思源救护中国行（重庆）救护车捐赠仪式。中华思源工程扶贫基金会向重庆市贫困地区捐赠5台救护车，帮助贫困地区改善应急救护能力。

2月25日 中国长江中上游地区和俄罗斯伏尔加河沿岸联邦

区合作工作组第一次会议在重庆举行，双方共同协商制定两地区投资项目清单和人文领域合作路线图。

2月26日 史迪威博物馆举行全国重点文物保护单位挂牌仪式，并重新向市民开放。史迪威博物馆成立于1991年，1942年到1944年间为美国陆军中将约瑟夫·史迪威在重庆的官邸。

2月 国家国防教育办公室表彰2013年"全国国防教育年度人物"，重庆市求精中学校长庞静当选，成为全国中学系统和西南地区唯一代表。

本月 重庆两江新区又一座标志性建筑——重庆两江国际云计算服务中心建成投入使用。该中心总建筑面积38.12万平方米，包括商务办公区、商业配套区、酒店、专家服务中心、展览馆、云计算中心等。

3月1日 重庆市与中石化签订《关于涪陵页岩气开发利用战略合作协议》。根据协议，双方将在页岩气勘探、开发、利用和输配气系统建设等领域加强合作，力争到2015年末在涪陵形成50亿米^3/年的页岩气产能，并不断提高页岩气综合利用水平，推进重庆页岩气装备制造业发展。

3月3日 重庆市颁发第一张新版营业执照。与旧版营业执照相比，新版营业执照不仅在版式上作了统一，还增加了"二维码"。

3月5日 重庆日报社、团市委共同发起的尹明助学志愿服务队正式成立，这是首个以助学为主题的市级志愿服务队。

3月6日 陕煤入渝铁水联运首趟班列抵达重庆万州区，这也是万州港继四川班列之后成功打通的又一条重要的铁水联运线。

同日 重庆医科大学附属儿童医院礼嘉分院正式开业试运行。

同日 重庆儿童救助基金会、市福利彩票发行中心共同启动重庆市首届儿童救助项目公益创投计划，活动总预算约150万元，计划年内评选出13至15个优秀儿童救助公益项目进行资助。

3月7日 由重庆机电集团下属的西南计算机公司、重庆建安仪器公司、重庆金美通信公司、重庆军通汽车公司整合而成的重庆军工产业集团正式挂牌成立。

3月12日 由住房和城乡建设部、国家文物局组织评选的中国历史文化名镇（村）第6批中国历史名镇（村）名单揭晓，重庆有3个村镇入围，分别是开县温泉镇、黔江区濯水镇和涪陵区青羊镇安镇村。

3月13日 重庆南岸白鹤园电动客车充电站建成，并送电成功。该充电站的顺利营运，为重庆市首条核心商圈电动公交线路——南坪至解放碑电动公交线路的开通提供了基础保障。

3月18日 科技部公布第5批国家技术转移示范机构名单，重庆市科学技术研究院重庆评估与转移服务中心、重庆工业服务港投资管理有限公司2家单位名列其中。至此，重庆市已有6家国家技术转移示范机构。

同日 重庆市首个外贸综合服务平台"快融通"正式上线运行，可为中小微企业提供快捷通关、专业物流、结汇、退税和融资等一站式服务。

同日 重庆市最大的气象科普基地——重庆三峡气象科普文化教育基地在云阳龙脊岭公园挂牌成立。基地占地4000平方米，分为室外景观区和室内科普馆两部分，共有相关展品29件，向市民免费开放。

3月19日 重庆市地理信息中心和重庆地理地图书店发布重庆市首份《重庆茶文化地图》，将重庆主要的名茶及其分布通过地图向市民展示。

3月22日 以"母亲河畔的奔跑"为主题的2014年重庆国际马拉松赛在重庆市南滨路和巴滨路举行，来自48个国家和地区的3万余名专业运动员和马拉松爱好者参赛。

3月24日 中国石油化工股份有限公司宣布，中石化页岩气勘探开发取得重大突破。据现有的地质资料和产能评估，涪陵页岩气田资源量2.1万亿立方米，是我国首个大型页岩气田。

3月25日 重庆南山隧道及连接道工程通车，从南岸茶园至渝中驱车只需要15分钟。南山隧道工程由樱桃湾大桥、茶园路一期、铁厂湾立交和石塔立交构成，全长8.2千米（其中南山隧道长2.83千米）。

3月26日 重庆市四届人大常委会第八次会议第二次全体会议表决通过《重庆市人大常委会关于修改〈重庆市人口与计划生育条例〉的决定》。条例修改发布之日起，重庆城乡居民中夫妻一方为独生子女的，可生育两个子女。

同日 作为重庆市重点惠民工程的长江中上游最大商贸城市综合体——朝天门国际商贸城在南岸茶园新区迎龙镇开工建设。商贸城总投资约250亿元，打造成集商、旅、文、游、购、娱为一体的复合型商贸城市综合体。

同日 重庆网络广播电视台全球上线暨重庆网络广播电视联盟启动仪式举行。重庆网络广播电视台上线运行后，聚合广播、电视、网站、手机等多种媒体，涵盖文字、图片、视频、音频等传播形式，进军全媒体。

同日 全国内河首个船员职业档案备案管理系统在重庆建成，为长江上游航运人才培养、使用提供统一的信息平台，标志着重庆地区5.7万名船员有了固定的"网上家园"。

3月27日 重庆市与现代汽车集团签订战略合作协议。根据协议，双方以现代汽车集团的技术优势和创新能力为支撑，以重庆的资源平台和综合优势为依托，共同构建汽车整车研发制造、零部件配套、汽车后市场开拓、品牌形象提升和钢铁、建设、机械等相关产业发展的全方位战略合作关系。

3月31日 重庆东水门长江大桥零时正式通车。重庆主城核心区又增添一条跨越长江连接渝中区和南岸区的快捷通道。东水门长江大桥桥型为双塔单索面部分斜拉梁桥。作为渝中半岛朝天门片区的第一座跨江大桥，其建成通车对疏散解放碑中心区域交通具有重要意义。

同日 中石油在重庆潼南—安岳—遂宁片区发现国内最大的单个单层整装天然气田，探明天然气储量4363亿立方米，其中新增探明技术可采储量3054亿立方米。

同日 全国首个利用页岩气作为原料的大型液化气工厂在涪陵区白涛镇正式动工。该项目设计年产液化天然气约68万吨，占地面积18.67公顷，总投资15亿元，建成后可实现年产值50亿元。项目投产不但可以提高中石化对重庆地区的天然气供应量，同时可以提升重庆市应急气源储备能力。

4月1日 重庆市与柬埔寨金边市正式建立友好城市关系。金边市成为重庆市继与泰国首都曼谷市结好之后，缔结的第二个外国首都城市。

同日 重庆国际自由贸易港城项目在重庆两路寸滩保税港区开工。该项目总投资100亿元，以打造成为中国内陆最具特色和竞争力的进口商品展销中心为目标。

4月3日 民航西南地区管理局向重庆通用航空有限公司（简称重庆通航）颁发民用航空器维修许可证。重庆通航成为重庆市首个形成"培训—维修—产销"全产业链的直升机通航运营企业。

同日 重庆市研制出国产化"办公云"系统，多台云终端将同时共享资源，工作能耗不到普通电脑的10%。中科院重庆研究院承担的市级科技攻关重大项目"基于国产CPU平台的办公云关键技术研究与应用示范"通过专家组验收。该项目研制出国内首个采用国产龙芯CPU平台的云终端系统，构建出全国产化的"办公云"，促进了基于国产软硬件的云计算产业全面推广。

4月8日 渝新欧国际铁路联运大通道开行的首趟公共班列于当日从团结村出发，该公共班列共有41个集装箱，总重量超过300吨，目的地为德国杜伊斯堡，全长1.12万千米。

4月9日 市政府决定命名涪陵页岩气田中石化焦页1HF井为"页岩气开发功勋井"。

4月13日 历时4天的第十一届中国重庆高新技术交易会暨第七届中国国际军民两用技术博览会圆满落幕。累计参会观众达18万人次，签约项目238项，合同金额达255.09亿元。

4月16日 重庆主城区365处文物保护单位信息纳入城市规划管理控规电子平台，实行文物保护与城市规划"一张图"管理。

4月21日 根据国土资源部数据，重庆页岩气地质资源潜力达12.75万亿方，可采资源潜力2.95万亿方，继四川、新疆后，位列全国第3位。

4月24日 万州至达州高速公路猴子岩隧道提前半年顺利贯通。万达高速重庆段起于开县县城观音岩，止于川渝界猴子岩，途经开县县城、镇安、竹溪、临江、南雅、川渝界猴子岩，全长

41.28千米。其中，猴子岩隧道中心处为渝川两地的交界点，重庆境内总长5031.16米。

同日 位于铜梁工业园的西南最大表面处理基地——重庆重润表面工程科技园一期工程顺利竣工。该基地打破了重庆市大部分高端汽车、电子配件只能在外地生产的局面，提升相关产业本地配套率。

4月25日 《重庆市科学技术奖励办法》公布，自公布之日起实施。

4月27日 中共中央政治局常委、国务院总理李克强在重庆就西部开发开放进行调研，实地考察长江黄金水道建设。27日，李克强到万州考察港口码头，并和群众亲切交谈，了解长江黄金水道航运情况。28日，李克强前往重庆果园港、重庆川仪公司、重庆轻轨6号线大剧院站考察，在重庆主持召开座谈会，研究依托黄金水道建设长江经济带，为中国经济持续发展提供重要支撑。中共中央政治局常委、国务院副总理张高丽出席座谈会。

4月29日 由中石化和重庆合资组建的涪陵页岩气勘探开发公司、页岩气销售公司、天然气管道公司在重庆市挂牌。

5月6日 友利银行（中国）有限公司筹建重庆分行的申请获得中国银监会批准，成为首家进驻重庆的韩资银行。

5月7日 重庆市搭建国内首个文化创意产品网络营销平台。

5月8日 重庆市工业云平台启动暨打造"工业云应用示范区"战略合作协议签约仪式举行。重庆市成为全国首批工业云创新服务试点省市，全市制造业信息建设的门槛大幅下降。

同日 市国资委转发了《中共重庆市委 重庆市人民政府关于进一步深化国资国企改革的意见》，《意见》明确指出，力争通过3~5年扎实推进，2/3国企发展成为混合所有制企业；80%以上的竞争类国企国有资本实现证券化。

5月9日 重庆市科技攻关重大项目"航空航天用高性能高强铝合金关键技术及产业化"验收会召开，重庆市在高强铝合金关键技术上取得重大突破，成功实现产业化。

5月12日 重庆市国土房管局和中国石油天然气股份有限公司、国家开发投资公司、中国中化股份有限公司签署合作投资成立重庆页岩气勘探开发有限责任公司合作意向书。这标志着上述四方联手探索"合作、共赢"的页岩气勘探开发新模式。

同日 北碚区金刀峡镇开通天然气。至此，全市主城基本实现天然气管线"镇镇通"。

5月13日 市政府办公厅发布《关于重庆市疾病应急救助的实施意见》。《意见》提出，设立疾病应急救助基金，主要承担募集资金、向全市医疗机构支付疾病应急救治医疗费用的功能。

5月15日 第十七届中国（重庆）国际投资暨全球采购会（渝洽会）在重庆国际博览中心开幕。

5月17日 中国石化宣布，计划在2017年把涪陵页岩气田建成国内首个年产能100亿方的页岩气田，相当于一个1000万吨级大型油田。标志着我国页岩气开发实现重大突破，提前进入大规模商业开发阶段。

5月19日 重庆市首支由政府主导的海外并购基金——重庆道同股权投资基金管理有限公司正式成立。作为中西部规模最大的海外并购基金，该基金由国有资本和民间资本联合发起设立，旨在帮助重庆企业走出去，通过并购快速实现产业转型升级。

5月23日 "渝新欧"回程班列推介会暨重庆市政府物流协

调办公室驻欧洲联络处成立揭牌仪式，在德国杜塞尔多夫中国中心举行，这标志着重庆市物流办驻欧洲联络处正式成立。

5月24日 首届重庆市少儿书画艺术节在市少年宫举行。

5月26日 重庆市政府物流协调办公室驻比利时办事处挂牌仪式在比利时重庆友城安特卫普举行。这是市物流办继5月23日在德国杜塞尔多夫设立欧洲联络处后，设立的首个欧洲办事处。

5月27日 中科院重庆研究院与中国科技大学、微软亚洲研究院合作，利用超级计算机在HEVC产业化上取得突破，并成为全球首家对外提供HEVC视频压缩服务的机构。

5月28日 全国最大花椒交易市场在重庆江津区开市。

5月29日 "重庆造"无污染、零排放快速充电纯电动客车完成试运行，成为国内第一辆全程不间断超长时间、超长距离运行，翻越海拔3600多米高山到达高原旅游区的纯电动大型客车。

5月30日 匈牙利驻重庆市总领事馆和荷兰驻重庆总领事馆联合召开新闻发布会发布消息称，从2014年5月1日起，重庆、四川、云南、贵州、陕西和甘肃6省市的中国公民，可在匈牙利驻重庆总领事馆办理荷兰签证。此外，在匈牙利驻重庆市总领事馆还可以办理匈牙利、瑞士、奥地利、芬兰、斯洛文尼亚、爱沙尼亚、捷克、立陶宛、荷兰等8个申根国家的申根签证。

5月 重庆跨座式单轨项目落地北京。

本月 重庆市正在积极申报建设汽车整车口岸、植物种苗口岸、原木口岸等指定口岸，进一步丰富口岸进出口商品种类，做大做强口岸经济。随着口岸建设推进，重庆市水、空、铁全方位立体口岸开放体系已经形成，是内陆12省市唯一同时拥有航空、水运、铁路3种口岸形态的城市，迅速崛起为内陆口岸高地。

6月2日　隆鑫控股有限公司董事局主席涂建华获2013—2014年度"全国优秀企业家"称号。

6月3日　重庆能源集团发布消息，南桐选煤厂研发的洗末煤脱硫工艺已投用。这项工艺填补了国内洗末煤脱硫技术领域的空白。

6月7日　全国首批生态文明先行示范区建设名单公示，渝东南武陵山区、渝东北三峡库区入围。

6月9日　重庆市涉农企业投融资平台正式上线。为涉农的中小微企业提供低成本、高效率的直接融资渠道，项目投资由多家国有担保公司作保。

6月10日　重庆市科学技术委员会发布消息，重庆科瑞制药（集团）有限公司申报的"治疗糖尿病肾病有效部位中药新药——糖降肾康颗粒"课题获得2014年国家"重大新药创制"科技重大专项立项支持，国拨经费450万元。该药是针对糖尿病肾病开发的中药5类创新药。

6月11日　京东商城重庆物流仓库开仓，重庆市民在京东购物能实现"上午下单、下午到货"。

6月12日　首趟满载货物从波兰直达重庆的渝新欧回程班列在波兰库特诺火车站正式开出。

同日　重庆江津至贵州习水高速公路开工修建。江习高速公路项目是重庆市"三环十二射七联线"中的第十一条射线，起于江津至合江高速公路刁家互通，接入贵州习水县寨坝镇两路口，重庆段全长约72千米（其中高速公路主线65千米），贵州段长近40千米，设计车速为每小时80千米。

6月14日　2014年的首趟"渝新欧"回程公共固定班列于下

午抵达重庆。这趟回程班列从德国杜伊斯堡车站开出，经过波兰、白俄罗斯、俄罗斯、哈萨克斯坦，最终到达重庆团结村，其间历经了4次转关和两次换轨，全程运行11000公里。

6月16日 两江新区市场和质量监督管理局正式挂牌成立。两江新区开始尝试"大部制"改革。

6月17日 重庆跨境贸易电子商务公共服务平台正式上线，标志着重庆市跨境贸易电子商务进入实际运行阶段。

6月19日 重庆碳排放权交易中心开市。

6月23日 第38届世界遗产大会上，重庆南川金佛山申遗成功。

7月2日 重庆市地理信息中心、重庆地理地图书店发布《重庆溶洞地图》，公布全市43个已开发或独具特色的溶洞。

同日 嘉陵江航道三期整治完工，千吨级船舶可从合川直抵上海。

7月9日 重庆汽车整车进口口岸获国务院批准。这是继重庆铁路口岸开放后，国务院批准重庆设立的又一重大开放功能平台，也是国家首次在西部内陆地区设立的整车进口口岸。

7月11日 2013—2014年度国家文化出口重点项目揭晓。重庆出版集团公司等5家企业，华龙网外语国际传播服务出口平台和杂剧《花木兰》2个项目上榜。

7月14日 重庆海关和成都海关在成都签署合作会谈纪要，双方按《成渝经济区区域规划》的总体要求，和海关总署推进区域通关一体化建设的部署，共同促进丝绸之路经济带和长江经济带建设。

7月15日 撤县建区的璧山和铜梁正式挂牌运行。

7月16日 由中国电科集团重庆声光电有限公司研发的"XN235三模单通道卫星导航射频芯片"通过科技成果鉴定。鉴定结果显示，其整体技术达到国际先进水平，填补了国内高性能导航芯片方面的空白。

7月17日 重庆新世纪电气有限公司依靠自主研发的DCS–8100电力综合自动化系统，成功获得尼泊尔国家电力部价值6000万元人民币的变电站项目总承包合同。这是重庆企业首次在尼泊尔电力自动化领域获得总承包权。

同日 中石化涪陵页岩气田探明地质储量经国土资源部评审通过。评审认定涪陵页岩气田是典型的优质海相页岩气，新增探明地质储量1067.5亿立方米。

7月20日 G42沪蓉高速渝鄂省际通道巫山骡坪到湖北省界收费站神农溪收费站正式通车。这是重庆市继G50沪渝高速后通往湖北的又一出省大通道。

7月21日 市扶贫开发领导小组召开会议，重点落实市委、市政府《关于集中力量开展扶贫攻坚的意见》中的政策措施，让资金和项目进一步向贫困地区倾斜，体现扶贫成效。

7月23日 重庆车联网科技产业园落户南岸，计划5年内最高可形成500亿元产业规模。

7月24日 重庆银行直销银行正式上线，成为重庆市首家直销银行。

同日 江津至綦江高速公路南山2号隧道右线贯通，全线通车后江津至綦江两地车程由1小时左右缩短至40分钟。

7月25日 重庆地震科普馆开馆。

7月27日 江津区朱杨镇初级中学2013级2班学生王勇、綦江区永城镇温泉村村民陶青海和陶龙科获"全国见义勇为模范"称号。

同日 重庆车管所首次被公安部评定为一等车管所，这是全国公安车辆管理部门的最高荣誉。

7月28日 重庆市城乡建设委员会发布消息，重庆跨座式单轨交通技术"走出去"步伐加快，已在韩国、巴西等国以及中国北京、贵州等省市落地，与印尼、印度、泰国、马来西亚、巴基斯坦等国洽谈合作事宜，线路总长度超400千米。

7月 市跨国公司外汇资金集中运营管理改革试点启动，重庆对外经贸集团、重庆力帆两家公司被纳入首批试点。

8月6日 重庆计量质量检测研究院第四分院在万州挂牌，第五、第六分院随后在涪陵和黔江挂牌。这标志着重庆市在全国率先完成质检机构纵向整合。

8月8日 全国卫生计生系统先进典型事迹报告会在渝举行。全市近百家医务单位的代表现场聆听"缝兜大夫"贾立群、"最美乡村医生"周月华、"良心医生"胡佩兰以及浙江省皮肤病防治研究所上柏住院部医疗队等个人和集体的先进事迹。

8月9日 重庆市建筑工程的最高荣誉——"巴渝杯"优质工程奖揭晓，轨道1号线中梁山隧道项目等60项工程获评为2013年度"巴渝杯"优质工程。

8月11日 通航集团旗下机场公司、航电公司正式挂牌落户渝北区龙兴镇，标志重庆通航全产业链发展的基本格局正式形成。

同日 第6届鲁迅文学奖获奖名单在中国作家网上公布，重庆市著名诗人、《重庆日报》记者李元胜凭借诗集《无限事》获得本届鲁迅文学奖诗歌奖。这是继2010年重庆市著名女诗人傅天琳之后，重庆市获得的第2个鲁迅文学奖。

8月14日 共搭载80辆进口奔驰、宝马、大众汽车的"渝新欧"首趟原装进口汽车整车班列于北京时间8月14日10时整从德国的杜伊斯堡车站发出，开往重庆团结村铁路口岸。

8月21日 《重庆市知识产权战略纲要》正式出台。《纲要》提出，到2020年将重庆市基本建成知识产权强市。

8月15日 《重庆市统筹城乡重点改革总体方案》出炉。改革涉及新型农业经营体系、农民工户籍制度、农村金融服务、地票制度、农村流通体系等五个方面，建立更为完善的统筹城乡体制机制。

8月20日 重庆市启动农村集体资产量化确权改革试点。

同日 重庆国家级互联网骨干直联点开通，使重庆成为国家通信网络架构中10个一级节点之一。

8月22日 第10届中国国际会展文化节闭幕，重庆获得"中国会展名城"称号，重庆国博中心被评为2013—2014中国会展标志性场馆。

8月27日 两江产业园科技企业加速器、聚峰国际科技企业加速器被认定为江北首批科技加速器，为入驻的高成长科技企业提供专业服务平台。这也是重庆市首批挂牌的科技企业加速器。

8月28日 重庆市上调失业保险金发放标准，一类地区每月875元，二类地区每月805元。

8月29日 全市小片区扶贫开发绩效评估会召开。3年里，全市18个扶贫攻坚小片区完成投资102.6亿元，规划实施926个扶贫项目，完成1074个，项目区人均增收2160元。

8月 科技部火炬中心发布504家国家级科技企业孵化器2013

年度考核评价结果，重庆高技术产业中心获评为优秀（A类），跻身73家优秀国家级孵化器之列。这是重庆市唯一一家获评优秀的国家级孵化器。

9月1日 国务院公布第一批国家级抗战纪念设施、遗址和著名抗日英烈名录。八路军重庆办事处旧址、重庆大轰炸惨案遗址、万州库里申科烈士墓园入选第一批国家级抗战纪念设施、遗址名录。

9月9日 全球最大专业服务机构、著名会计师事务所德勤签约落户重庆，在渝设立华西区总部和全国营运中心。

9月10日 第17届亚运会中国体育代表团成立，重庆有4名选手参加代表团作战仁川。分别是羽毛球奥运会冠军李雪芮、跳水世界冠军施廷懋、拳击全国冠军王磊和摔跤全运会金牌得主崔晓成。

9月13日 全市8部文艺作品获第十三届中宣部精神文明建设"五个一工程"奖，市委宣传部获组织工作奖。获奖的8部作品是重庆市参与组织和创作的电影《走过雪山草地》，电视剧《原乡》《毛泽东》《聂荣臻》《刘伯承元帅》，话剧《幸存者》，广播剧《默默流淌的爱》，歌曲《天地人心》。

9月17日 市委、市政府召开重庆市科学技术奖励大会，表彰2013年度为重庆市科技进步、经济社会发展作出突出贡献的科学技术人员和单位。2013年度重庆市科学技术奖180项，"光散射纳米探针及其分析应用"等22项成果获自然科学奖，"面向新能源汽车的动力电池系统关键技术"等9项成果获技术发明奖，"信息系统安全可控关键技术开发及应用"等138项成果获科技进步奖，重庆莱美药业股份有限公司等9家企业获企业技术创新奖，卡尔米纳蒂·史提芬劳、宋伟宏获国际科技合作奖。

9月18日 沙坪坝区蔡氏液压设备有限公司与重庆大学、重庆理工大学通过产学研联合方式，历时2年自主研发设计的首台闭式双点液压机正式下线。该产品填补了西南片区第三代液压机制造的行业空白。

9月24日 渝中区国税局成功开出重庆市第一笔跨境电子商务出口退税税收收入退还书，标志着重庆市跨境电商试点正式打通业务全流程。

9月 国务院扶贫开发领导小组对各省、自治区、直辖市2013年度财政专项扶贫资金进行绩政考评，重庆市分列全国第一，获得国家绩效考评奖励资金7000万元、扶贫成效奖2724万元。至此，从2008年以来，重庆市连续6年获此殊荣，累计获得奖励资金1.9亿元。

10月12日—15日 第91届全国糖酒会在重庆开幕。来自国内外20个国家和地区3000多个知名商家来渝参展，展览总面积17.5万平方米，为历届糖酒会之最。

10月20日 全市水利工作推进会召开，全面启动农村水利集体资产量化确权试点，建立与城乡一体化发展相适应的农村水利产权制度，探索创新农村水利集体资产的经营模式。

10月21日 市政府出台《重庆市深化科技体制改革实施方案》，从8个方面全面推进20项改革举措。

10月31日 15时19分，位于九龙坡区黄桷坪的重庆九龙电厂正式关停。由此，重庆市主城区每年可减排二氧化硫约5000吨、氮氧化物约6000吨、烟尘约600吨，主城区的大气环境质量将得到进一步改善。

11月5日　第十一届国际海运（中国）年会在渝举行。本届年会吸引了来自国际组织、航运、造船、港口、贸易、金融等领域的700余位行业精英、专家学者，大家围绕"合谋共赢新常态"这一主题，就海运如何在经济"新常态"下谋求发展共商良策。

11月6日　重庆市慈善文化基金成立。

11月28日　中央宣传部在中央电视台向全社会公开发布"时代楷模"吴亚琴和马善祥的先进事迹。马善祥是重庆市江北区观音桥街道"老马工作室"负责人，从事基层群众工作26年，他始终把为基层群众服务视为终身事业，在推动解决实际问题的过程中，引导人们用社会主义核心价值观认识分析问题、正确看待利益关系，为促进人际和善、邻里和睦、社会和谐发挥了重要作用，赢得了当地干部群众的信任和赞誉。他创造的"老马工作法"，为加强和改进基层思想政治工作提供了有益经验。

12月2日　重庆页岩气勘探开发有限责任公司成立。

同日　首届中国教育创新年会在渝召开。

12月3日　重庆市荣获国际友好城市交流合作奖。

12月4日　由中国贸促会和马来西亚亚洲策略与领导研究院共同举办的第六届世界华人经济论坛在重庆国际会展中心开幕。

12月5日　中石化江汉油田涪陵页岩气田通过国土资源部评审，并授予"页岩气勘查开发示范基地"称号。

12月18日　市政府出台《贯彻落实国家"一带一路"战略和建设长江经济带的实施意见》（简称《意见》）。《意见》将重庆市贯彻落实国家"一带一路"战略和长江经济带建设可概括为"三大目标、五个原则、六项任务"。

同日　中西部地区首家银行系统金融租赁公司渝农商金融租赁

公司成立。

12月25日 重庆港口集装箱年吞吐量突破百万标箱启动仪式和成渝高速公路扩能项目开工暨永江高速公路通车活动举行。

12月28日 重庆两江新区果园港铁路专用线试运行。意味着重庆打通了连接渝新欧国际铁路与长江黄金水道的"最后一公里"。

12月29日 "渝新欧"2014年第100班去程班列发车，奔向欧洲，自此成为丝绸之路经济发展战略重要组成部分和中欧铁路大通道的主要载体。

12月30日 首届重庆微型企业创业大赛颁奖典礼暨第3届微型企业发展论坛举行。

本年 全年投入产业扶贫资金2亿元，支持贫困乡村因地制宜发展草食牲畜、高山蔬菜、特色种植等一批特色产业。成立乡村旅游服务协会，开通乡村旅游电子商务网站，在177个贫困村实施乡村旅游扶贫，支持1.3万户贫困农户参与发展乡村旅游，实现户均增收3万元。

本年 成立建档立卡工作领导小组，安排专项经费1000万元，切实推动贫困村和贫困户的精准识别、动态管理，全市共识别出贫困村1919个，贫困人口165.9万。

本年 全年安排高山生态扶贫专项资金4.02亿元，完成5.02万人的专项扶贫搬迁，帮助贫困群众彻底"挪穷窝"。

本年 全年投入"雨露"计划财政专项资金近1.1亿元，培训贫困群众13万余人次，全市6所"雨露"技工培训基地开设专业达到12个，实现招生、培训、就业的一体化服务。

本年 建立贫困大学生救助专项资金1200万元，为14个国家扶贫开发工作重点区县定向招生200人，"雨露"改革试点资助2.1

万人,"雨露"工程资助贫困大学生1100人,有效阻止贫困代际传递。

本年 开展农村扶贫小额保险试点,安排市级专项资金880万元,在19个区县为44万建卡贫困户购买意外保险。全年下达小额到户贷款贴息资金1940万元,向2.2万贫困户发放贷款4亿元,支持贫困地区特色优势产业发展。

本年 安排专项资金3.8亿元,深入推进590个贫困村整村扶贫,全市"十二五"规划的2000个贫困村已全面启动实施。

本年 完成对18个市级扶贫集团进行调整,新增成员单位240多个,达到498个,市级扶贫集团共筹集资金9600多万元,协调引进落实项目资金13.87亿元。

本年 借助渝洽会平台,开展鲁渝东西扶贫协作,签署合作项目28个,金额28.7亿元,到位资金6.8亿元,涉及地产、旅游、贸易等领域。山东援助重庆财政资金4660多万元,实现项目68个。

二〇一五年

1月1日 重庆火车北站北广场正式投入使用。

同日 京渝首趟高铁列车G310次开行。

1月7日 重庆市第一条采用PPP模式投资建设的市郊铁路——渝合铁路在合川区花滩正式开工建设。项目全长66千米,设计时速160千米。全线起点为襄渝铁路磨心坡站,途经合川区土场、草街、钓鱼城、花滩、合阳、黄泥坝等站,接入兰渝铁路渭沱站。

同日 在大渡口区重钢原址，依托重钢工业遗存而建的重庆工业文化博览园开工建设，2016年底建成，2019年9月29日开馆，由主展馆、"钢魂馆"以及工业遗址公园等室内外公共空间工业展品装置式陈列共同构成。

同日 经中国银监会批准，国内首家互联网消费金融公司——马上消费金融股份有限公司在重庆市挂牌成立。

1月8日 奔驰母公司德国戴姆勒智行交通服务集团与重庆市政府签约，将亚洲首个car2go项目落户重庆。

1月9日 在北京举行的国家科学技术奖励大会上，由重庆市科研单位和企业牵头完成或参与完成的10项科技成果获2014年度国家科技奖。

1月10日 重庆嘉陵江双碑大桥正式通过竣工验收，2月13日正式通车。嘉陵江双碑大桥为双塔单索面斜拉桥，高塔约175米、低塔约120米，全长1927.5米，主桥桥面宽32.5米，为双向六车道，是重庆主城交通规划中连接沙坪坝大学城和江北的重要跨江通道。

1月12日 全国首个O2O平台创业基地——"优空间"落户重庆。

1月16日 珞璜千万吨级长江枢纽港在江津区珞璜工业园正式动工。珞璜长江枢纽港是市委、市政府贯彻落实国家"一带一路"倡议和建设长江经济带的重大基础设施工程，是重庆市规划建设的四大枢纽港之一。由重庆港务物流集团投资28亿元筹建，占地1100亩，规划建设多个5000吨级直立式泊位、1个下河公路泊位，全部建成后年吞吐能力达2000万吨，1号、2号直立式泊位已于2018年完工投用。

1月17日 以铁路保税物流中心（B型）为代表的一批重点项目在沙坪坝区的重庆西部现代物流园正式开工建设。同时，五洲国际工业博览城、意大利维龙西部跨境电商总部基地及汽车检测线合资运营公司等一批项目也正式签约入驻园区。

1月24日 重庆市首个公租房爱心互助基金——"曙光爱心互助基金"在九龙坡区民安华福公租房小区成立。

1月27日 具有全球领先水平的康明斯大马力发动机生产线和技术研发中心项目在两江新区正式开工建设。这是康明斯在中国的首家大马力发动机研发中心。2019年9月3日，康明斯技术中心在两江新区正式投入运营。

1月31日 重庆市云阳县、合川区获"全国粮食生产先进单位"称号。

本月 重庆市首个森林越野公园在南川区太平场镇中坝村建成。

本月 国家海关总署正式批复同意建设万州保税物流中心，三峡库区首家保税物流中心落户重庆万州。

2月1日 重庆姑娘袁心玥获2014CCTV体育风云人物最佳新人奖。

2月4日 万（州）达（州）高速公路开县至开江县正式通车。至此，万达高速公路全线贯通。

同日 国家安全监管总局发布消息，5项重庆参与完成的科技成果获得第6届安全生产成果奖。

同日 投资约2.4亿元的渝万城际铁路梁平综合枢纽站在重庆市梁平县双桂新城正式开建，总用地面积约170亩，总建筑面积2.8万平方米。

2月6日 首台"重庆造"全液压多旋转钻机在松藻煤矿投入使用。

2月9日 首批来自澳大利亚的牛肉、智利的车厘子等进口食品运抵寸滩码头,重庆两路寸滩保税港区水港进口水果及肉类指定口岸正式启动运行。

2月11日 由重庆旅商集团、重庆中国旅行社集团和中国汉华航空共同打造的重庆首家私人公务机公司宣布正式运营。

同日 重庆市人力资源服务联盟正式成立,这是全国首个省级层面的人力资源服务联盟。

同日 重庆云阳龙缸景区悬挑玻璃景观廊桥正式建成,为世界第一长悬挑玻璃廊桥。

2月28日 重庆市不动产统一登记发证工作全面开启,为全国首批颁证城市。

同日 2014年度"感动重庆十大人物"颁奖典礼在广电大厦演播大厅举行。当选2014年度"感动重庆十大人物"的是:郑璇、彭毅志、犹小飞、邓世友、熊承华、单连波、樊劲松、周润柳、董永才、杨兴明。

同日 重庆市正式公布《重庆市重点保护野生植物名录(第一批)》,共有46个植物物种入选。

同日 全国精神文明建设工作表彰大会在北京人民大会堂举行,重庆南岸区成功创建全国文明城区和未成年人思想道德建设工作先进城区。

本月 长安汽车股份有限公司汽车设计中心等6家工业设计中心,以及重庆周君记火锅食品有限公司重庆火锅设计体验中心等5家工业设计体验中心被认定为重庆首批市级工业设计中心和设计体验中心。

3月1日 经市政府批准，市环保局与市质监局联合发布的重庆市《汽车整车制造表面涂装大气污染物排放标准（DB 50/577）》实施，这是重庆市首个重点针对挥发性有机化合物排放的地方标准。

3月2日 重庆墨希科技有限公司与嘉乐派科技有限公司在重庆联合发布全球首批3万部石墨烯手机。

3月9日 市总工会举行女职工委员会四届三次全委会暨庆"三八"表彰大会，授予唐芳等10名女职工"重庆五一巾帼奖章"荣誉称号，同时授予"重庆五一劳动奖章"荣誉称号。

3月10日 重庆医科大学附一院呼吸内科成功实施西部地区首例硬质支气管镜引导下硅酮支架置入术。

3月15日 市林业局首次发布全市森林公园旅游路线图。其中，国家级森林公园26处，面积13.5万公顷；市级森林公园61处，面积5.13万公顷。

3月20日 首款由长安铃木代工生产的长安自主品牌汽车正式下线，走出了中国自主知识产权品牌汽车由合资车企代工生产的第一步。

3月21日 中华全国工商业联合会汽车摩托车配件用品业商会正式将"中国微车配件产业基地"授予重庆市合川区清平镇。

3月23日 重庆大学牵头申报的"血管植入物开发国家地方联合工程实验室"获国家发展改革委批准建设，这也是重庆大学第2个国家级联合工程实验室。

3月25日 重庆邮电大学、重庆交通大学、重庆工商大学、重庆理工大学和重庆第二师范学院5所高校成立重庆市江南高校就业联盟。

3月26日 重庆邮电大学在重庆市经信委举办的2015年云博会新闻发布会上，首次展示全球首款工业物联网SIP芯片——CY2420S。

3月27日 重庆进境肉类指定口岸运行以来的首批进口货物——澳大利亚近20吨冻带骨牛肉经寸滩港入境。

同日 重庆市重点建设项目攀宝钢材交易市场正式开市，是重庆市打造的首个千亿级钢材市场。该市场位处江津双福新区，由中国民营企业500强攀华集团投资建设。

3月29日 澳大利亚嘉民重庆空港物流中心开业，重庆保税港区K分区非保税现代商贸物流园正式进入运营阶段。

3月30日 由中国农业银行重庆分行打造的"智慧银行"在重庆南坪亿象城开业。这是重庆市首个提供智能化体验和服务的互联网信息化银行。

本月 万盛经开区、江北区、渝中区、大渡口区、开县、武隆县被确定为重庆市首批市级创业型城市。

本月 农业部启动土地经营权入股发展农业产业化经营试点，包括重庆在内的4个省（市）以及3个农村改革试验区被纳入首批试点范围。

本月 在重庆万州区铁峰乡首次发现侏罗纪时期虫迹化石。经专家鉴定，这是一群至少1亿多年前的虫子在软泥里移动所形成的化石，比恐龙化石还罕见。

4月8日 重庆现代物流产业发展基金签约仪式在雾都宾馆举行，这是重庆市国有资本与金融机构合作建立的首支产业基金。重庆现代物流产业发展基金初期规模100亿元，后期可扩大至300亿元，采用市场化运作模式，重点投向西部物流园基础设施及产业发展等现代物流项目，为全市物流产业发展带来融资、融智双重驱动。

4月9日 重庆市颁发首张"三证合一"营业执照。

4月13日 2012—2014年度"富民兴渝贡献奖"颁奖典礼在广电大厦演播厅举行。10名获奖人分别是：万绍碧、叶定坎、朱席武、张兴庆、李龙梅、李雪芮、蒋佳冀、白天明、仲建华、朱华荣，马善祥获得特别奖。

4月15日 500千伏陈家桥变电站扩建二期工程——500千伏玉屏智能变电站正式投运。作为重庆市"十二五"期间的最大电力扩容项目，该项目为重庆市电网增加300万千伏安最大电力容量。同时，该项目也是重庆市投运的首座500千伏智能变电站。

同日 北部新区照母山科技创新城首个地标性超高层建筑——SFC科技金融中心开工建设。

4月16日 重庆两路寸滩保税港区贸易功能区通过海关总署、财政部、国税总局等国家三部委的验收。

4月20日 长江经济带2015年重点基础设施项目巫山神女峰机场正式动工建设。2016年11月21日，巫山神女峰机场被正式定名重庆巫山机场。

4月26日 "首届长江国际影像双年展"在位于南滨路的重庆长江当代美术馆拉开帷幕。

4月27日 重庆—罗马首航航班HU7991由重庆江北国际机场起飞，成为重庆市第二条直飞欧洲的客运航线。

4月29日 千厮门嘉陵江大桥正式通车。千厮门嘉陵江大桥南起于沧白路，上跨嘉陵江水道，北至江北城大街南路；线路全长

1647米、主桥全长720米；桥面上层为双向四车道城市快速路，设计速度40千米/时；下层为双线轨道城市交通。

4月30日 重庆两江空中游航线正式开通。

本月 江津四面山大洪海码头4G基站建成开通，重庆移动4G信号已覆盖全市所有AAA级以上景区。

本月 财政部、住房和城乡建设部、水利部公布2015年"海绵城市"建设试点名单，重庆两江新区悦来新城等16座城市入选。

本月 由西南铝业与天津特钢精锻有限公司合作研发，首件新型运载火箭用9米级超大型铝合金整体环件研制成功，是当时全球范围内最大级别的铝合金整体环件。

本月 重庆广阳湾国际生态智慧城土地一级整治PPP项目成为全市土地一级整治PPP首宗公开招标项目。

5月2日 2015年首届全国青少年U8组冰球挑战赛在重庆开幕。

5月3日 宗申动力将TD0发动机挂载中国航天空气动力技术研究院的"彩虹3"无人机整机完成试飞。这是国内第一家应用于彩虹系列无人机的发动机。

5月5日 重庆主城区入选全国首批生活垃圾分类示范城市。

5月6日 重庆广电集团都市频道人民调解委员会挂牌，成为重庆市首个电视人民调解平台。该调委会与九龙坡区法院合作，正式启动电视人民调解司法确认环节，在该频道调解类栏目中达成的调解协议，经司法确认后具备强制执行效力，如果一方反悔，另一方可申请法院强制执行。

5月16日 首届山区公路交通发展国际论坛在南岸区举行。

5月19日 第十三届（2015）中国畜牧业博览会暨2015中国

国际畜牧业博览会（简称"畜博会"）在重庆国际博览中心正式开幕，来自37个国家和地区的1200余家企业参展。

同日 重庆战略性新兴产业股权投资基金宣告成立。该基金由市政府产业引导股权投资基金和市属国有企业共同出资设立，引入社会资本共同参与，总规模约800亿元。

5月20日 上海股权托管交易中心重庆企业挂牌上市孵化基地正式挂牌成立，重庆市中小企业可通过孵化基地培育、辅导后在上海股权托管交易中心实现挂牌上市，更方便快捷地实现融资。

5月27日 越南贸易促进局重庆贸易促进办公室正式揭牌，标志着越南在华首个贸易促进机构正式成立。

5月27日—28日 亚欧互联互通产业对话会在重庆举行。会议通过《重庆倡议》。

5月29日—31日 第十八届中国（重庆）国际投资暨全球采购会（"渝洽会"）暨重大项目签约仪式在重庆国际博览中心举行。本届渝洽会以"互联互通、全球合作"为主题，吸引21个国家和地区、国内31个省（区、市）政府代表团、6800多家企业组团参会。共签约项目528个，签约总额6020亿元，其中签约合同项目240个，合同金额2405亿元；签约协议项目288个，协议金额3615亿元，签约外资项目37个。

本月 《重庆历史文化村镇地图》编制完成，共有5个市级历史文化街区、43个市级历史文化名镇和1个中国历史文化名村、63个中国传统村落被收录其中。

6月10日 轨道交通延长线跳磴至江津段在江津区开工建设。该线路全长26.7千米，设九龙园、双福东、双福西、滨江新城北、江津站5个站点。

同日 南川至两江新区高速公路分别在江津区和南川区开工建设。路线经过南川、涪陵、巴南、渝北4区，全长74.6千米，2020年10月20日正式通车。

同日 腾讯西部云计算数据中心项目在两江新区水土工业开发区重庆云计算产业园开工建设。一期项目于2018年6月投用，可容纳10万台服务器。

6月上旬 "商务部2015—2016年度电子商务示范企业"名单出炉，重庆猪八戒网络有限公司（猪八戒网）、重庆博拉网络发展有限公司（博拉网）、重庆大龙网科技有限公司（大龙网）、重庆康洲科贸有限公司（药智网）及重庆喜玛拉雅科技有限公司（AA拼车网）5家重庆企业上榜。

6月11日 潼南、荣昌两地撤县设区。

6月13日 重庆大足石刻博物馆正式开馆，近500件曾散居深山或寺院的石质文物首次集中展出。经过7年修复，近800年历史的大足石刻千手观音重现开放。

6月14日 全国首个国家文物保护装备产业基地落户重庆市南岸区。

6月15日 赛伯乐集团与重庆猪八戒网签订协议，前者向后者投资16亿元，是当时全国互联网服务平台获得的最大一笔投资。

6月19日 中科院重庆两江机器人育成中心在两江新区水土高新园区正式开工建设，这是西部首个机器人众创空间。

6月26日 渝新欧国际班列首批跨境电商回程货物开箱活动在重庆西永综合保税区举行，这是渝新欧开通以来第一次运输跨境电商货物回程。

6月29日 重庆文化产业投资集团有限公司成立并举行授牌

仪式。

本月 国家空管委决定在重庆飞行管制分区开展低空空域管理和通用航空发展综合配套改革试点。

本月 重庆市开始推广和普及电子印章。

7月1日 川渝医保跨省异地就医联网即时结算开通仪式在市人力社保局举行，川渝两地实现医保异地就医联网结算。

7月4日 "亚洲金旅奖·2015大中华区旅游文化榜"出炉，涪陵武陵山大裂谷成为全市唯一荣登该榜的景区。

7月6日 落户大足区双桥经开区的上汽依维柯红岩公司的30万根车桥项目一期工程全面建成投产。

7月8日 重庆市通信管理局向三家企业发放宽带接入试点批文，标志重庆市宽带接入市场正式向民营资本开放。

7月14日 重庆市首个"大学生十大众创投项目"路演大会在沙坪坝区举行。

7月16日 满载后谷咖啡的首趟"渝新欧"后谷咖啡国际专列从团结村中心站驶出，沿途经过哈萨克斯坦、俄罗斯、白俄罗斯、波兰到达德国杜伊斯堡。

同日 黔张常铁路重庆段建设工程开工仪式在重庆市黔江区举行。黔张常铁路全长336.3千米，西起重庆黔江区，途经湖北，东至湖南常德，工程估算金额384.4亿元，为客货共线国家一级双线电气化铁路，线路设计时速200千米。其中重庆境内约23千米，桥隧比达66%。2019年12月26日，黔张常铁路建成通车。

同日 重庆市首个国际化高端智能制造装备制造项目埃马克重庆机械有限公司正式揭牌成立。

7月21日 由市政府主办的2015年意大利米兰世博会"重庆

日"活动，在世博会中国国家馆成功举行。

7月24日 2015年"863"计划主题项目启动会在重庆邮电大学举行。2015年"863"计划在先进制造领域共批准立项了19个主题项目，其中4个项目由重庆市相关单位牵头实施。

7月27日 全市PPP合作项目集中签约仪式举行。本次集中签约33个PPP合作项目，总额1300亿元，同时还发布500亿元的储备项目。

7月28日 交通部正式宣布重庆、四川、吉林、云南成功并入全国ETC联网系统。

7月31日 重庆市150万吨储备粮仓库建设暨重庆西部粮食产业园项目在白市驿镇高田坎村举行开工仪式，总投资30亿元，2018年全部建成。

8月1日 重庆—深圳首趟高铁开行。

同日 重庆市首届微型企业展示交易洽谈会在南坪国际会展中心开幕，9家微企现场签约25笔，签约金额5736.6万元。

8月8日 中国经济网、中经商品交易中心主办的"2015首届全球金融合作论坛"在重庆举行。

8月10日 市检验检疫局发布消息，重庆在中西部省市率先实行检验检疫"通报、通检、通放"一体化模式。

8月15日 忠万（忠县至万州）高速实现全线隧道贯通。忠万高速全长约78千米，设计速度每小时80千米。全线起点为忠县磨子乡附近，途经忠县、石柱、万州境内，终点在万州区长岭镇。

8月16日 重庆市首个古村落旅游项目——卡麂坪生态旅游古村落开门迎客。

8月17日 重庆市首家新三板文化传媒企业——重庆必然传

媒股份有限公司在北京举行挂牌仪式。

8月22日 2015中国企业500强榜单出炉，重庆商社（集团）有限公司、重庆龙湖企业拓展有限公司等11家重庆企业上榜。

8月24日 国家公布第二批国家级抗战纪念设施、遗址和著名抗日英烈、英雄群体名录，位于重庆市的国民参政会旧址、保卫中国同盟总部旧址（重庆宋庆龄旧居陈列馆）和同盟国中国战区统帅部参谋长官邸旧址（重庆史迪威博物馆）等三处旧址入选。

同日 彭水县龙蛇坝遗址发现商周时期重要遗存，填补了芙蓉江流域先秦时期遗存的空白。

8月26日 重庆与广西签订异地就医合作协议。

8月28日 重庆保税港区进口肉类、进口水果两大交易中心在重庆凯尔国际冷链物流产业园挂牌，从全球各地发出的进口肉类和进口水果可通过水、陆、空、铁直接进入两大交易中心，不仅缩短了物流时间，其价格也比在普通大型超市购买便宜10%以上。

9月5日 重庆市纪念中国人民抗日战争暨世界反法西斯战争胜利70周年大会在红岩革命纪念馆举行。

9月9日 2015中国房地产企业品牌价值测评成果在渝发布，重庆龙湖、金科等6家企业榜上有名。

同日 由江汉石油工程公司建设的国内首家油基岩屑处理中心在重庆涪陵页岩气田正式投产。

9月22日 首届中国（重庆）智博会开幕。

9月23日 2015年重庆"最美家庭"揭晓，周召兰、赵吉凤等10户家庭荣获2015年重庆"最美家庭"称号。

9月24日 观景口水利枢纽工程正式开工建设，该工程作为重庆市主城区范围内首座大型水库，将进行跨区域、跨流域调水，除了满足整个主城东部片区供水需要,还将承担起主城380万人生活应急供水任务。

9月27日 重庆市第39期"重庆好人榜"出炉,失去双臂却坚持照料生病母亲的丰都残疾孝子陈星银、在天津港爆炸事故中英勇牺牲的忠县消防战士杨刚等30位身边好人登上第39期"重庆好人榜"。

9月28日 重庆三环高速公路最后一段——长合(长寿至合川)高速正式开建。项目全长约76.06千米,采用双向四车道高速公路标准,设计时速80千米。

同日 重庆市首届十大最美桥梁评选揭晓,石板坡长江大桥及复线桥等10座桥梁当选。

9月 工信部官网发布了《2015年(第14届)中国软件业务收入前百家企业发展报告》,其中,中冶赛迪集团有限公司和中煤科工集团重庆研究院有限公司两家渝企榜上有名。

10月1日 《重庆市水资源管理条例》《重庆市河道管理条例》《重庆市志愿服务条例》《重庆市村镇规划建设管理条例》《重庆市国防动员条例》正式施行。

10月4日 重庆三环高速铜梁至永川段正式通车,全长约63.8千米,起于三环高速铜梁至合川段起点,经铜梁巴川镇、土桥镇,大足雍溪镇、万古镇、龙水镇,永川三教镇、双石镇,与三环高速永川至江津段相接,设计时速80千米。

10月5日 首届中俄电子商务峰会暨首届重庆—莫斯科汽摩企业跨境电商精品展在莫斯科举办。

10月8日 重庆市为投资者首次颁发"三证合一、一照一码"营业执照。

10月10日 中国科学院重庆绿色智能技术研究院与浪潮集团在山东济南签订战略合作协议，双方结合自身在高性能、云计算及大数据方面的技术优势和力量，在渝共建中科院重庆计算中心及联合实验室等，推进产、研、用协同创新，助力重庆在相关领域的科学研究和产业发展。

10月11日 长江经济带覆盖的上海、江苏、浙江、安徽、江西、湖北、湖南、四川、重庆、云南、贵州11省市旅游部门领导齐聚上海，共同签署长江经济带旅游产业合作宣言，标志长江经济带沿线省市将整合旅游资源，强化旅游服务，提升旅游质量，共建黄金旅游区域。

10月13日 成渝地区城际铁路建设规划获得国家发改委批准。

同日 重庆江津区中山镇三合社区居民方联海、江北区观音桥街道办事处调研员马善祥分别被授予第五届"全国诚实守信模范""全国敬业奉献模范"称号。

10月17日 市扶贫办在我国第二个扶贫日，也是第23个国际消除贫困日举行纪念活动暨教育扶贫项目启动仪式，100名美丽乡村教师、20个创新教学团队和85名优秀贫困大学生获奖。

10月17日 秀山县被中国楹联学会授予中国楹联文化县。

10月19日 以"互联网+"思路打造，布局"创业咖啡+众创空间+专业孵化器+企业加速器"完整成长体系的"重庆市互联网产业园"正式开园，其打造的四大众创空间也集中亮相。

10月20日 第三届亚太老年文化艺术节暨相约西部——首届中国长寿工程中老年风采艺术大赛在重庆市群众艺术馆开幕。

10月21日 重庆市重点投资项目——重庆巨源不锈钢项目一

期在梁平工业园区建成投产，年生产能力达15万吨左右。

10月21日—22日　2015长江湿地保护网络年会在开县举行。来自长江流域的12个省市共议长江流域湿地保护与可持续发展。

10月　全国旅游资源规划开发质量评定委员会发布公告，批准重庆市江津四面山景区为AAAAA级旅游景区，重庆市AAAAA级景区数量随之增至7个。

10月23日　据农业部公布"2015年中国最美休闲乡村"名单，重庆城口县东安镇兴田村获评"特色民居村"，垫江县沙坪镇毕桥村、巫溪县古路镇观峰村获评"现代新村"。

11月7日　中国和新加坡签署"中新（重庆）战略性互联互通示范项目"框架协议，正式启动以重庆为运营中心的第三个政府间合作项目。

11月13日　第二十一届全国版画作品展在重庆美术馆开幕，300多件来自全国与海外的优秀版画作品在渝亮相。

11月15日　重庆姑娘李雪芮获2015年中国羽毛球公开赛冠军。

11月18日　中国重庆两江新区留学人员创业园正式开园，来自美国、英国、德国、意大利、澳大利亚、日本等国的海归携带24个创新创业项目集中签约入驻两江新区留学人员创业园。

11月19日　Plug and Play创新加速器及大数据学院项目，在渝北仙桃数据谷正式开工建设。借助Plug and Play这一硅谷最大孵化器的国际资源整合能力，重庆为全国各地的创新创业者，提供一个能够实现同步孵化和协同合作的"大本营"。

11月23日—27日　国家教育督导检查组对重庆市申报的涪陵、北碚、长寿、大足、璧山5个义务教育发展基本均衡区进行了督导检查。督导组认为上述5个区均达到了国家规定的义务教育发展基本均衡县（市、区）评估认定标准。

11月26日—27日　由海关总署、国家质检总局以及专家团队组成的跨境电子商务（简称跨境电商）服务试点验收组，来渝考察重庆市跨境电商项目。通过实地考察和听取现场汇报，国家验收组肯定了重庆市在跨境电商项目上所做的工作和取得的成绩，并宣布通过验收。

11月28日　广发银行重庆分行正式开业。当日，市政府与广发银行总行签署战略合作协议，广发银行累计向重庆市提供1000亿元的意向性融资额度，支持重庆市经济社会发展。

同日　中国纪录片年度盛会——第九届"纪录·中国"创优评析活动在渝举行，由重庆市委宣传部、重庆广电集团等联合出品的大型抗战纪录片《大后方》获抗战（文献）类作品一等奖。

本月　重庆国家技术标准基地项目获国家标准委批准。

12月7日　重庆市与四川省启动居民身份证异地受理。

12月15日　长安品牌2015年第100万辆乘用车下线，成为我国首个乘用车年产量过百万的自主品牌。

12月18日　位于巴南区木洞镇的重庆中国轻纺服装城正式开园。

同日　由以色列英飞尼迪投资集团、重庆市产业引导基金、大足区国资委、宗申产业集团共同发起的重庆中以农业股权投资基金，在重庆市正式成立。该基金主要投资特色农业，扶持具有创新要素的农业项目快速健康成长。

同日　重庆两江长兴电力有限公司、重庆能投售电有限公司、重庆渝西港桥电力有限公司3家试点售电公司挂牌成立，标志着作为全国电力体制改革专项试点的重庆市售电侧改革正式启动。

12月21日 仙女山旅游度假区成为全国首批17个国家级旅游度假区之一。

12月22日 农业部科教司与重庆市农委签订共建协议，启动建设国家农业科技服务云平台重庆平台。国家农业科技服务云平台是农业部基于云计算和大数据进行系统设计，为农业科技服务搭建的整体综合服务平台，旨在打通农业科技信息服务"最后一米"，实现移动互联互通，为广大农民和各类现代农业生产经营主体提供精准、及时、全程顾问式的科技信息服务。

同日 重庆市环保产业协会和重庆科技服务大市场举行共建重庆环保产业科技服务平台签约仪式，该平台致力于推动环保产业的协同创新与成果转化等，是重庆市首个环保产业科技服务平台。

12月26日 重庆铁路枢纽东环线和郑万高铁重庆段开工。重庆铁路枢纽东环线是客货运双线，全长155.5千米，设计时速160千米。郑万高铁重庆段长约184千米，设计时速350千米，共设万州北、云阳、奉节、巫山4座车站。

同日 成渝高铁正式通车运营。成渝高铁是"十二五"国家重点铁路建设项目，是继成渝铁路、成遂渝铁路后新增的一条高速铁路通道。它全长308千米，设计时速为350千米，在简阳、资阳、资中、内江、隆昌、荣昌、大足、永川、璧山等地设立高铁车站，进一步完善了成渝经济区交通大动脉格局。

12月27日 万州周家坝至开县浦里快速通道正式开工。同时，万州、开县、云阳三区县签署"万开云"板块首批互联互通项目工作推进书，标志着"万开云"板块一体化协同发展进入实施阶段。

12月28日　2012—2014年重庆市优秀工业企业评选结果发布会在市新闻发布中心举行。重庆市共评选出2012—2014年重庆市优秀工业企业50家。重庆长安汽车股份有限公司继续蝉联冠军，重庆中烟和重庆电力分列第二、三位。

12月29日　渝黔高速扩能、重庆黔石高速、南大泸高速项目签订投资协议，三条高速总长330公里左右，总投资超过400亿元，由中国铁建股份有限公司和重庆高速集团合作建设。

同日　武隆县荣获联合国"可持续发展城市范例奖"。

12月30日　渝黔铁路新线新白沙沱长江特大桥合龙，大桥全长5.3千米，是渝黔铁路引入重庆铁路枢纽渝黔货运列车线和渝黔客车线的过江通道，同时大桥预留双线客运专线。该桥建设创三个"世界第一"，即首座六线铁路桥、首座双层铁路桥、单位承重量最大。

本年　科技部下发《关于第六批国家农业科技园区建设的通知》，重庆市丰都、潼南2个市级农业科技园区获批升为国家农业科技园区。

本年　重庆市在云阳、开县、石柱、酉阳、黔江、江津建成6个国家级野生植物原生境保护区，并实施动态监测和保护。

本年　重庆三峡渔业公司建立国内首个淡水鱼质量安全可追溯体系，并通过国家农垦局专家组考核。

本年　以重庆市中天环保产业（集团）有限公司为依托单位建设的国家环境保护危险废物处置工程技术（重庆）中心通过环保部验收，成为全国第3个、西部唯一通过验收并正式运行的国家环境保护危险废物处置工程技术中心。

本年　重庆科技学院自主研发的"大极板电解铅自动化生产线

成套设备"，打破以往国内同类成套设备只能依靠进口的局面，价格不到进口设备的1/3。

本年 国务院、中央军委批复同意新建重庆武隆民用机场。

本年 重庆西南铝业（集团）有限责任公司成功研制国内最大截面铝合金预拉伸板。

本年 重庆涪陵页岩气田探明储量增至3800亿立方米，是全球除北美之外最大的页岩气田。

本年 重庆大足刻花刀具、合川黄杨木雕、城口生漆梳等5件旅游商品在举办的2015全国旅游产业博览会上荣获"中国百佳十强旅游商品"称号。

本年 金佛山—神龙峡、钓鱼城、大足石刻、奉节白帝城瞿塘峡、白鹤梁水下博物馆和磁器口古镇6个景区入选"2015中国最具价值文化（遗产）旅游目的地"。

二〇一六年

1月4日—6日 中共中央总书记、国家主席、中央军委主席习近平深入重庆港口、企业考察调研，就贯彻落实党的十八届五中全会精神和中央经济工作会议精神进行指导。考察期间，习近平听取重庆市委和市政府工作汇报，对重庆近年来经济社会发展取得的成绩和各项工作给予肯定。他希望重庆发挥西部大开发重要战略支点作用，积极融入"一带一路"建设和长江经济带发展，在全面建成小康社会、加快推进社会主义现代化中再创新的辉煌。4日下午，习近平到两江新区果园港和重庆京东方光电科技有限公司视察，他要求重庆完善各个开放平台，建设内陆国际物流枢纽和口岸高地，建设内陆开放高地。5日，习近平在重庆召开推动长江经济带发展座谈会，听取上海、江苏、浙江、安徽、江西、湖北、湖南、重庆、四川、贵州、云南党委主要负责同志和国务院有关部门对推动长江经济带发展的意见和建议。他强调，长江是中华民族的母亲河，也是中华民族发展的重要支撑，推动长江经济带发展必须从中华民族长远利益考虑，走生态优先、绿色发展之路，使绿水青山产生巨大生态效益、经济效益、社会效益，使母亲河永葆生机活力。

1月6日 中国天府可乐集团公司召开新闻发布会，宣布"天府可乐"品牌正式复出。

1月7日 重庆市红十字会与第三军医大学签署重庆市遗体器官捐献电子纪念园合作捐建协议，全国首个遗体器官捐献电子纪念园落户重庆。

1月8日 中新（重庆）战略性互联互通示范项目管理局揭牌暨合作项目签约仪式举行。签约仪式上，包括互联互通平台、机制和通道建设等方面，涉及金融服务、航线合作、信息化建设等领域的12个项目签约，总金额65.6亿美元。

同日 重庆市13项成果在2015年度国家科学技术奖励大会上获得国家科学技术奖。其中，"家蚕基因组的功能研究"获得国家自然科学奖二等奖，"高可靠精密滤波传动技术及系统"获国家技术发明奖二等奖，"甘蓝型黄籽油菜遗传机理与新品种选育""荣昌猪品种资源保护与开发利用"分获国家科技进步奖二等奖。

1月上旬 重庆市《农用航空器电动多旋翼植保无人机》地方标准通过专家评审，成为国内农用无人机行业首个地方标准。

1月12日 重庆市首届民间文化艺术之星颁奖晚会在市群众艺术馆群星剧场举行，24名（组）民间艺术人荣获"民间文艺之星""民间文艺之秀"称号。

1月18日 磁器口大桥通车。大桥位于重庆市沙坪坝区，连接磁器口古镇和沙滨路，全长78.8米，设计为双向六车道，桥面宽34米，设计车速为每小时40千米。

同日 2015年"感动重庆十大人物"颁奖典礼在广电大厦演播大厅举行。当选2015年度感动重庆十大人物的是：蒋亚/宋昊恩、毛青、毛相林、黄文治、司永林/梅洪、方凤富、赵庆华、陶海峰、官华见、梅忠全。

1月26日 重庆首届国际青少年机器人竞赛在渝北区开幕，国内外约500名青少年参赛。

同日 渝北区隆兴镇召开第一次妇女代表大会，选举产生徐堡村妇联第一届执行委员会。这是重庆启动群团改革后成立的首个村级妇联。

1月27日 市政府与工信部签署基于宽带移动互联网的智能汽车与智慧交通应用示范项目合作协议，合力构建"安全、绿色、高效、便捷"的智能汽车与智慧交通产业创新示范应用区。

1月28日 重庆轻轨6号线江北城车站开通，6号线车站全部开通运营。

本月 重庆市中小企业服务中心与中国联通签署合作协议，双方共建重庆市中小企业云服务平台，助推重庆市中小企业服务迈入"云时代"。

本月 第三军医大学附属西南医院神经外科完成重庆市首例国产脑起搏器治疗帕金森综合征手术。

本月 重庆市第一个第三方医药物流基地在南岸茶园新区正式运行，一期面积3万平方米，为药企提供现代化的药品储存和配送服务。

本月 重庆市江津区、潼南区、荣昌区入选国家工业信息化部电信普遍服务试点名单。

本月 考古人员在重庆涪陵一座东汉至六朝时期古墓葬遗址中，发掘一枚"军假侯印"铜印章。重庆市首次在墓葬中发掘出军中官印。

本月 重庆大学"绿色建筑与人居环境营造"实验室入选教育部首批国际合作联合实验室，获批立项。

本月 重庆籍国家女子跳水队运动员施廷懋凭借2015赛季的优异表现，获国际泳联2015年"年度最佳女子跳水运动员"称号。

2月3日 重庆市部署开展为期9个月的"打盗骗、挖团伙、强治安""渝安1号"行动，重点打击遏制多发性侵财犯罪、聚众斗殴犯罪、涉枪涉爆违法犯罪。

2月4日 渝蓉高速G5013沙坪坝主线站开通，渝蓉高速重庆段全线通车。渝蓉高速全长约251千米，其中重庆段全长78.56千米，途经重庆璧山区、铜梁区、大足区。

同日 重庆航空重庆—曼谷直飞航线开通。这是重庆航空首条国际航线。

2月5日 重庆重点物流主干道——东城大道正式建成通车。东城大道总投资15亿元，是重庆五横六纵快速道路路网之一和重点物流主干道，全程长约18.4千米，设计车速每小时60千米，路幅宽度44米，为双向六车道。

2月6日 由市委宣传部、市文化委、重庆广电集团等联合拍摄，聚焦抗战时期中国后方军民奋勇抗敌的纪录片《大后方》，入选国家新闻出版广电总局推荐的"2015年第三批优秀国产纪录片"，网络播放量超7000万次。

2月16日 重庆邮电大学、长安集团参与研发的LTE-V车联网专用通信标准化项目启动。该项目被列入国家重大专项。

2月24日 重庆两江新区管委会发布消息，根据市委市政府决定，中共重庆北部新区工作委员会、重庆北部新区管理委员会撤销，其职能职责划归中共重庆两江新区工作委员会、重庆两江新区管理委员会。

2月25日 重庆市经信委、重庆两江新区管委会，与宝钢集团旗下上海宝信软件股份有限公司签订建设重庆企业云平台战略合作框架协议。三方合作建设"重庆企业云平台"及"重庆企业大数据支撑服务中心"，在两江新区打造云计算大数据产业生态圈。

2月26日 新华社授权发布志愿服务"四个100"全国先进典型名单，重庆市11个先进典型榜上有名。江津阳光社会工作服务中心志愿者秦茂华等3人被评为"最美志愿者"；渝中区三级体系关爱空巢老人志愿服务等2个志愿服务项目被评为"最佳志愿服务项目"；潼南区星火志愿服务协会等3个志愿服务组织被评为"最佳志愿服务组织"；巴南区李家沱街道合建社区等3个社区被评为"最美志愿服务社区"。

同日 由本土知名纯文学期刊《红岩》举办的第五届红岩文学奖揭晓，罗伟章、叶辛等9位作家分别斩获9个奖项。

同日 重庆市见义勇为先进个人（群体）表彰大会召开。市政府授予王仲万、王德元、刘万富、阳欧成、杨炼、杨宝林、秦凤廷、诸雨明、彭升权、赖明鑫10人"见义勇为先进个人"称号，授予杜贤义、庞云忠两人群体"见义勇为先进集体"称号，分别给予10万元奖励；追授田磊、李泽勇、吴邦彬、陈代文、周德燕、谭俊6人"见义勇为先进个人"称号，分别给予其家属20万元奖励。

同日 中石化重庆400万吨成品油管道正式投用。标志重庆市基本构建起以电力、天然气和成品油为核心的综合能源保障体系。

2月29日 重庆比速汽车正式列入国家工业信息化部发布的道路机动车辆生产企业及产品（第281批）公告目录。

本月 第三军医大学科研部生物医学分析测试中心主任万瑛教授及其团队研究揭示，人体细胞内存在第三类具有防御功能的膜性结构——Rab32阳性囊泡，能吞噬细胞内的感染细菌，研究成果发表在国际著名免疫学杂志《免疫》上。

本月 重庆渝中区、南岸区、渝北区、涪陵区、江北区、沙坪坝区、九龙坡区、璧山区、永川区、黔江区、酉阳土家族苗族自治县被中国科协命名为首批2016—2020年全国科普示范区县，示范期5年。

本月 中宣部发布全国文化名家暨"四个一批"人才入选名单。重庆社会科学院李敬、西南政法大学孙长永、重庆日报报业集团管洪、四川美术学院庞茂琨、重庆大学孟卫东、西南大学靳玉乐入选。

本月 重庆市3家企业获批国家级服务业标准化试点单位。分别是重庆建桥实业发展有限公司被确定为重庆新型工业化特色产业（美容健康）基地服务标准化试点，重庆周君记火锅食品有限公司被确定为重庆周君记火锅工业旅游服务标准化试点，重庆市四面山旅游（集团）有限公司被确定为重庆四面山景区旅游综合管理服务标准化试点。

本月 两江新区等省市（区域）开展服务贸易创新发展试点，试点期为2年。

3月1日 市政府召开新闻发布会，宣布形成"1+4+X"工作体系，推进供给侧改革。

3月2日 中新（重庆）战略性互联互通示范项目人才培养与合作交流战略合作框架协议签约仪式，在雾都宾馆举行。

3月11日 国家新闻出版广电总局2016年纪录片重点扶持项目、北京电视台大型系列纪录片《解放》，在重庆红岩革命纪念馆举行启动仪式。

3月14日 位于重庆垫江县新民镇的牡丹樱花世界正式开园，总面积200余公顷，是西南最大的牡丹樱花观赏基地。

3月20日 市级重点众创空间项目——库芸众创空间在巴南云计算产业园正式开园，迎来首批20家企业入驻，标志重庆市重点项目——中国云教育产业园正式投入运营。

3月30日 全球技术领先的功率半导体企业万国半导体公司12英寸功率半导体芯片制造及封装测试生产基地在两江新区水土高新园开工。

同日 重庆市教育学会乡村教师帮扶计划启动，包括重庆一中、南开中学、重庆八中、人民小学等在内的16所优质中小学与重庆市16个贫困区县（自治县）的19所乡村学校结对，提升农村学校教师专业水平，促进重庆市城乡教育均衡发展。

同日 全球首款双屏变形平板翼昇YS-1在重庆发布。

3月31日 重庆江津几江长江大桥钢箱梁合龙，大桥主体工程全面完工。大桥全长1897米，主跨长600米，桥面为双向六车道城市主干道，设计速度为每小时50千米。

同日 重庆市第一条智能电视整机生产线——富士康乐视智能电视生产线正式投用。

本月 重庆市大渡口区人民检察院"莎姐"青少年维权岗、江北区观音桥街道办事处"老马工作室"被命名为全国学雷锋活动示范点，第三军医大学西南医院感染病科主任毛青、重庆长安汽车股份有限公司江北发动机工厂维修工张永忠被命名为全国岗位学雷锋标兵。

4月2日 重庆直飞迪拜航线首航，标志重庆第一条中东航线正式开通。

4月3日 重庆首个市级城市公益性公墓——崇兴生命纪念园举行生态环保公祭仪式。

4月7日 重庆护理职业学院成立，办学地址在璧山区。

4月9日 重庆工程职业技术学院挂牌成立创新创业学院和创新创业中心，成为重庆市首个大型财经类专业综合仿真实训中心。

4月12日 重庆市总工会与河南省总工会签订农民工维权合作协议书，在农民工权益受到侵害时联手为农民工维权。

4月15日 重庆广告产业园成为重庆首个正式挂牌的"国家广告产业园区"。

4月18日 中新（重庆）互联互通股权投资基金签约暨授牌活动在渝举行。

同日 重庆船东互保协会与瑞士再保险有限公司、中国太平保险（新加坡）有限公司签订再保险合同，创新推出内河首个完整的船东责任保险产品——内河承运人责任保险新产品。

4月20日 中垦融资租赁有限公司合作框架协议在重庆签署，

标志全国农垦系统又一个"中垦"字号跨垦区企业诞生，重庆牵头建设农垦国际大粮商迈出重要一步。

4月21日 第十二届中国重庆高交会暨第八届国际军博会重大项目签约仪式在重庆（南坪）国际会展中心举行。本届重庆高交会共签约355个项目，总金额超过725亿元。

同日 重庆跨境电商汽摩产业园落户江津双福新区，通过"两国双园"方式，在为园区入驻企业缩短办理出口报关、退税时间的同时，还计划在"一带一路"沿线50余个国家建产品展示馆，为"重庆造"汽摩产品提供海外展示平台。

4月24日 重庆市红十字会、重庆市眼库发起的"川渝眼库联盟"在渝正式成立，是国内首个跨省际的眼库联盟组织。

4月26日 重庆本土最大的进口跨境电商平台——"西港全球购"母公司——重庆渝欧跨境电子商务有限公司与荷兰阿姆斯特丹相关仓库租赁方，签订租赁合作协议，标志重庆本土跨境电商企业首次在欧盟国家设立海外仓。

4月28日 重庆至东盟公路班车在巴南区重庆公路物流基地正式首发，借助这一连接海上丝绸之路的南向国际公路物流大通道，重庆的机电、建材、汽摩等产品，可快速运送到东南亚地区，东南亚地区的水果、食品、木材等产品，也可更快地运达重庆及中国西部地区。

同日 中国重庆两江国际仲裁中心在两江新区正式揭牌，成为中西部地区首家专门解决国际商事争议的国际仲裁机构。

同日 重庆市首个大宗商品交易商协会——巴南区大宗商品交易商协会正式成立。

4月29日 国家知识产权局区域专利信息服务（重庆）中心

正式揭牌，这是全国第五家区域专利信息服务中心。

5月13日 中国最大的智能硬件创新创业平台"硬蛋"宣布正式落户两江新区，携手两江新区，通过设立产业基金等方式，计划在3年内引入100亿元投资，落地硬蛋汽车子生态，助推传统制造业转型升级，把重庆打造成为智能汽车城。

5月14日—15日 第十届世界低碳城市联盟大会在重庆市举行。来自城市管理、新能源、新材料等行业领域的专家和企业代表共同围绕"城市创新与合作"的主题进行深入探讨。

5月15日 全国妇联在北京举行2016全国"最美家庭"揭晓暨全国"五好文明家庭"表彰大会，重庆市各有30户家庭分别获评全国"最美家庭"和全国"五好文明家庭"。

同日 由市残联发起，经市科委审批，市残疾人福利基金会联合中科院重庆分院机器人与3D打印技术研究创新中心、大渡口区残联、大渡口区新山村街道等单位共同打造的全国首家爱心惠残众创空间，在大渡口正式开园。

5月18日 2016年"5·18国际博物馆日"暨第七届重庆市文化遗产宣传月在重庆中国三峡博物馆启动。重庆市首届十大文博创意产品揭晓，鸟形尊首饰盒等入选。

同日 重庆两江广告产业园正式挂牌升级为"国家（两江）广告产业园"，标志该园正式迈入国家级广告产业园区行列，园区产业聚集发展步入新阶段。

同日 重庆首条民营危化品铁路专线（秀山民生石化专用线）正式投运。

5月19日 重庆首家消费级无人机企业——重庆华科尔无人机技术有限公司正式建成投产。

同日 第十九届中国（重庆）国际投资暨全球采购会（简称渝洽会）在重庆国际博览中心开幕，包括253家世界500强企业在内的1500多家跨国公司，以及来自美国、英国等16个国家和地区的政府代表团汇聚重庆。

5月19日—20日 重庆市政府分别与中国石油天然气集团公司、中国石油化工集团公司签署"十三五"时期的战略合作协议。两家企业进一步加大在渝投资力度，加快页岩气勘探开发步伐，大力发展天然气深加工，提升重庆油气供应保障能力，助力重庆经济转型升级、平稳发展。

5月22日 重庆首个青少年创新实践工作站——重庆大学数学科学创新实践工作站正式揭牌，并首次向社会公众开放。

5月23日 重庆市公共资源交易中心挂牌成立。

5月24日 全国碳市场能力建设（重庆）中心揭牌仪式举行，是西部地区首个全国碳市场能力建设中心。

同日 重庆市民营企业家、民生能源集团董事长薛方全获央视2015年度"十大慈善人物"的称号。

5月26日 国内首套"智慧医护信息系统"在第三军医大学新桥医院投入试运行。该系统能让医生进行无纸化查房、电子阅片，根据实时同步采集的信息及时确定最新诊疗方案。

同日 由市体育局主办的重庆市首届篮球联赛决赛在市体育馆举行。

5月27日 重庆市第二届中小企业服务节暨首届中国（重庆）老字号·非物质文化遗产博览会在重庆南坪会展中心开展。

5月28日—29日 由全国报纸自办发行协会、重庆日报报业集团主办的全国报业首届"互联网+地方特产"互联互通论坛在渝举行。

5月30日 华夏航空培训中心整体启动仪式在两江新区举行。该中心是亚太地区首家庞巴迪机型综合训练中心。

5月31日 重庆大数据产业技术创新联盟正式成立。

本月 重庆白鹤梁水下博物馆成为水利部公布的首批国家水情教育基地之一。

本月 重庆凯瑞车辆传动制造有限公司成功研发出具有自主知识产权的CW350（D）高铁齿轮箱，形成高铁减速传动装置研发生产能力，打破国外技术封锁。

本月 民生实业（集团）有限公司与南京港（集团）有限公司合作开辟宜宾—重庆—南京集装箱直航快班。

6月3日 以"改善环境质量，推动绿色发展"为主题的2016年纪念"六·五"世界环境日暨首届重庆绿色年度人物颁奖典礼在市人民文化宫举行，10名来自不同领域的环保人士获得重庆年度绿色人物奖章。

6月13日 首趟中欧铁路渝新欧班列平行进口汽车专列开箱活动在西永团结村中心站举行。

同日 重庆至东盟公路班车的又一条新线路——东线复线首趟班车正式发车。

6月15日 重庆酉阳至贵州沿河高速公路重庆段正式通车。至此，全市高速公路通车里程达到2556千米，省际出入口通道增至14个。

同日 中西部地区首个加工贸易废料交易公共平台——重庆市加工贸易废料交易平台正式启动运行。

6月16日 经市委、市政府批准，重庆两江产业发展集团举行成立揭牌活动。

同日 重庆咖啡交易中心正式开业，并与法国路易达孚、德国纽曼、中国银行、招商局物流集团、临沧凌丰咖啡等签署战略合作协议。

6月17日 中国汽研汽车风洞建设启动暨风洞联盟签约仪式，在位于重庆市的中国汽车工程研究院有限公司本部举行。这是西南首个、全国第二个专业的汽车风洞试验室，有利于大幅提升国内自主品牌汽车在空气动力学、热力学、声学等方面的研发能力。

6月18日 重庆市慈善总会与重庆李滋星生物科技（集团）公司共同发起成立重庆首个癌症患者与家庭专项救助基金。

6月20日 2016年全国田径冠军赛暨大奖赛总决赛在重庆奥体中心闭幕。重庆小将别舸以20秒97的成绩夺得男子200米冠军。

同日 西南政法大学中国仲裁学院成立暨揭牌仪式在西南政法大学举行。

6月25日 GS7965航班从重庆江北国际机场起飞，前往英国伦敦。标志重庆直飞伦敦航线正式开通，是重庆首条直飞英国伦敦的国际航线。

6月28日 新三峡十大旅游新景观媒体见面会召开，三峡人家、三峡港湾国际旅游度假区、神农溪景区、汉丰湖景区、黄水旅游区、丰都鬼城、三峡大坝、神女景区、平湖万州、瞿塘峡景区被评为新三峡十大旅游新景观。

本月 在中国共产党成立95年之际，重庆市4名个人、6个基层党组织获中共中央表彰。重庆市委表彰优秀共产党员105名，优秀党务工作者101名，先进基层党组织201个。

7月5日 国内首部长江航道题材原创话剧《又到满山红叶时》

在北京民族文化宫大剧院首演。该剧由长江重庆航道局、中华全国总工会文工团、重庆市巫山县政府和重庆金字塔对外经济文化影视中心携手打造，展示了独特的长江文化和巫山红叶美景。

7月8日 市重点建设项目——江津几江长江大桥通车。大桥为双索面悬索桥，全长1897米，主跨600米，桥面宽33米，为双向6车道，是江津中心城区第三座跨长江大桥。

7月22日 重庆市开州区撤县建区正式挂牌。

7月23日 重庆市组建机器人及智能制造产业技术研究院——重庆鲁班机器人技术研究院有限公司。

7月24日 2016年全国医药工业信息年会在南坪国际会展中心举行。在大会发布的2015年度中国医药工业百强榜单中，重庆市的太极集团入围。

本月 国务院批复同意重庆高新技术产业开发区建设国家自主创新示范区。

本月 重庆市行政村光纤通达率已达100%，实现全市所有行政村光纤网络全覆盖。

8月2日 国家口岸管理办公室在重庆召开"内陆沿边地区国际贸易单一窗口建设工作启动会"。会议总结推介了沿海地区"单一窗口"建设的先进经验，并选定重庆等六省区市作为第一批内陆沿边地区"单一窗口"建设试点，标志重庆内陆开放将迎来新契机。

8月4日 惠普重庆生产基地第一亿台笔记本电脑下线。这是惠普中国西部战略的重要成果，也是重庆电子信息产业发展史上的重要里程碑。

8月7日 重庆籍运动员施廷懋与吴敏霞合作，在里约奥运会女子双人三米板决赛中以345.6分的总成绩夺得金牌。

8月11日 人行重庆营管部消息，上半年，重庆与新加坡跨境人民币结算50.5亿元，新加坡成为重庆市跨境人民币结算第三大境外地域。

8月14日 重庆市网上行政审批大厅正式投入使用。

8月15日 第二批"国家高层次人才特殊支持计划"科技创新领军人才、科技创业领军人才公布，重庆市共19人获此殊荣。

8月17日 参加第五届全国少数民族文艺会演的重庆市原创芭蕾舞剧《追寻香格里拉》在北京天桥剧场首演。

8月23日 重庆通用航空产业集团有限公司、南京航空航天大学就合作开发NH40（CG231）轻型飞机项目举行签字仪式。该飞机是重庆通航集团首架具有独立知识产权的轻型飞机。

8月26日 重庆富民银行成立。该银行是中国西部首家民营银行，注册资本30亿元，由瀚华金控等7家重庆优秀民营企业共同出资发起成立。

8月27日 西南铝业集团消息，西南铝成功研制出直径10米运载火箭铝环，刷新"世界最大极"整体铝环纪录，使我国深空探测装备硬件能力得到大幅提升。

8月31日 重庆自贸试验区获党中央、国务院批准。重庆自贸试验区的主要任务是落实中央关于发挥重庆战略支点和连接点重要作用、加大西部地区门户城市开放力度的要求，带动西部大开发战略深入实施。

9月1日 重庆电力交易中心挂牌成立，标志重庆市电力体制改革取得新突破。该中心采取股份制形式，由电网企业、发电企业、售电企业、地方能源企业及第三方机构共同出资组建。

9月3日 全国人大常委会授权最高人民法院、最高人民检察院在重庆等18个城市开展刑事案件认罪认罚从宽制度试点。

同日 《重庆市森林生态旅游地图》发布，首次以地图集纳形式公布全市森林生态信息。

9月14日 2016年里约奥运会重庆市总结表彰大会在雾都宾馆举行。大会对在里约奥运会上取得优异成绩的重庆籍运动员、教练员以及主要培养单位予以表彰，给施廷懋、袁心玥、刘白犇分别记个人一等功。

9月22日 重庆武隆仙女山机场开建。

9月27日 重庆三环高速江津至綦江段正式通车，江津至綦江两地的车程从之前的1个多小时缩短至40分钟。

本月 中国科学技术发展战略研究院发布《中国区域科技进步评价报告2015》，重庆综合科技进步水平指数跻身全国第八位，创历史最高水平。

10月9日 市科委发布《重庆市新型研发机构培育引进实施办法》，同时，重庆市首批5个新型高端研发机构正式启动建设。

10月28日 京东方智慧电子系统智能制造生产线项目开工，超硅极大规模集成电路用抛光硅片产品正式下线。

11月2日 由中华全国新闻工作者协会主办的第二十六届中国新闻奖评选、第十四届长江韬奋奖评选揭晓。重庆共有4件作品获奖。华龙网作品《穿越直播 重返70年前英雄之城》获得网页设计一等奖，系重庆媒体首次独立获得中国新闻奖一等奖，实现了零的突破。

11月11日 市政府印发《重庆生态保护红线划定方案》，划入红线区域30790.9平方千米，占全市面积的37.3%。

11月12日 国内首家省级网信领域社会组织联合会——重庆

市互联网界联合会在渝正式成立。

11月20日 总投资约10亿元的国内最大冻干咖啡项目正式落户重庆保税港区。

11月25日 市政府印发《重庆市环境保护工作责任规定（试行）》，明确区县党委对本地区生态环境和资源保护负总责，实行"党政同责、一岗双责、终身追责"。

12月7日 重庆台正智能装备制造产业园在永川区凤凰湖工业园正式开业。这是我国首个全产业链数控机床产业园，首批入驻的数控机床企业达33家。

12月22日 我国首批通过"海江联运"模式进口的生鲜农产品，顺利抵达重庆口岸。这是国内对时效要求较高的进出口货物和物流领域的一次重要突破。

12月29日 最高人民法院第五巡回法庭在重庆揭牌。

本年 重庆国家级互联网骨干直联点监测系统基本建成并投入试运行。

本年 第三军医大学附属西南医院综合实验研究中心主任罗阳教授及其团队研究发现，纳米级的石墨烯可以杀死细菌，从而达到抑菌作用。研究成果已发表在国际著名期刊《美国化学会志》上。

本年 第三军医大学全军免疫学研究所张志仁教授、吴玉章教授及其团队研究发现，促红细胞生成素能让吞噬细胞吞噬凋亡细胞。研究成果发表在国际著名期刊《免疫》上。

本年 重庆市第一个街道级本土社工机构——渝中区助翼社工服务中心在石油路街道成立。

本年 经海关总署批准，重庆成为可通过货运列车进行国际运邮的全国唯一试点城市。

二〇一七年

1月1日　重庆市启动第三次全国农业普查入户登记工作。

1月6日—9日　第十六届中国西部（重庆）国际农产品交易会在南坪国际会议展览中心举行。参展政府部门56个，企业2200余户，展示展销品种6900余个。

1月7日　市通信管理局发布消息，重庆市城市地区光纤到户覆盖率、光纤到户端口占比2项指标均达到工业和信息化部"光网城市"评价标准，基本建成"全光网城市"。

1月9日　重庆市科研单位和企业牵头完成或参与完成的6项科技成果在国家科学技术奖励大会上获2016年度国家科学技术奖。

1月10日　梁平撤县设区挂牌仪式举行。

1月11日　国家发展改革委公布的《西部大开发"十三五"规划》将九龙坡区西彭镇确定为重点打造的制造型特色小城镇，奉节县白帝镇确定为重点打造的文化民俗型特色小城镇。

1月12日　我国第二个国家级大宗能源商品交易中心——重庆石油天然气交易中心正式签约挂牌成立。

1月13日　武隆区人民政府正式成立，并举行"武隆区"挂牌仪式。

1月17日　国务院正式批复同意设立重庆江津综合保税区。该保税区位于江津珞璜工业园，规划面积2.21平方千米。

1月20日　西部首个大数据前沿应用研究基地——西部大数据前沿应用研究院在重庆仙桃数据谷正式揭牌。该研究院由国家信息中心牵头,并联合北京协同创新研究院、渝北区政府共同组建,致力于打造国内大数据应用前沿领域技术创新及产学研一体化高地。

1月22日 我国第一家以移民保险为特色的保险公司——三峡人寿保险股份有限公司在重庆创立。

1月24日 丰都长江二桥建成投用。该桥为双塔双索面钢箱梁斜拉桥,主跨跨径680米,是西南地区单跨和桥面铺装面积最大的钢箱斜拉桥。

1月25日 2016年度"感动重庆十大人物"颁奖典礼在重庆广电大厦演播大厅举行。当选2016年度"感动重庆十大人物"的是:曾美华、蒋威正/蒋朝辉、李元奎、杨展、何宜刚、李宪洪、李升玫、陈星银、黄强、冉井平。

2月3日 国务院印发的《"十三五"现代综合交通运输体系发展规划》定位重庆为国际性综合交通枢纽。

2月13日 市政府召开新闻发布会,公布市委、市政府印发的《重庆市中长期铁路网规划(2016—2030年)》。根据规划,到2030年,重庆市全面建成国家综合性铁路枢纽,建成"米"字形高铁网,路网总规模达到5805千米,其中高铁里程2032千米。

同日 市环保局、市财政局、市商务委、市公安交管局联合出台《重庆市主城区鼓励黄标车提前淘汰市级财政奖励补贴实施细则》,推动全市黄标车淘汰工作。

2月22日 市政府与中国长江三峡集团公司联合举行重庆长电联合能源有限责任公司和重庆两江三峡兴盛能源产业股权投资基金管理有限公司揭牌活动,标志着重庆"三峡电网"建设开始,三峡能源产业基金已经具备运作条件。

2月25日—3月20日　庆祝重庆直辖20周年巴渝特色文化展的开门之展——动态版《清明上河图》在南坪国际会展中心广场展出。

2月26日　中新（重庆）战略性互联互通示范项目合作项目集中签约仪式在北京市举行。签约项目10余项，签约总金额14.4亿美元，涉及金融服务、交通物流、信息通信等领域。

本月　云阳龙缸景区被评为国家AAAAA级景区。

本月　市政府正式印发《两江新区构建开放型经济新体制综合试点试验实施方案》（简称《方案》）。《方案》涉及两江新区试点自贸区税收政策、打造内陆地区融入经济全球化的开放平台等重要内容，推动两江新区加速打造重庆开放窗口。

3月1日　《重庆市预算审查监督条例》《重庆市公益林管理办法》和新修订的《重庆市城乡规划条例》正式实施。

同日　万州区、黔江区、江津区、永川区、綦江区、铜梁区、荣昌区、开州区、梁平区、垫江县、酉阳土家族苗族自治县11个区县通过义务教育均衡发展国家督导评估。重庆市实现区县域义务教育发展基本均衡的区县累计26个，完成率65%，略高于全国62.4%的平均水平。

同日　中央宣传部命名第三批全国学雷锋活动示范点和岗位学雷锋标兵，市司法局"法帮义工"志愿服务总队、重庆高速公路集团东北分公司巫山收费站"巾帼红叶班"被命名为全国学雷锋活动示范点，合川区公安局双凤镇派出所民警罗建、渝中区质量技术监督局特种设施安全监管人员杨展被命名为全国岗位学雷锋标兵。

3月4日　市扶贫办、市国土局等部门发布消息，自2013年高山生态扶贫搬迁启动以来，贫困区县累计成交地票9826.67公顷，成交金额292.44亿元，4.53万户建卡贫困户获利12.2亿元。

3月15日—5月3日 2017中国重庆大足石刻国际旅游文化节在重庆市大足区举行。

3月21日 重庆—洛杉矶航线首航启动仪式举行，这是重庆首条直飞北美航线。

3月22日 重庆工程职业技术学院与江津区共建重庆市高职院校首个"院士工作站"，该站引入中国工程院院士刘人怀，在人才培养、科研成果转化、产学研等方面共同协作。

3月29日 市四届人大常委会第三十五次会议审议通过《重庆市大气污染防治条例》《重庆市环境保护条例》《重庆市大足石刻保护条例》3部地方性法规。

3月30日 重庆市首个心脏康复中心在重庆医科大学附属第二医院成立。

本月 经海关总署、财政部、国家税务总局和国家外汇管理局审核同意，重庆南彭公路保税物流中心（B型）验收合格。

4月1日 中国（重庆）自由贸易试验区挂牌。集中签约重点项目60项，总金额802亿元，主要涉及金融、高端制造、国际物流、总部经济等领域。

4月17日 重庆市首座智能化公共停车楼在涪陵区建成投用。该停车楼通过互联网、物联网等技术实现全智能化管理，拥有智能空位引导以及反向寻车、远程支付等系统。

4月23日 中国美术家协会主办的"中国精神——第四届中国油画展"巡展重庆站在重庆美术馆举行开幕式。展览汇集靳尚谊、冷军、杨飞云、艾轩、庞茂琨等一批国内著名写实油画家创作的173件精品。

4月24日 由中央宣传部、中央综治办、公安部、中央军委政法委员会、全国总工会、共青团中央、全国妇联、中华见义勇为基金会联合举办的第十三届全国见义勇为英雄模范表彰大会在北京市举行，重庆市合川区南津街街道白塔街社区居民陈大富和九龙坡区中梁山街道新政村村民彭升权获"全国见义勇为模范"称号。

4月28日 重庆市第五届劳动模范和先进工作者表彰大会召开，493人获表彰。

本月 国务院食品安全委员会、国家食品药品监督管理总局分别通报2016年食品、药品安全考核结果，重庆市食品药品安全工作考核获全国第一名，受到国务院食品安全委员会、国家食品药品监督管理总局通报表扬。

5月3日 共青团中央在官方网站上发布2017年"全国向上向善好青年"名单。潼南星火志愿服务协会会长黄强当选"全国向上向善好青年"；由重庆电信职业学院学生周玲军、杨阳、幸娟、黄佳乐4人组成的"英勇四姐妹"当选"全国向上向善好青年群体"。

5月4日 市教委发布消息，《重庆市教育事业发展"十三五"规划》（简称《规划》）已印发。《规划》提出，到2020年，全市学前三年教育毛入园率达90%，九年义务教育巩固率达95%以上，高中阶段毛入学率达97%，高等教育毛入学率达50%。

5月10日 重庆市开行首趟"渝桂新"（重庆—钦州）班列，标志着作为渝新欧大通道向南延伸的"渝桂新"去程班列正式启动。

5月11日 在第十三届（深圳）文博会上，中宣部召开深化文化体制改革座谈会。会上发布了第九届"中国文化企业30强"和"30强"提名企业名单，重庆猪八戒网络有限公司上榜提名企业名单。

5月16日 市通信管理局发布消息，重庆市全面建成"全光网城市"。全市光纤到户端口超过1600万个，城市地区光纤到户覆盖率（城市地区基础电信企业光端口总和与家庭总户数的比值）超过185%，城市地区光纤到户端口占比（城市地区光端口总和与宽带端口总数之间的比值）达85.4%，2项指标均已达到工业和信息化部评价标准。同时，重庆正式上线运行重庆国家级互联网骨干直联点监测系统和重庆诈骗电话防范系统。

5月19日 万盛奥陶纪主题公园"天空悬廊"项目创吉尼斯世界纪录，成为世界上最长的悬挑空中玻璃走廊。

5月20日—24日 中国共产党重庆市第五次代表大会在市人民大礼堂召开。大会选举出重庆市出席中国共产党第十九次全国代表大会代表，中国共产党重庆市第五届委员会、中国共产党重庆市第五届纪律检查委员会，通过《中国共产党重庆市第五次代表大会关于中共重庆市第四届委员会报告的决议》和《中国共产党重庆市第五次代表大会关于中共重庆市第四届纪律检查委员会工作报告的决议》。

5月22日 重庆两路寸滩检验检疫局发布消息，经"渝新欧"班列返渝的首批进口冷冻猪肉已完成检验检疫。从重庆进口肉类指定口岸运行以来，首次放行经中欧班列运输的进口肉类产品，标志着重庆正式打通进口肉类经中欧班列返程回渝的运输通道。

5月31日 《重庆市环境保护条例》和《重庆市大气污染防治条例》正式施行。

本月 市科协主办的重庆市庆祝首个"全国科技工作者日"座谈会发布消息，重庆市刘汉龙、蒋兴良、卞修武等3名专家获得了首届全国创新争先奖状。

本月 西南大学家蚕基因组生物学国家重点实验室与美国阿尔伯特·爱因斯坦医学院合作，在全球首次发现微孢子虫侵染过程中的相关蛋白。

6月1日 全市所有公立医疗机构全面实施药品采购"两票制"。

同日 市妇联发布《重庆市儿童事业发展成效报告》。至2016年底，全市有普惠性幼儿园5779所，普惠率75%，"入园难""入园贵"问题得到缓解。

6月4日 重庆医科大学医渡云医学数据研究院正式揭牌成立。该研究院是国内高校首个针对医学大数据分析研究建立的二级学院，致力于医学数据基础理论研究，并进行关键技术攻关、创新成果转化、培养行业领军人才等工作。

6月6日 国网重庆市电力公司技术人员在合川区草街附近顺利完成跨越嘉陵江江面的输电线路间隔棒安装作业，这标志着"十三五"时期首条500千伏川渝输电大通道全线贯通。

6月7日 2017（第八届）全球汽车论坛在悦来国际会议中心举行。

6月8日 2017中国国际棉花会议在重庆市举行。

6月9日 由重庆中国三峡博物馆原创策展并联合湖北省博物谊、四川省博物院等7家博物馆共同主办的"走进长江文明之大溪文化主题展"在重庆中国三峡博物馆开展。展出石器、骨器、陶器及动植物标本等380余件（套）展品，从经济生活、艺术信仰、族群聚落等方面系统展示大溪文化面貌。

6月10日 中国人民解放军第三军医大学划归陆军建制领导

管理，更名为中国人民解放军陆军军医大学。

同日 重庆市"十三五"规划重点文化工程《巴渝文库》首部作品《巴渝文献总目》出版座谈会在重庆图书馆举行。

6月12日 中国科学院重庆绿色智能技术研究院召开新闻发布会，宣布该院开发出国内领先的智慧旅游大数据分析可视化平台，可对旅游市场进行科学预测和诊断。

6月13日 市政府办公厅发布《关于印发重庆市深化医药卫生体制改革2017年重点工作任务的通知》，要求所有公立医院在8月底前全面取消药品加成（中药饮品除外），建立公立医院由服务收费和政府补助两个渠道补偿的新机制，推动新旧运行机制平稳转换。

6月15日 农业部、国务院扶贫办在重庆市石柱土家族自治县召开全国产业扶贫现场观摩会。与会人员观摩各地产业扶贫现场，推广交流各地产业扶贫范例，明确下一步产业扶贫工作方向。

同日 全国安全生产工作考核现场会在渝召开。

6月19日 随着全线"卡脖子工程"——甘肃胡麻岭隧道成功贯通，连接我国西南和西北最便捷的铁路大通道——兰渝铁路全线贯通。

6月21日 《国务院办公厅关于建设第二批大众创业万众创新示范基地的实施意见》公布，重庆市的永川区、猪八戒网跻身第二批国家"双创示范基地"。

6月22日 由重庆民族乐团与中央民族乐团共同演绎的大型民族管弦乐《山水重庆》在国泰艺术中心上演。

6月22日—25日 第二十届中国（重庆）国际投资暨全球采购会（简称"渝洽会"）在重庆国际博览中心举办。来自48个国家和地区的6100余户（个）企业（机构）参会参展，其中包括1500余家跨国公司。渝洽会由商务部、国务院三峡办、中国贸促会和重庆市人民政府共同主办，是重庆市规模最大、国际化水平最高的综合性经贸盛会。

6月23日—25日 第五届中国西部旅游产业博览会暨中国西部旅游互联网营销大会在重庆国际博览中心举行。会议主题为"山水重庆多彩西部"，展区分重庆旅游、国内外旅游、休闲旅游、文旅融合发展、智慧旅游和金融服务五大板块。吸引国内外100余个旅游城市、40余个旅游机构和国际旅游组织，以及景区、旅行社、酒店、旅游商、旅游商品、旅游装备等领域数百户企业参展，参展商数量为历届之最。

6月26日 6·26国际禁毒日集中宣传活动在南岸区女子教育矫治所举行，市禁毒志愿服务总队成立，涪陵信息技术学校等25所学校成为首批重庆市毒品预防教育示范学校。

同日 市运营局发放首批网络预约出租汽车经营许可证。首汽约车、神州专车、重庆愉客行网络有限公司、重庆庞大叮叮科技有限公司、重庆呼我出行网络科技有限公司5家网约车平台获该证。

6月27日 重庆市首架专业医疗直升机试飞成功并投入使用。

6月28日 国家质检总局发布公告，重庆市获评2015—2016年度省级政府质量工作考核A级，成功跃居5个质量工作考核A级省级政府之列。

同日 重庆港务物流集团有限公司、陕西煤业化工集团有限责任公司合作项目在雾都宾馆举行揭牌仪式。重庆港务物流集团与陕西煤业化工集团有限责任公司依托合资成立的陕煤重庆港务物流有限公司、重庆港陕煤电子商务有限公司，共同推动煤炭、矿石等大宗商品在西部地区及长江沿线地区高效流通。

6月29日 中国兵工学会、重庆市经信委、重庆市国防科工办主办的2017年兵器科技与区域创新发展交流会在渝举行，国内100余户兵工企业、高等院校、科研院所专家学者和技术人员围绕军民融合发展相关议题进行探讨。

同日 首届长江上游地区省际协商合作联席会议在渝召开。

6月30日 文化部文化产业项目服务平台第六期文化产业精品项目交流对接会暨重庆市文化产业重点项目推介会在南岸区举行，24个重点文化项目现场签约，总投资金额超1700亿元。

本月 交通运输部海事局授予重庆海事局海员证签发权。

7月4日 市政府出台《重庆市市属国有重点企业退休人员社会化管理试点工作实施方案》，决定市属国有企业退休人员试点社会化管理，从2018年1月1日起，企业职工办理退休手续后的管理服务工作与原企业分离。

7月10日 重庆市向对口支援的西藏自治区昌都市建卡贫困户捐赠价值6500万元的"爱心摩托车"1.3万辆，帮助解决建卡贫困户出行难问题。

7月11日 2017中国旅游城市排行榜发布，重庆市2016年接待游客4.51亿人次，收入2645亿元，仅次于北京市，列全国第二位。

7月17日 第二届十大"巴渝工匠"荣誉称号授予仪式在重庆新闻传媒中心举行。杨波、张天友、陈东平、邓建华、刘源、刘波平、彭勇、曹光富、张德勇、栗道梅等10人获"巴渝工匠"称号。

7月21日 第46届南丁格尔奖章颁奖大会在北京人民大会堂

举行。来自中国人民解放军陆军军医大学（第三军医大学）西南医院传染科护士长游建平获奖。

同日 重庆市首个农产品电商产业园"香满圆西部农产品电商产业园"正式挂牌。该产业园旨在整合线上电商服务资源和线下流通资源，为重庆农产品"线上＋线下"销售提供一站式服务，解决农产品销售痛点问题。

7月27日 金砖国家劳工就业部长会议在渝召开。金砖各国劳工就业部长、社会伙伴代表以及国际劳工组织、国际社会保障协会等国际组织高级官员出席会议。

本月 中央文明办发布7月"中国好人榜"，102位助人为乐、见义勇为、诚实守信、敬业奉献、孝老爱亲的身边好人上榜。重庆市奋不顾身勇救横穿铁轨老人的荣昌火车站值班员徐前凯、残疾企业家罗登宝、乡村医生杨晓等3人光荣上榜。

8月1日 潼南区、永川区、万州区、涪陵区、梁平区、荣昌区农村产业融合发展示范园入选首批国家农村产业融合发展示范园创建名单。

8月3日 重庆市入选第二批全国城市设计试点城市。

8月3日 中国科学院大学重庆转化医学研究院共建协议签约及授牌活动在渝举行。

8月5日 市政府下发《关于加强融资平台公司管理有关问题的通知》，强调通过"分债、限量、控资、追责"方式严管融资平台公司。要求每个区县公益项目建设单位最多留3家。

8月9日 民政部、财政部关于2016年度全国困难群众基本生活救助工作绩效评价结果通报中，重庆市得分92.55分，列全国第三位。

8月10日 市人力社保局发布消息，重庆市出台《重庆市高级创业孵化基地（园区）认定和管理办法》，促进市级创业孵化基地、留学生创业园区、返乡农民工创业园区等创业基地可持续发展，支持以高校毕业生为主的青年群体、登记失业人员、返乡农民工、留学人员等重点群体创新创业。被认定为市级创业孵化基地（园区）的，其一次性补贴标准由50万元提高至60万元，连续3年评为优秀的，最高可获150万元补助。

8月15日 市委办公厅、市政府办公厅印发《关于〈调整我市国家扶贫开发工作重点区县脱贫摘帽计划的方案〉〈深度贫困乡（镇）定点包干脱贫攻坚行动方案〉〈全市脱贫致富攻坚问题整改工作方案〉的通知》（渝委发〔2017〕91号）。

8月17日 市委、市政府下发《关于深化脱贫攻坚的意见》（渝委发〔2017〕27号），《意见》确定：到2020年，稳定实现农村贫困人口不愁吃、不愁穿，义务教育、基本医疗和住房安全有保障；实现贫困地区农民人均可支配收入增幅高于全市平均水平，基本公共服务主要领域指标接近全市平均水平；确保现行标准下农村贫困人口、贫困村全部脱贫，贫困区县全部摘帽，解决区域性整体贫困；贫困地区以城带乡、城乡一体化发展能力明显增强，贫困群众自我发展意识、自我发展能力明显增强，与全市同步进入全面小康社会。

同日 以后勤工程学院和军事经济学院为基础合并组建的陆军勤务学院正式在渝揭牌。

8月24日 全国工商联发布2017中国民营企业500强榜单，金科、龙湖、隆鑫、力帆、新欧鹏、华宇、宗申、中昂投资、华南物资、小康控股、博赛矿业等11户渝企入围。

8月25日 陆军军医大学举行新校名揭牌仪式，大学形成重庆、石家庄、呼图壁、日喀则四地办学格局，校本部仍在重庆。

8月26日—9月8日 第十三届全国运动会在天津市举行。重庆代表团142名运动员参加16个大项、66个小项比赛，获金牌4枚、银牌7枚、铜牌9枚。

8月28日 重庆中新示范项目战略研究中心（简称CCITT）在中新（重庆）战略性互联互通示范项目管理局揭牌。

8月30日 市扶贫办发布消息，重庆市从18个市级扶贫单位选派78名干部到深度贫困乡镇的贫困村任"第一书记"。这些干部每月三分之二的时间吃在村、住在村、干在村，进一步强化驻村扶贫力量，助力深度贫困乡镇贫困村高质量脱贫，贫困人口稳定脱贫。

8月31日 渝、桂、黔、陇四省区市政府合作共建中新互联互通项目南向通道框架协议签约活动在渝举行。

9月1日 国家健康医疗大数据西南中心及产业落户重庆大学城科技产业园。

9月3日 纪念全面抗战90周年暨《我的1945——抗战胜利回忆录》《抗战胜利·民间影像特辑》2部记录抗战的新书发布座谈会在重庆图书馆举行。

9月4日 市政府发布《重庆市人民政府关于协同配套下放一批市级行政审批等管理事项的决定》，决定下放31项市级行政审批等管理事项。

9月8日 公立医院综合改革在全市全面推开，所有公立医院全部取消药品加成（中药饮片除外），开始执行439项新的医疗服务项目价格。

9月9日　2017未来科学大奖获奖名单在北京市揭晓，重庆籍"80后"科学家许晨阳获2017未来科学大奖生命科学奖、物质科学奖、数学与计算机科学奖。

9月10日　中国企业联合会、中国企业家协会发布2017中国企业500强榜单，龙湖地产、重庆商社、金科、龙湖拓展、重庆建工、重庆化医、隆鑫、力帆、太极、重庆能投、重庆农商行、重庆机电、重庆轻纺等13家渝企上榜。

9月11日　市政府发布《重庆市贯彻落实国务院"十三五"旅游发展规划重点任务分工》，提出到2020年，把旅游业培育城市综合性战略支柱产业，建成以"山水之都、美丽重庆"为统领，以三大国际旅游目的地、七大国际旅游品牌为支撑，具有世界吸引力和竞争力的国际知名旅游目的地；旅游总收入达到5000亿元，国家AAAA级以上旅游景区数量达到120个，年旅游人数达到5.3亿人次。

9月13日—17日　第六届重庆市文化产业博览会在重庆国际博览中心举行。展览面积10万平方米，设8个主题馆，国内外近千家客商参展，观众40万余人次。

9月21日　教育部、国家发改委印发《关于公布世界一流大学和一流学科建设名单》，重庆大学入选世界一流大学建设高校，西南大学入选世界一流学科建设高校。

9月25日　中新互联互通项目"渝黔桂新"南向铁海联运通道常态化运行班列在重庆铁路口岸举行首发仪式。

9月26日　2015—2016年度"富民兴渝贡献奖"颁奖典礼在广电大厦演播厅举行。10名获奖人分别是：匡后明、刘波、朱刚泉、陈卉丽、许仁安、朱明跃、袁心玥、杨培增、周曦、胡德高。

9月29日 中新互联互通项目兰渝专列首发仪式在重庆铁路口岸举行。

10月1日—4日 第九届中国西部动漫文化节在悦来重庆国际博览中心举行。该届动漫文化节展出场馆分为特展馆、同人展和Live秀、电竞馆等，总展出面积5万平方米。

10月12日 渝贵铁路全线建成。该铁路是国家铁路I级双线电气化铁路，正线全长345.4千米，其中贵州段长233千米，设计时速200千米，总投资530亿元，新建桥梁209座，共有双线隧道115座，新建车站12个，日均客车输送能力80余对。

10月16日 经市政府同意，由市金融办、市扶贫办、市农委、人民银行重庆营业管理部和农业发展银行重庆分行联合制定的《重庆市政策性金融扶贫实验示范区建设方案》出台，农业发展银行重庆分行拟投放各类信贷资金700亿元助推1565个贫困村脱贫。

10月18日 中国贸促会（重庆）自由贸易区服务中心在渝揭牌。该中心将服务重庆自贸试验区，促进对外贸易投资，提供涉外商事法律服务，有利于自贸试验区内企业开展国际交流合作。

10月19日 渤海银行重庆分行正式开业。至此，重庆市全部拥有12家全国性股份制商业银行。

10月26日 全市领导干部大会召开，传达学习贯彻党的十九大精神。

10月27日 2017年首届"中国·白帝城"国际诗歌节在奉节县开幕。中华诗词学会在开幕式上授予奉节县"中华诗城"称号，奉节为迄今全国唯一被授予"中华诗城"称号的城市。

10月30日 人民银行重庆营业管理部、国家外汇管理局重庆外汇管理部联合发布《关于金融支持中国（重庆）自由贸易试验区建设的指导意见》，推出探索贸易结算便利化创新等36条金融创新举措。

同日 市政府召开新闻发布会，宣布重庆国际贸易"单一窗口"上线运行，国际贸易便利化程度将提升，重庆口岸通关环节优化30%以上，通关时间缩短10%以上，企业成本下降10%以上。

本月 西南大学家蚕基因组生物学国家重点实验室发现家蚕体形和着色受到一种新的表皮蛋白影响。这是全球首次发现这种蛋白，有利于控制鳞翅目害虫。

11月2日 第二十七届中国新闻奖评选结果揭晓，《重庆日报》选送的作品《逐梦他乡重庆人》获"新闻名专栏"一等奖。

同日 重庆市首届体育旅游产业发展大会在万盛经开区举行。

11月7日 学习贯彻党的十九大精神中央宣讲团报告会在市委礼堂召开。

11月9日 第九届中国（重庆）火锅美食文化节在重庆北滨路正式开启，60余户火锅品牌企业打造万人火锅宴。

同日 市政府发出通知（渝府〔2017〕45号），同意万州区、黔江区、武隆区、丰都县、秀山县5个区县退出国家扶贫开发工作重点区县。该5区县为重庆市首批脱贫摘帽的国家扶贫开发工作重点区县。

11月10日—12日 第九十七届全国糖酒商品交易会在重庆国际博览中心举行。本届糖酒会展览面积15.6万平方米，设传统酒类、葡萄酒及国际烈酒、食品饮料、调味品、食品机械、食品包装六大展区，并在各展区设国际啤酒、酒具、进口食品、餐饮连锁、国际食品机械、电商、金融服务、休闲食品、农产品、森林食品、食品科技等小型特色专区，来自全球40余个国家和地区的近3000

户企业参展。

11月13日 市委五届三次全委会议召开，审议通过《中共重庆市委关于把党的十九大精神落实在重庆大地上的决定》和全会决议。

11月15日 第五届"全国文明城市"名单出炉，重庆市江北区、忠县榜上有名。"全国文明城市"，是对一座城市在经济、政治、文化、社会、生态文明建设和党的建设各方面的最高综合性褒奖。此外，重庆渝北区、渝中区、南岸区通过复查，继续保留"全国文明城市"荣誉称号。

11月22日 重庆启动与知名院校开展技术创新合作专项行动，首批项目集中签约。

11月23日 重庆市与十二家军工央企集团举行军民融合发展对接会，并签署战略合作协议。

11月24日 重庆市首个光伏电站节能示范园区项目在重庆高新区建成投入使用。

12月1日 重庆商标审查协作中心揭牌暨签约活动在重庆科技金融中心举行。

12月3日 重庆煤监局发布消息，中梁山煤矿南、北矿关闭验收复查合格，2017年全市关闭10个煤矿的计划全部完成，至此重庆市在两年内共计实现去煤炭产能2348万吨。这标志着重庆市提前一年超额完成了国家下达的三年去煤炭产能2300万吨的目标任务。

12月16日 由市科委、中科院重庆绿色智能技术研究院牵头发起，重庆机器人及智能制造技术创新战略联盟挂牌成立，推动建立以企业为主体、市场为导向的产学研相结合的创新体系，提高重庆机器人产业核心竞争力。

同日 在北京举行的2017第十二届中国全面小康论坛上，荣昌区农村便民道户户通工程荣获论坛"中国十大民生决策"奖，荣昌为本届论坛重庆市唯一获奖的区（县）。

12月21日 重庆长航东风船舶工业公司6000吨级浮船坞正式运营投用，一举破解长江上游5000吨级以上大型船舶修理的难题。

12月22日 重庆通用航空产业集团有限公司获颁恩斯特龙直升机生产许可证（PC）。这是中美双边适航协议签署后，国内首个直升机生产许可证，意味着重庆通航集团成为国内第一家拥有美国设计认证、中国生产认证的直升机生产企业。至此，重庆生产的直升机进入量产时代，并可以进行国际销售。

同日 农业部和人力资源社会保障部联合对农业劳动者和全国农业系统进行表彰，重庆市李尚前、熊尚兵、莫应明、秦宗玉、郭平、李远游、赵丽、犹绍华8人获"全国农业劳动模范"称号，王启贵、刘祥贵、张兴端、范永前、程传武、陈仕高、何先平7人获"全国农业先进工作者"称号。

12月28日 中欧班列（重庆）首次在果园港开行。此次班列的成功开行，启动了西部首条直联长江经济带的水铁国际联运战略通道，实现了中欧班列（重庆）与长江黄金水道之间的水铁联运无缝衔接，打通了连接"一带一路"与长江经济带的"最后一公里"。

同日 重庆轨道交通5号线一期北段及10号线一期工程开通试运营。

12月29日 重庆能源集团整合旗下松藻、南桐、永荣、天府、中梁山等五个矿业公司，正式成立重庆能投渝新能源有限公司，注册资金30亿元、总资产223亿元。

本月 全市已创建全国休闲农业与乡村旅游示范县10个、示范点23个，全国全域旅游示范区创建区（县）8个，中国乡村旅游模范村41个，全国特色景观旅游名镇14个、名村7个。圆满完成市政府《关于进一步加快乡村旅游发展的意见》（渝府办〔2016〕127号）确定的年度工作任务。

二〇一八年

1月1日 重庆市取消征收主城区路桥通行费，绕城高速公路及其以内渝邻、渝涪、渝湘、渝黔、成渝、渝遂射线高速公路按高速公路收费规定、标准及方式收取通行费。

1月2日 重庆大学、重庆工程职业技术学院、重庆市教育信息技术与装备中心、大足区教育委员会、重庆巴蜀中学校、重庆第二十九中学校、巴南区鱼洞第二小学校7家单位入选全国第一批教育信息化试点优秀单位。

1月3日 中共中央政治局常委、全国政协主席汪洋在市委、市政府向党中央、国务院报送的《关于2017年重庆市脱贫攻坚工作情况的报告》（渝委文〔2017〕92号）上作出批示："重庆市认真落实党中央决策部署，完善脱贫攻坚政策、规划、投入、管理和考核体系建设，动员各方力量构建大扶贫格局，聚焦深度贫困集中攻坚，扎实推进各项帮扶举措，脱贫攻坚取得明显成效。新的一年要继续努力。"

1月4日 人民银行重庆营业管理部发布消息：近日，人民银行重庆营业管理部会同重庆市财政局、市交委、重庆银监局和中新

（重庆）战略性互联互通示范项目管理局等8个部门，联合印发了《关于推进运单融资促进重庆陆上贸易发展的指导意见》。此举旨在全面推进运单融资，服务实体经济，大力促进重庆陆上贸易发展。

1月5日　南滨路文化产业园在"2018中国文化产业学院奖"评选活动中，荣获"2017中国年度文化产业园"的最佳业态融合奖。

1月8日　重庆市科研单位牵头或参与完成的5项科技成果获2017年度国家科学技术奖，其中"涪陵大型海相页岩气田高效勘探开发"项目获国家科学技术进步奖一等奖。

1月10日　重庆市首户林权收储企业——重庆瀚森林权收储公司在涪陵区挂牌。

同日　重庆悦来能源管理有限公司在两江新区正式成立，这也标志着重庆首个主要面向住宅用户的集中供冷供热工程落户两江新区。

1月11日　重庆移动公司与重庆长安汽车股份有限公司、中移物联网有限公司、华为技术有限公司签署《关于全面开展LTE-V及5G车联网联合开发的战略合作协议》。

1月13日　全市首个监察委员会——长寿区监察委员会挂牌。

1月19日—22日　第十七届中国西部（重庆）国际农产品交易会在重庆国际会展中心举行。市内外政府及部门组团参展达到57个，展销农产品6500余种，境内外参展企业达2200余家，现场销售农产品3.87亿元，签订购销协议105.8亿元。此次农展会设立精准扶贫展区，组织策划、包装设计18个深度贫困乡镇生态资源、特色农产品、产业规划，为深度贫困乡镇招商引资、特色农产品营销和产业发展提供广阔平台。

1月21日　重庆两江数字经济产业园正式开园。该产业园以数字基础型、数字应用型、数字服务型为发展重点方向，构筑产业支撑体系，加快数字资源集聚，提升数字技术创新能力，拓展数字应用服务能力，着力形成数字驱动型创新体系和发展生态，努力打造全国数字经济产业示范区。

1月24日　三峡人寿保险股份有限公司开业。该公司是中国保监会批准设立的全国性金融机构，是第一家总部位于重庆市的中资人寿保险公司。

1月25日　渝贵铁路、重庆西站铁路综合交通枢纽、成渝高铁枢纽段和沙坪坝站铁路综合交通枢纽同步开通运营，标志着成渝贵"3小时交通圈"、渝贵"2小时交通圈"、毗邻区县"1小时通勤圈"形成。

1月27日　重庆抗战兵器工业遗址、重庆钢厂和"816"工程3处工业遗址入选中国工业遗产保护名录（第一批）。

本月　国家发展改革委、交通运输部、中央网信办联合组织开展了首批骨干物流信息平台试点评选工作，确定了28家试点单位。其中重庆智慧物流公共信息平台与菜鸟、传化、满帮等"独角兽"级平台名列榜单中。这也是重庆唯一入选的企业。

2月1日　全市首个乡镇川剧院——九龙坡区白市驿川剧院开馆。

同日　财政部、环保部、国家发展改革委、水利部在重庆市联合召开长江经济带生态保护修复暨推动建立流域横向生态补偿机制工作会议，深入学习贯彻党的十九大、中央经济工作会议精神，认真贯彻落实习近平总书记有关长江经济带的重要讲话和指示精神，启动实施长江经济带生态修复奖励政策，促进形成共抓大保护格局。

同日 "重庆市监察委员会"正式挂牌亮相。此前一周，全市38个区县监察委员会已悉数挂牌，这标志着重庆市全面完成市、区县两级监委组建。

2月5日 全市首个城市大数据联合创新中心——城市大数据联合创新中心揭牌。

2月7日 2017年度"感动重庆十大人物"颁奖典礼在重庆广电大厦演播大厅举行。当选2017年度"感动重庆十大人物"的是：彭阳、徐前凯、梁新宇、罗倩、廖良开、蔡芝兵、陈英/陈立/陈容三兄妹、曹树才/许厚碧夫妇、严克美、何舒培。

2月10日 市委、市政府印发《重庆市精准脱贫攻坚战实施方案》（渝委发〔2018〕9号）。《方案》以党的十九大提出的"坚决打赢脱贫攻坚战"精神为指针，根据市委五届三次全会精神，从总体要求、重点任务、组织实施三个方面，对坚决打赢脱贫攻坚战作出了全面部署。在重点任务中，制定了基础设施提升、特色产业扶贫、乡村旅游扶贫、电子商务扶贫、就业创业扶贫、异地扶贫搬迁、健康医疗保障、教育文化扶智、集体经济壮大、金融精准扶贫、美丽乡村建设、社会协作动员等十二项行动，把全部任务分解为十四个类别117项具体内容，将责任分别落实到市级相关部门。

2月11日 全市实施乡村振兴战略行动计划动员会议召开。

2月18日 市公安局渝北区分局交巡警支队石船公巡大队副大队长杨雪峰因公殉职。7月14日，被市政府评为烈士。8月27日，被中央宣传部发布其先进事迹并被追授"时代楷模"称号。9月11日，中共重庆市委、重庆市人民政府印发《关于深入开展向"时代楷模"杨雪峰同志学习活动的决定》。

3月1日 市公交集团发布消息，全市65岁以上乘客免费乘坐公交车。

同日 重庆市实施境外旅客购物离境退税政策。瑞皇（重庆）钟表、苏宁云商解放碑店、苏宁云商观音桥店、新世纪百货大坪商都、龙庆物业（时代广场）、大都会广场太平洋百货、世纪星光百货（重庆）、新世纪百货凯瑞商都、远东百货、新光天地百货10家商店成为全市首批境外旅客购物离境退税商店。

3月5日 陈卉丽、杨浪浪、任登秀、夏敏、汤君丽、乐梅、谢莉苹、龙其贤、李良蓉9人被全国妇联授予"全国三八红旗手"称号，中电科技集团重庆声光电有限公司IC设计部应用工程中心、重庆日报时政社会新闻中心、重庆市冬青社会工作服务中心项目部、秀山县边城秀娘职业培训学校培训部、璧山区特殊教育学校教学部5个集体获"全国三八红旗集体"称号。

3月7日 中国政府网发布信息：国务院已正式批复同意荣昌高新技术产业开发区、永川高新技术产业开发区升级为国家高新技术产业开发区，实行现行的国家高新技术产业开发区政策。

3月8日 渝东南片区首个出入境检验检疫机构——黔江出入境检验检疫局挂牌开检。

3月10日 中共中央总书记、国家主席、中央军委主席习近平参加十三届全国人大一次会议重庆代表团审议并发表重要讲话。他在讲话中希望重庆广大干部群众团结一致、沉心静气，加快建设内陆开放高地、山清水秀美丽之地，努力推动高质量发展、创造高品质生活，让重庆各项工作迈上新台阶。

3月14日 全国首家涵盖大文化的省级研究机构——重庆市文化研究院举行挂牌仪式。

同日 《重庆市自动驾驶道路测试管理实施细则（试行）》出台，重庆成为继北京、上海后第三个支持自动驾驶汽车开展合法"路测"的国内城市。

3月26日 财政部、国家发展改革委发布2017年钢铁煤炭去产能拟激励公示名录，重庆成为钢铁去产能激励公示名录的5省市之一。

3月27日 教育部官网公布2017年新增博士、硕士学位授权点名单。重庆市新增博士学位授权一级学科的有重庆大学化学、公共管理学，西南大学应用经济学、体育学、世界史、计算机科学与技术、兽医学、药学，重庆医科大学口腔医学、公共卫生与防疫医学，西南政法大学新闻传播学。其中，西南政法大学被授权的新闻传播学是重庆市高校首个被授予的新闻传播学博士授权点，西南政法大学是全国法科大学首个获得新闻传播学博士授权点的大学。

同日 重庆市与紫光集团签署"智能安防+人工智能"、工业4.0智能工厂、紫光云（南方）总部、金融科技等项目投资合作协议。这标志着重庆市政府与紫光集团的全面战略合作进入了正式落地实施阶段。

3月28日 2018中国智能装备军民两用论坛暨博览会在悦来国际会议中心举行。本次论坛由中国兵器科学研究院主办，为期两天，旨在以装备智能化为着力点，将技术、产业、资本有机链接起来，打造军民协同创新平台，服务地方经济建设，推动高新技术在国防、民用领域的双向流动和高效利用。

同日 重庆市入围国家首批5G应用示范城市。

同日 亚洲首个奥特莱斯房地产投资信托——砂之船房地产投资信托在新加坡交易所上市。这是中新（重庆）战略性互联互通示范项目（简称中新互联互通项目）落户重庆以来发掘和联通新加坡国际金融市场取得的重大突破，对中西部地区企业探索利用跨境融资新模式具有重要示范意义和带动作用，也为重庆提升金融开放水平和促进"一带一路"地区资金融通做出有益探索。

本月 重庆国宾壹号院获建筑界"奥斯卡"——MIPIM大奖，这是重庆建筑项目首次入围世界级杰出建筑大奖。

4月2日 商务部公布国家级外贸转型升级基地认定名单。涪陵区国家外贸转型升级基地（榨菜）、潼南区国家外贸转型升级基地（柠檬）、丰都县国家外贸转型升级基地（牛肉）、荣昌区国家外贸转型升级基地（纺织）、长寿区国家外贸转型升级基地（西药）被认定为国家级外贸转型升级基地。

同日 西南大学汉语言文献研究所已故教授毛远明获第十七届"王力语言学奖"，其著作《汉魏六朝碑刻异体字典》（中华书局2014年出版）实现碑别字类工具书由字谱型向字典型转变，具有里程碑意义。

同日 重庆市开出首张环保税税票，标志着重庆环保税首个征期开始。

4月8日 西南政法大学揭牌成立监察法学院，该学院是全国高校中首个围绕《中华人民共和国监察法》开展教学、研究的法学院。

4月11日 作为国产大飞机研制牵头方的中国商用飞机有限责任公司，向中铝西南铝颁发7050厚板工程批准证书，后者由此进入C919飞机合格产品目录，成为国内唯一的国产大飞机项目铝材供应商。

4月12日 2018中国"互联网+"数字经济峰会在重庆召开。

全国各地企业代表、专家学者、政府官员等齐聚山城，聚焦"助力新生态、共享新机遇"主题，共谋中国"互联网+"数字经济发展大计。

4月13日　巫山县把发展生态经济作为破解全县发展难题的主攻方向，编制《巫山县生态经济发展规划（2018—2021）》。该《规划》是重庆市首个区县级《生态经济发展规划》。

4月14日　重庆市歌剧院创作的歌剧《尘埃落定》入选文化和旅游部2018年"中国民族歌剧传承发展工程"重点扶持剧目名单，是西部地区唯一入选作品。

4月16日　中国钟表协会发布消息，重庆生产的"山城"牌手表成为首个获得德国天文台认证的国产品牌，标志着中国制表技术、工艺已跻身世界制表业先进行列。

4月18日　中国石化与重庆市政府联合举行涪陵页岩气田百亿方产能基地揭牌活动，标志着我国首个大型页岩气田——涪陵页岩气田如期建成100亿立方米年产能，我国页岩气从此加速迈进大规模商业化发展阶段。

4月20日　渝桂黔陇四地政府在重庆市召开中新互联互通项目南向通道2018年中方联席会议，邀请四川、云南、陕西、青海、内蒙古、新疆等省、自治区代表参加会议。会议通过《关于合作共建中新互联互通项目南向通道的重庆倡议》并举行相关合作备忘录签约仪式。

4月21日　国家钢结构工程技术研究中心西部研究院在中冶赛迪集团大厦揭牌，意味着国家钢结构工程技术中心在西部设立的第一个综合性钢结构应用研究平台在渝成立。

4月23日　由海关总署牵头，商务部、国家发展改革委、财政部、自然资源部、税务总局、市场监管总局、外汇局等8个部委组成的联合验收组，对重庆江津综合保税区（一期）进行了验收评审，并同意其通过验收。这标志着江津综合保税区正式进入封关运行新阶段。

同日 重庆出版社出版的《重庆之眼》被评为2017年度"中国好书"，为重庆出版界首次获该项奖。

4月25日 市政府办公厅印发《关于优化区县对口帮扶机制的实施意见》（渝府办发〔2018〕46号），明确2018—2020年区县对口帮扶的总体要求，提出优化对口帮扶结对关系、加强产业链帮扶协作、协同引导劳动力就业转移、推动优质教育资源协同共建、推进医疗卫生服务协同共享、加强干部互派培训合作、保持对口帮扶资金援助力度不减、深化完善精准脱贫对接机制等8个方面的重要任务。

4月26日 重庆市举行庆祝"五一"国际劳动节大会，为获2018年全国和市级五一劳动奖和工人先锋号称号的代表颁奖。

4月28日 重庆恐龙脚印最多的地质公园——重庆綦江国家地质公园正式开园。该园有众多古生物化石，尤其是恐龙足迹化石、木化石、恐龙化石等，对研究綦江乃至西南地区中生代地质演变历史、古地理、古气候及古动植物演化等具有重要的科学价值。

5月13日 "美丽中国长江行——共舞长江经济带·生态篇"网络主题活动启动仪式在重庆举行。此次网络主题活动由中央网信办、生态环境部主办，长江经济带沿线11个省市的网信办承办，旨在贯彻落实习近平总书记关于长江经济带建设的重要讲话精神，共组织60多家网络媒体开展采访活动，将运用文字、图片、航拍、视频、直播、VR等多媒体形式深度报道长江沿线省市投身长江经济带发展、保护长江生态环境的务实举措和实际成效，推动形成"共抓大保护、不搞大开发"的良好局面。

5月16日 重庆市旅游发展大会召开。会议提出全力打造重庆旅游业发展升级版，建设世界知名旅游目的地，把重庆旅游搞得红红火火，唱响"山水之城·美丽之地"，让八方游客在重庆"行千里·致广大"，真正实现旅游让人民生活更美好。同日，重庆市举行重大旅游招商项目集中签约活动。29个区县共35个项目成功签约，金额总计2357亿元。

5月17日 OS-X火箭"重庆两江之星"在我国西北某基地成功点火升空，首飞圆满成功。"重庆两江之星"为零壹空间OS-X系列的首型火箭，也是中国首枚民营自研商用亚轨道火箭。

5月18日 坐落在万州区的重庆三峡移民纪念馆正式开馆，这是全国唯一为纪念三峡百万大移民而修建的专题馆。

5月22日 重庆市首个市级艺术品展示交易平台——重庆艺术大市场网络平台正式上线。

5月25日—28日 第二十一届中国西部国际投资贸易洽谈会在重庆悦来国际会议中心举办。会议有包括290余户世界500强企业、2000余家跨国公司和大型企业在内的来自67个国家和地区的7300余户企业（机构）、嘉宾及客商近2万人参展参会。共签约项目211个，签约金额5096.7亿元。

同日 重庆市首个"物联网体感大数据实验室"在重庆大学大数据与软件学院正式揭牌。

本月 西南首家民营汽车整车及零部件第三方检测机构在重庆正式投入运营。

本月 国务院办公厅印发《关于开展工程建设项目审批制度改

革试点的通知》，决定在北京市、天津市、上海市、重庆市、沈阳市、大连市、南京市、厦门市、武汉市、广州市、深圳市、成都市、贵阳市、渭南市、延安市和浙江省开展试点。

6月1日 重庆市首个"一带一路"进口商品体验交易平台——"奇柯世界汇"在位于寸滩的重庆保税交易中心正式开业。

同日 全国首个以"开埠文化与城市九级坡地地貌"为主题获批的AAAA景区——重庆南岸长嘉汇弹子石老街开街。

6月5日 2018（第九届）全球汽车论坛在悦来国际会议中心举行，来自10多个国家和地区的主机厂、供应商、经销商代表及汽车业内人士，就世界范围内汽车行业所面临的新变化和挑战进行了热烈讨论。

同日 江北区观音桥街道"老马工作室"负责人马善祥等10人被聘为全国人民调解专家。

6月6日 市政府办公厅印发《重庆市改革完善全科医生培养与使用激励机制实施方案》。到2020年，全市注册全科医生将增加到6000至10000名，城乡每万名居民拥有2至3名合格的全科医生；到2030年，注册全科医生1.8万名，城乡每万名居民有5名合格的全科医生。

6月7日 重庆市黔江区程绍光、程祖全，大渡口区邓伟明，万盛经开区周祖国4人上榜"中国好人榜"。

6月8日 重庆立道表面技术有限公司携手贵州天义电器有限责任公司、贵州航天精工制造有限公司、四川理工学院联合自主研发的"无氰镀银工艺技术开发及应用示范"项目获中国表面工程行业科学技术奖一等奖。

6月12日 重庆市深入推动长江经济带发展动员大会暨生态

环境保护大会召开。

6月15日 原重庆市国家税务局、重庆市地方税务局合并成立国家税务总局重庆市税务局。

6月18日 重庆建川博物馆正式开馆。该博物馆由24个防空洞打造的8个主题博物馆组成的博物馆聚落，包括兵工署第一兵工厂（汉阳兵工厂）旧址博物馆、抗战文物博物馆、兵器发展史博物馆、票证生活博物馆、中医药文化博物馆、重庆故事博物馆、中国囍文化博物馆、民间祈福文化博物馆，馆藏包括60余件国家一级文物在内的各类文物4万余件。

6月21日 中国工程院与重庆市政府签订合作协议，共建中国工程科技发展战略重庆研究院。

6月21日—24日 第十三届中国重庆高新技术交易会暨第九届中国国际军民两用技术博览会在重庆举办。

6月29日 金融支持中新互联互通项目南向通道推进会议在渝召开，中国人民银行在重庆、广西、贵州、甘肃、青海的分支机构与五地南向通道建设牵头部门共同签订支持建设南向通道合作备忘录。

6月30日 全国首个党员教育专门平台——重庆党员教育数字电视平台全新改版上线。

7月2日 《重庆市生态保护红线》发布，划定全市生态保护红线管控面积2.04万平方千米，占全市国土面积的24.82%。

7月3日 重庆市梁平区残疾运动员曹艺桐获2018年全国残疾人游泳锦标赛金牌4枚、银牌1枚，并打破3个项目全国纪录。

7月5日—7日 第一届全国大数据与人工智能科学大会在重庆市举行。

7月7日 中国电子科技集团有限公司与重庆市人民政府合作建设的联合微电子中心揭牌。

7月7日 西北工业大学与两江新区签约，合作共建西北工业大学重庆科创中心。

7月8日 重庆市杂技艺术团原创魔术《伞丛扇影》获IBM国际魔术大师金牌、金奖和最受关注欢迎奖。

7月11日 国家重点研发计划"成渝城市群综合科技服务平台研发与应用示范"项目在渝启动。

7月14日 勇救落水妇女不幸献出生命的巴南区花溪街道先锋村村民符朝荣被市政府评为烈士。

7月20日—22日 第六届全国职工职业技能大赛重庆选拔赛暨重庆市第三届制造行业职工技能大赛在重庆市机械高级技工学校举行。

7月22日 重庆市渝中区曾家岩小学天使合唱团获第五届新加坡国际合唱比赛A1组别国际金奖。

7月31日 渝广高速支线重庆段在合川区小沔镇动工开建。这是重庆市直达四川省广安市的第二条高速公路出口通道。

本月 重庆市全面实施河长制一年以来，全市已设立四级河长、三级双总河长共计1.6万余名，实现了河库"一河一长"全覆盖。此外，重庆市河长制信息化平台已经全面上线运行，目前各区县、乡镇、村社河长已全部使用"重庆河长制"APP履行巡河职责，最多的一天同时在线人数达5000余人。

8月1日 新加坡籍华人陈佩良夫妇拿到外国人永久居留身份证。这是重庆市首例经重庆自贸试验区推荐获得永久居留身份的外国人。

8月2日—12日　"潮涌两江——庆祝改革开放四十周年重庆市首届群众书法大赛作品展"在重庆美术馆开展，共展出书法作品230件，包括196件入展作品以及34件特邀作品。

8月5日　中国人民银行、中国银保监会、中国证监会和国家标准化管理委员会联合发文，批复同意在重庆市、浙江省开展金融标准创新建设试点工作，试点期为批复印发之日到2020年末。

8月6日—7日　市残疾人联合会第五次代表大会召开。选举市残联第五届主席团委员118人、重庆市出席中国残联第七次代表大会代表15人。

8月10日　开州区、云阳县、巫山县3个区县顺利通过国家专项评估检查，均达到贫困县退出条件，如期实现高质量整体脱贫摘帽。

8月11日　重庆大学教授李永毅凭借作品《贺拉斯诗全集》获第七届鲁迅文学奖文学翻译奖。

8月15日　恩智浦中国汽车电子应用开发中心正式在重庆两江新区投用。该应用中心是重庆首个由国际领先汽车半导体厂商设立的研发机构，旨在为包括重庆在内的中国汽车产业提供汽车电子产品应用支持和产品开发咨询服务。

8月16日　"渝南黔北"区域旅游发展联盟在贵州桐梓成立。该联盟由重庆綦江、南川、万盛经开区与贵州桐梓政府共同发起成立，合作内容包括项目建设、产业发展、旅游营销、优惠政策等。

8月16日—19日　第33届全国青少年科技创新大赛在重庆市举行。来自全国31个省区市和港澳台地区的35支代表队，以及57个国家和地区的300余名代表参加竞赛、展示和交流活动，规模为亚洲之最。重庆市第八中学学生冯路桥获大赛最高奖——中国科协主席奖。

8月18日　柬埔寨JC国际航空公司一架空客A320客机降落重庆江北国际机场，标志着重庆至柬埔寨西哈努克港国际航线正式开通。

8月19日　重庆市成为全国首批13个知识产权军民融合试点省市。

8月23日—25日　首届中国国际智能产业博览会在重庆市举行。中共中央总书记、国家主席、中央军委主席习近平向大会致贺信，中共中央政治局常委、国务院副总理韩正出席开幕式并致辞。共设置展场13个，展览总面积18.6万平方米，洽谈签约重大项目501个，观展人数累计超过50万人次，是当时重庆举办的规模最大的展会。

8月28日　小龙坎至杨家坪、重庆火车西站至西南医院两条公交优先道投入使用，全市五大商圈的公交优先道骨干网络已基本形成。

8月30日　重庆市文化旅游推介会在纽约联合国总部举行。

同日　市政府与越南社会主义共和国胡志明市人民委员会在越南胡志明市签署建立友好城市关系备忘录。

8月31日　巨型稻在重庆江津现代农业园区首次试种成功，平均株高2米、亩产超800公斤，"稻—蛙—鳅"立体种养业亩均产值超6万元。

9月5日　南川页岩气互联互通通气仪式在中石油公司南川配气站举行。这是中石油公司与中石化公司页岩气输气管道在川渝地区首次实现互联互通，标志着"华南线"页岩气管道正式竣工通气。

9月7日 重庆市获"世界旅游城市联合会香山奖"发展潜力奖。

9月7日 第七届重庆（国际）文化产业博览会在重庆国际博览中心北展馆召开。本届文博会以"交流·交易·交融"为主题，吸引了来自云南、西藏、广东等25个省区市和香港、台湾地区，重庆市渝中、江北、渝北等23个区县的1000余家客商，以及意大利、日本、澳大利亚、匈牙利、埃塞俄比亚等5个国家驻渝（蓉）领事馆参展。

9月11日 《重庆市生态环境损害赔偿制度改革实施方案》正式发布，明确规定8种损害生态环境的情形将被追究生态环境损害赔偿责任。

9月13日 长江生态检察官办公室在重庆市检察院二分院揭牌成立，标志着保护长江上游三峡库区腹心地带生态环境的"长江生态检察官制度"在重庆市确立。

9月15日 渝北区与微软（中国）有限公司签署战略合作备忘录，微软公司将在仙桃数据谷落户"微软云暨移动技术孵化计划日——重庆人工智能加速器"项目。

9月16日 第八届世界木材与木制品贸易大会在重庆市永川区召开。

同日 袁隆平重庆院士专家工作站授牌仪式在大足区拾万镇举行。

9月18日 亚洲开发银行批准1.5亿美元贷款，用于支持中国长江流域龙溪河环境综合整治及生态保护工作。

9月21日—10月1日 第二届"中国·白帝城"国际诗歌节在奉节县举行。

同日 西南大学、上海体育学院和重庆市戒毒管理局创新合作暨重庆市运动戒毒研究中心签约仪式在西南大学举行，标志着西部地区首个运动戒毒研究中心正式揭牌。

9月23日 重庆市首届中国农民丰收节主会场庆祝活动在梁平区举行。

9月26日 市委、市政府印发《关于打赢打好脱贫攻坚战三年行动的实施意见》（渝委发〔2018〕51号），提出九个方面48项措施。

9月30日 中共中央总书记、国家主席、中央军委主席习近平在人民大会堂会见四川航空"中国民航英雄机组"全体成员，重庆籍飞行员、"英雄机长"刘传健接受会见。5月14日，四川航空3U8633航班在由重庆飞往拉萨的途中，驾驶舱右挡风玻璃意外爆裂，舱内瞬间失压，严重危及乘客和机组成员生命安全，重庆籍机长刘传健操纵飞机平安着陆成都双流机场，挽救了全机人员。

同日 重庆市全面实施残疾儿童康复救助制度。

10月1日—4日 第十届中国西部动漫文化节暨WestJoy数字互动娱乐展在南坪国际会议展览中心举行。

10月10日 首届全国卫生健康行业青年志愿服务项目大赛全国总决赛在渝举行。

10月12日 重庆市政府与中国中车集团有限公司签订战略合作框架协议。

10月14日 鲁渝扶贫协作第十次联席会议在山东省济南市召开。

10月15日 重庆市荣昌区获国家林业和草原局授予的"国家森林城市"称号。

10月15日—22日　2018中国冰壶公开赛在重庆市巴南区举行。

10月16日　第二届CGTN全球媒体峰会暨第八届CCTV+全球视频媒体论坛在重庆市召开。来自全球70余个国家和地区的100余个新闻机构参加会议。

10月19日—22日　第六届中国（重庆）商品展示交易会在重庆国际博览中心举行。

10月20日—21日　2018汉丰湖国际摩托艇公开赛在开州区汉丰湖举行。

10月20日—22日　2018国际龙舟联合会世界杯龙舟赛在合川城区涪江水域举行，来自全球12个国家和地区的龙舟队参加比赛。

10月23日　第八届中国畜牧科技论坛在重庆市荣昌区开幕。论坛以"乡村振兴与畜牧业高质量发展"为主题，旨在传递当今世界畜牧科技前沿先进经验，借助大数据、智能化力量，为现代畜牧业赋能，为乡村振兴添彩。

同日　重庆市与瑞典西哥特兰省签署建立友好合作关系谅解备忘录。

10月24日　重庆力帆汽车有限公司董事长尹明善、重庆宗申产业集团董事长兼总裁左宗申、陶然居饮食文化集团董事长严琦、隆鑫控股有限公司董事局主席涂建华4位重庆市民营企业家入选"改革开放40年百名杰出民营企业家"名单。

10月26日　中欧班列（重庆）"德国曼海姆港—重庆果园港"班列正式开行。

10月27日　中国（重庆）自由贸易试验区仲裁中心成立大会暨首届中国（重庆）自由贸易试验区仲裁论坛举行。

10月28日　对接"一带一路"的中新互联互通陆海新通道首列冷链专列抵达重庆铁路口岸。

10月30日　重庆市完成首例MR全息投影下人工关节置换术。

10月31日　涪江潼南航电枢纽工程全面建成投运，标志着涪江干流潼南段结束长期不能通行大吨位船舶的历史。

11月2日　中新（重庆）战略性互联互通示范项目金融峰会在重庆悦来国际会议中心举行。

11月3日　2018长江三峡（巫山）国际越野赛在重庆市巫山县举行。

11月4日　首个全球胶囊内镜联盟在重庆市成立。

11月5日—6日　重庆交易团赴上海市参加首届中国国际进口博览会。

11月7日—12日　首届长江上游城市花卉艺术博览会在重庆市江北嘴中央商务区举行。

11月8日　中欧班列（重庆）"白俄罗斯—重庆"回程班列抵达重庆市沙坪坝区团结村，标志着中欧班列（重庆）"白俄罗斯—重庆"回程班列实现常态化运行。

同日　长江三峡区域旅游合作2018年渝鄂轮值主席会议在万州区召开。重庆市文化和旅游发展委员会、湖北省旅游发展委员会签署《2018年渝鄂长江三峡区域旅游合作备忘录》，双方将携手把长江三峡建成世界最大的生态旅游示范区，打造成为国际生态旅游发展典范。

11月9日　全市民营企业座谈会暨走访服务民营企业动员会召开。

同日　中国·重庆首届柚博会在梁平区开幕。

同日 以"中国芯 芯时代 芯作为"为主题的2018中国集成电路产业促进大会在渝召开。

11月10日—11日 2018重庆国际人才创新创业洽谈会在悦来国际会议中心举行，正式签约引进人才268人、落地项目163个。

11月12日 中国与新加坡签署《关于中新（重庆）战略性互联互通示范项目"国际陆海贸易新通道"建设合作的谅解备忘录》。

同日 重庆市与美国辛辛那提市在市外事大楼签署关于建立友好合作关系谅解备忘录。

同日 重庆市退役军人谢彬蓉被中央宣传部、退役军人事务部评为2018年最美退役军人。

11月14日 2018重庆全球旅行商大会在南坪国际会展中心举行，来自20余个国家及中国香港、澳门、台湾地区近400名旅行商、旅游机构和国际知名旅游行业资深专家参会。

同日 重庆大学打造的优秀原创话剧《重庆家书》在北京市参加2018优秀原创校园戏剧展演暨第六届中国校园戏剧节展演。这是重庆市高校唯一获邀参演该戏剧节的剧目。

11月15日 首趟进口整车新型运载专列抵达重庆铁路口岸。

11月16日 2018中国（重庆）物联网创新应用大会在南岸区举行。

11月17日 2018首届重庆文创产业创新发展大会暨招商签约活动在渝中区举行，来自国内城市文化塑造、文创产品开发等领域的专家及行业人士200余人参会。

11月18日 中国首个空间太阳能电站实验基地落户璧山国家高新区。

11月19日 长江沿岸中心城市经济协调会第十八届市长联席

会在渝召开。本次会议主题为"推动智能化高质量发展，共建绿色长江经济带"。

11月21日 重庆"渝快办"移动政务服务平台正式上线运行，首批推出300余项审批服务事项。

同日 重庆市内第一个5G连续覆盖试验区在两江新区建成。

11月22日 渝湘高速铁路重庆至黔江段暨重庆东站开工活动在南岸茶园片区举行。

11月23日—25日 "2018'一带一路'名品展·重庆"在重庆国际博览中心举行，来自38个国家和地区的150余户企业参展。

11月26日 一批来自德国杜伊斯堡的邮包到达重庆国际邮件互换局铁路口岸中心。这标志着中欧班列（重庆）首次回程运邮测试成功。

11月29日 由江津区四合村编纂，反映村史变迁和乡土民俗的重庆市首部村志《四合村志》出版。

11月30日 重庆市第五届人民代表大会常务委员会第七次会议通过《重庆市全民健身条例》《重庆市民用航空条例》，修订《重庆市植物检疫条例》。

同日 璧山区通过国家水生态文明城市建设试点验收。

同日 全球低轨卫星移动通信与空间互联网项目在渝启动，我国首个国家级、投资规模最大的商业航天项目正式落户重庆两江新区。

同日 中国（重庆）"民参军"产品与技术信息对接会在渝举行。对接会以"民企参军、助力国防、创新发展"为主题，113家全国工商联科技装备业商会会员企业和150余家国内"民参军"企业参加会议。

12月3日 重庆市正式启动主城区"清水绿岸"治理提升工作。

同日 重庆市梁平区金带镇滑石村、黔江区小南海镇新建村、南岸区南山街道双龙村、江津区中山镇四合村、奉节县青龙镇大窝社区5个村入选2018年"全国生态文化村"名单。

12月6日 重庆市体育旅游产业发展大会在万盛经开区召开。

同日 重庆市启动中小企业商业价值信用贷款改革试点。

12月7日 首届长江经济带生态环境产业协同发展论坛在渝举行。长江经济带沿线11省（直辖市）、5个副省级城市的环境保护产业协会和中国长江生态环境集团有限公司、重庆日报、E20环境平台共同签署全面参与长江大保护，建立长江经济带生态环境产业协同发展机制的框架协议。

同日 12月7日 市委办公厅、市政府办公厅印发《关于深入开展扶志扶知工作激发贫困群众内生动力的实施意见》（渝委办发〔2018〕66号），要求通过大力实施精神扶贫、着力提升能力素质、努力培养健康文明习惯、调整优化扶贫政策兑现方式，到2020年，贫困人口主动脱贫的志气、信心和观念明显增强，贫困地区精神文明建设深入推进，群众业余文化生活丰富多彩，贫困农村乡风民约更加完善，贫困群众精气神有效提升，保障性政策与激励性政策相结合的长效机制不断健全。

12月8日 京东方重庆第6代柔性AMOLED生产线项目在两江新区开工。

12月10日 《重庆市贫困地区健康促进三年攻坚行动实施方案》公布。

12月12日 重庆市第二批历史建筑名录正式公布，沙坪坝区磁器口金碧巷29号、忠县官坝镇孙家湾院子等81处历史建筑入选。

12月15日 重庆市首个工匠协会在北碚区成立。

12月16日 中共重庆市委决定追授牺牲在脱贫攻坚战第一线的杨骅同志"重庆市优秀共产党员"称号。

同日 "梁平柚"通过国家级农产品地理标志示范样板验收。

12月17日 市政府与中国农业银行签订金融战略合作协议。

12月18日 《中共中央 国务院关于表彰改革开放杰出贡献人员的决定》发布，基层社会治理创新的优秀人民调解员马善祥、三峡移民安置的实践探索者冉绍之、航母战斗力建设的实践探索者戴明盟3名重庆籍人士获"改革先锋"称号。

同日 市政府公布《重庆市主城区"两江四岸"治理提升实施方案》，提出把主城区百千米"两江四岸"打造成为"山水之城·美丽之地"城市品牌典范，使"山、水、城、桥"相互辉映的美景成为重庆城市名片。

同日 重庆正式开通往返巴黎航线。

12月21日 全市智能制造推进大会在重庆市召开，印发《重庆市发展智能制造实施方案（2019—2022）》。到2022年，重庆市将累计推动5000户企业实施智能化改造，建设10个具备国内竞争力的工业互联网平台、50家智能工厂、500个数字化车间。

12月24日 重庆市召开庆祝改革开放40周年座谈会。

12月26日 重庆两江新区物联网产业协同创新中心（以下简称"创新中心"）挂牌成立。

12月28日 江津珞璜铁路综合物流枢纽正式建成投用。

同日 重庆轨道交通环线东北半环和4号线一期开通试运营，轨道交通10号线重庆北站南广场站正式投用。

二〇一九年

1月1日　《重庆市生活垃圾分类管理办法》正式施行。

1月1日—2日　西藏自治区党政代表团赴渝考察，两地举行重庆·西藏对口支援工作座谈会。

1月4日　重庆工业赋能创新中心项目签约并正式揭牌。

同日　位于重庆两江新区水土高新技术产业园生态城的中以（重庆两江）产业园开园。11个以色列项目集中签约成为首批入驻企业，19个国内大健康产业项目落户中关村医学工程转化（重庆）中心。

1月5日　重庆交通大学绿色航空技术研究院院士专家工作站揭牌。

同日　由重庆大学牵头承担、随嫦娥四号登陆月球背面的生物科普试验载荷在月球上生长出第一株植物嫩芽。该试验是人类首次在月球成功进行生物生长试验。

1月7日　中新（重庆）多式联运示范基地举行奠基仪式，重庆莱佛士国际医院揭牌，标志着中新互联互通项目框架下交通物流、医疗健康领域两个合作项目落地。

1月10日　2018年度"感动重庆十大人物"颁奖典礼在重庆广电大厦演播大厅举行。当选2018年度感动重庆十大人物的是：高万禄、陈昌永、廖良琼、曾令华、程绍光/程祖全、李则民、吴贵生/解一香、何波、谢彬蓉、陈久述。

1月11日　由人民网、中共中央党校（国家行政学院）主办，中共重庆市委党校、重庆市法学会、永川区委和区政府承办的"2018全国创新社会治理典型案例颁奖暨经验分享活动"在永川举行。重庆市永川区"乡贤评理堂"构建乡村善治新格局、南岸区探索"四公"治理模式构建社区生活共同体等10个案例，获全国创新社会治理最佳案例奖。

1月11日—14日 第十八届中国西部（重庆）国际农产品交易会在重庆国际会议展览中心举行。境内外2300余户企业携6800余种农产品参展，现场销售农产品4.05亿元，签订购销协议110.5亿元，签订投资协议616.4亿元。

1月17日 市大数据发展局牵头建设的重庆民营企业小微企业融资大数据服务平台"数字重庆·渝快融"（www.datacq.com.cn）上线运行。中国工商银行重庆市分行、中国农业银行重庆市分行等多家金融机构分别与市大数据发展局签约，共同入驻平台为民营小微企业提供融资服务。

1月20日 国家林业和草原局、重庆市人民政府、国家开发银行在北京签署支持长江大保护共同推进重庆国家储备林等林业重点领域发展战略合作协议，共同推进重庆国家储备林等林业重点领域发展。

1月28日 "学习强国"重庆学习平台正式上线。

本月 市委、市政府分别与33个有扶贫开发工作任务的区县签订脱贫攻坚责任书和脱贫攻坚成果巩固责任书。其中，与城口县、巫溪县、酉阳县、彭水县等4个县签订了脱贫攻坚责任书；与其他29个区县签订了脱贫攻坚成果巩固责任书，明确了年度目标任务，压实了工作责任。

2月12日—14日 市扶贫开发领导小组一行赴石柱县作深入

实际蹲点调研，访深贫、促整改、督攻坚，并召开落实中央脱贫攻坚专项巡视反馈意见整改"促改督战"工作座谈会。

2月15日　长江入河排污口排查整治专项行动暨试点工作启动会在重庆召开。生态环境部全面推行长江入河排污口排查整治专项行动，江苏省泰州市、重庆市渝北区被确定为试点城市。

2月22日　重庆比亚迪新能源汽车电池生产基地暨"云巴"项目开工活动在璧山区举行。

2月26日　市政府与国务院扶贫开发领导小组办公室签订2019年度脱贫责任书。责任书确定2019年度重庆市现行标准下农村贫困人口脱贫10万人，贫困县退出4个，并要求重庆落实脱贫攻坚责任，分解脱贫计划，聚焦深度贫困和"两不愁三保障"突出问题，实施精准脱贫，完成脱贫任务，确保脱贫质量。

3月21日　科技部与重庆市政府在渝举行2019年部市工作会商会议并签订新一轮部市工作会商制度议定书。

3月25日　两江新区与市政府口岸物流办、同方威视公司、清华大学"一带一路"研究院、渝新欧供应链管理公司签订五方战略合作框架协议。根据协议，五方以两江新区为基地，立足重庆为"一带一路"建设信息化平台。

3月27日　江北区与酉阳土家族苗族自治县签订"横向生态补偿提高森林覆盖率协议"，为重庆市在全国首创横向生态补偿机制以来，签订的首个横向生态补偿提高森林覆盖率协议。

3月28日　教育部与重庆市政府签订共同加快推进一流大学和一流学科建设协议。

3月29日　合川钓鱼城范家堰南宋衙署遗址入选2018年度全国十大考古新发现。

本月 市级和区县所有涉及机构改革部门全部挂牌运行，班子配备和机构人员转隶到位，44家市级涉改部门和38个区县的1171家涉改部门全部完成新制定或调整修改"三定"规定。标志着全市机构改革任务按照中央要求如期顺利完成。

4月1日 重庆市与美国加利福尼亚州首府萨克拉门托市签署建立友好合作关系谅解备忘录。

4月12日 重庆东水门长江大桥、千厮门嘉陵江大桥获中国土木工程詹天佑奖。

4月15日—17日 中共中央总书记、国家主席、中央军委主席习近平在重庆考察，主持召开解决"两不愁三保障"突出问题座谈会并发表重要讲话。他强调，脱贫攻坚战进入决胜的关键阶段，各地区各部门务必高度重视，统一思想，抓好落实，一鼓作气，顽强作战，越战越勇，着力解决"两不愁三保障"突出问题，扎实做好今明两年脱贫攻坚工作，为如期全面打赢脱贫攻坚战、如期全面建成小康社会作出新的更大贡献。

4月17日 市政府下发《关于取消和调整一批行政许可事项的决定》，决定取消和调整13项行政许可事项，涉及省内干线传输网（含广播电视网）建设项目核准等事项。

4月19日 市委组织部、市扶贫开发领导小组办公室下发《关于印发市属单位选派贫困村担任第一书记名单的通知》，在通过市级扶贫集团选派87名干部担任贫困村第一书记基础上，市委组织部、市扶贫开发领导小组办公室从市属178个单位选派290名干部到贫困村担任第一书记。

4月20日 《中国建造2035战略研究》在重庆市的重要工作平台——重庆现代建筑产业发展研究院正式揭牌。该研究院为全国首个现代建筑产业发展研究院。

4月25日 《重庆法院知识产权司法保护状况》白皮书发布。

同日 重庆市与乍得共和国恩贾梅纳市签署建立友好合作关系备忘录。

4月26日 重庆首趟陆海新通道铁海联运出口印度尼西亚专列发车。

4月27日—29日 青海省党政代表团来渝考察。两省市举行重庆·青海经济社会发展情况交流座谈会，并签署《重庆市人民政府青海省人民政府战略合作框架协议》。

4月29日 西部地区首个民营经济学院——中国（卢作孚）民营经济学院在西南大学经济管理学院挂牌成立。

同日 市政府下发通知，同意奉节县、石柱县退出国家扶贫开发工作重点县。

本月 重庆市鱼泉榨菜（集团）有限公司获全国五一劳动奖状；重庆梁山群星装饰建材有限公司技术员周远付、重庆重齿机械有限公司机械加工车间副主任黄建军等13名先进职工获全国五一劳动奖章；重庆市诚润机械有限公司技术中心、民生能源（集团）股份有限公司生产技术部长输维护大队等19个先进集体获"全国工人先锋号"称号。

本月 重庆市公安局禁毒总队三支队支队长田丰、巫山县当阳乡党政办主任严克美获"中国青年五四奖章"。

5月8日 "陆海新通道"整车出口常态化班列首发。

5月14日—16日 2019上海合作组织地方领导人会晤在重庆举办。会晤期间举办"共商、共建、共享"经贸投资对话会、"美轮美奂新丝路"文旅合作推介会、"自由贸易试验区对接交流会"

等主题交流会，开展项目集中签约、主题考察、主题展览等活动。

5月16日　首届"一带一路"侨商组织年会在渝召开，来自美国、俄罗斯、英国、法国、德国等30个国家和地区的近200名侨商参加年会。"一带一路"侨商组织确定将重庆作为年会永久会址。

5月16日—19日　第二届中国西部国际投资贸易洽谈会（简称"西洽会"）在重庆国际博览中心举办。会上，重庆、广西、贵州、甘肃、青海、新疆、云南、宁夏、陕西等九省区市人民政府共同签署合作共建"陆海新通道"协议。会议期间，271个国内外项目签约，签约总额5497.8亿元，涉及智能制造、生物制药、新材料、新能源汽车、高端装备、现代物流、生态保护等领域。

5月22日　财政部重庆监管局揭牌成立。

5月22日—31日　市政府代表团先后访问美国、日本、韩国，推动地方交流与经贸合作。市政府主要领导在美国出席第五届中美省州长论坛，代表中国地方政府代表团在论坛开幕式上致辞，并围绕"更好的经贸合作，更好的中美关系"主题发言；分别出席重庆—日本经贸交流恳谈会、重庆—韩国经贸交流恳谈会并讲话。重庆市与首尔市签订建立友好交流与合作关系协议书。

5月25日—31日　"一带一路"国际技能大赛在重庆国际博览中心举行。大赛以"技能合作、共同发展"为主题，44个国家和地区的698名选手同场竞技。

5月27日—28日　山东省党政代表团来渝考察鲁渝扶贫协作。两省市举行山东·重庆扶贫协作第十二次联席会议，并签署一系列扶贫协作项目协议。

5月29日　重庆市首届创新争先奖表彰暨先进事迹报告会召开。会议表彰了获得重庆市首届创新争先奖的10个先进集体和98

名先进个人。

6月30日　万州牌楼长江大桥通车。

6月2日—4日　由"一带一路"智库合作联盟与市政府共同主办的"一带一路"陆海联动发展论坛在重庆举行。

6月3日　重庆市"不忘初心、牢记使命"主题教育工作会议举行。

6月4日　市委办公厅、市政府办公厅印发《关于2018年脱贫攻坚成效考核情况的通报》，通报2018年度33个有扶贫开发工作任务区县的脱贫攻坚成效考核结果。14个国家扶贫开发工作重点区县中，云阳县、石柱县、黔江区、丰都县、开州区、奉节县6个区县综合评价为"好"，万州区、巫溪县、武隆区、巫山县、酉阳县、城口县6个区县综合评价为"较好"，秀山县、彭水县2个县综合评价为"一般"。19个非国家扶贫开发工作重点区县中，合川区、荣昌区、巴南区、梁平区、渝北区、北碚区、万盛经开区、铜梁区、江津区9个区综合评价为"好"；涪陵区、潼南区、忠县、南川区、垫江县、璧山区、永川区、綦江区8个区县综合评价为"较好"，大足区、长寿区2个区综合评价为"一般"。

6月6日　中央单位定点扶贫重庆工作座谈会在北京召开。

6月7日　中国工程院院士倪光南领衔的重庆允升科技有限公司院士工作站揭牌。该院士专家工作站将基于允升科技的必择工业互联网协同平台，围绕区域工业图谱研究和工业互联网雾计算应用等方面开展全方位合作，为工业企业特别是中小型工业企业提供更好的工业互联网服务。

6月15日　全国公共文化领域重点改革任务暨旅游厕所革命工作现场推进会在重庆举行。

6月18日 国内第一高跨铁路桥阿蓬江大桥合龙。该高跨铁路桥墩高123.5米、主跨240米,高桥墩长跨度为国内铁路罕见。

6月20日 2019第一届"一带一路"国际物流企业峰会、中欧班列发展论坛暨亚欧物流贸易通道建设论坛在重庆举行。全球40多个国家和地区的300多位国际物流企业高层,就国际多式联运、中欧班列及陆海新通道发展的新格局等进行探讨和分享,并解析行业发展新动态。

6月26日 重庆至新德里、亚的斯亚贝巴全货机定期航线开通。其中后者填补了重庆没有非洲货运航班的空白。

6月27日 重庆首家绿色银行——兴业银行两江绿色支行在揭牌成立。

6月28日 由中国汽车工程研究院股份有限公司投资5.5亿元建设的汽车风洞(汽车环境风洞、汽车空气动力学—声学风洞)在重庆两江新区启动试运行。

本月 重庆市第六批市级非物质文化遗产代表性项目名录公布,涉及民间文学、传统音乐、传统舞蹈、传统戏剧、传统技艺等10个类别的196项非物质文化遗产入选。

7月2日 黔(江)张(家界)常(德)铁路重庆段全线贯通。

7月3日 重庆市首个电子电路产业园项目落户荣昌。

7月5日 中法工业合作机制联委会第七次会议暨2019中法产业圆桌会在渝举行。

7月8日 重庆市党政代表团赴广西壮族自治区学习考察,深入学习贯彻习近平总书记视察重庆重要讲话精神和关于建设好陆海新通道的重要指示要求,两区市召开广西·重庆共同推动陆海新通道建设座谈会,就积极主动服务国家战略,共同推动陆海新通道建设展开交流。

7月9日—10日 重庆市党政代表团赴四川省学习考察，深入学习贯彻习近平总书记视察重庆重要讲话精神，贯彻落实中央关于新时代推进西部大开发形成新格局的指导意见，两省市召开经济社会发展全面合作座谈会并签署协议，深化战略对接，加快推进成渝城市群一体化发展。

7月11日 重庆首趟直达香港G319次高铁从重庆西站驶出。该列车经由渝贵铁路、贵广客专和广深港高铁运行，沿途经停遵义、贵阳东、桂林西、肇庆东、广州南和深圳北等6站，全程运行7小时37分。

7月11日 江北嘴金融科技港在两江新区揭牌成立。

7月15日 重庆市人民政府与中国建设银行股份有限公司签订战略合作协议和8个子协议。

7月16日 全市脱贫攻坚现场工作会议在石柱县召开。会议听取全市脱贫攻坚工作、解决"两不愁三保障"突出问题和中央脱贫攻坚专项巡视反馈意见整改工作情况汇报。

7月26日 国内首个5G自动驾驶公共服务平台暨5G自动驾驶开放道路场景示范运营基地，在重庆仙桃国际大数据谷启用。

7月31日 数字重庆大数据应用发展有限公司揭牌成立。

8月2日 由重庆市商务委员会、重庆市文化和旅游发展委员会联合主办的2019重庆夜市文化节在磁器口·沙磁巷开启。

8月4日—6日 全国农业绿色发展暨全国养分资源管理协作网2019年度学术大会在重庆召开。来自中国农业大学、中国科学院、中国农科院等130多家涉农高校和科研院所的900多位专家学者及研究生参加会议。

8月16日 巫山机场通航，重庆（主城区）往返巫山航线同步开通。

8月17日 由中国抗癌协会主办的2019中国肿瘤学大会在渝召开，36位院士、1909名国内外肿瘤学领域知名学者、3万余名肿瘤学界精英对肿瘤防治进行探讨和交流。

8月19日 全国驻村帮扶工作培训班在重庆市黔江区举办。来自全国28个省、自治区、直辖市和新疆生产建设兵团扶贫办（局）相关负责同志及部分驻村干部齐聚黔江，深入学习贯彻习近平总书记关于扶贫工作重要论述和在解决"两不愁三保障"突出问题座谈会上的重要讲话精神，通过现场观摩、分享交流和研究探讨，共同探索推进驻村帮扶工作的途径和措施。

同日 重庆市电视剧《共产党人刘少奇》《麦香》和广播剧《"事儿妈"宋小娥》3部作品入选第十五届中宣部精神文明建设"五个一工程"优秀作品奖。

8月20日 由重庆药品交易所打造的全国首个智能医药交易综合运营平台——药交网正式上线，来自全国的药企、医院、药店、诊所均可注册成为会员，买卖双方直接交易，"一站式"办理产品挂牌、交易、结算、评价等全流程业务。

8月24日 2019中欧班列"高质量、高效率、高层次、市场化"峰会在渝举行，重庆、河南、湖北、浙江、湖南的中欧班列运营平台联合发布《中欧班列高质量发展倡议书》，将加强协同合作，避免恶性竞争，坚持创新发展，共同推动中欧班列健康可持续发展。

8月26日—29日 2019中国国际智能产业博览会在重庆国际博览中心举行。中共中央总书记、国家主席、中央军委主席习近平向大会致贺信。该届智博会举办46场论坛活动、8大国际赛事、100多场发布活动，日均客流20.94万人次，签约项目超过600个。

8月29日 第五届全国非公有制经济人士优秀中国特色社会主义事业建设者表彰大会在北京举行。100名非公有制经济人士和新的社会阶层人士获"优秀中国特色社会主义事业建设者"荣誉称号。其中，重庆有3位非公有制经济人士获表彰，分别是：重庆智飞生物制品股份有限公司董事长兼总经理蒋仁生、猪八戒网络股份有限公司董事长兼首席执行官朱明跃、重庆南电科技有限公司总经理王乔道。

8月30日 长城汽车重庆工厂竣工投产，第一辆重庆造长城汽车下线。

9月5日 第19届亚太零售商大会暨国际消费品博览会在重庆国博中心开展。

同日 第五巡回法庭首个巡回审判点在市三中法院挂牌。

同日 第七届全国道德模范座谈会在北京举行。中国铁路成都局集团有限公司重庆车务段荣昌站车站值班员徐前凯，来自忠县新立镇狮子村的退役军人、现四川省凉山州美姑县瓦古乡扎甘洛村教学点支教志愿者谢彬蓉，分别被授予第七届"全国见义勇为模范""全国助人为乐模范"，李菊洪等8人获提名奖。此外，"时代楷模"杨雪峰、合川区清平镇瓦店村乡村医生李菊洪、市公路运输（集团）有限公司出租汽车分公司五星级"雷锋的士"驾驶员经小文、黔江区城东街道下坝社区居民程绍光和程祖全父子、开州区赵家街道和平村村民廖良开、重庆兴达实业（集团）有限公司项目部泥工班组组长杨云、巴南区南泉街道和平村村民封孝利、沙坪坝区青木关中学学生郭佳佳，获第七届全国道德模范提名奖。

9月7日 第九届世界木材与木制品贸易大会在重庆召开。来自瑞典、芬兰、波兰、俄罗斯、加拿大、新西兰、马来西亚、法国、美国、澳大利亚等20多个国家的350名木材和木制品商贸企业代表、加工企业代表和行业协会代表参会。

同日 重庆市人民政府与吉林省人民政府签订战略合作框架协议。

9月12日 以"文化，让世界更美好"为主题的第八届重庆国际文化产业博览会在重庆国际博览中心开幕。

9月21日 中共中央南方局成立80周年纪念座谈会暨学术研讨会在重庆举行。

9月22日 第十三届全国美术作品展览油画展区在位于沙坪坝区的四川美术学院美术馆开幕。

9月23日 重庆市人民政府与甘肃省人民政府签订战略合作框架协议。

9月26日 市委、市政府领导会见参加重庆市庆祝中华人民共和国成立70周年招待会的外国驻渝蓉总领事，并共同观看重庆市70年经济社会发展图片展。

9月28日 重庆工业博物馆正式开馆。

10月2日 第十一届中国西部动漫文化节暨WestJoy数字互动娱乐展，在重庆（南坪）国际会议展览中心开幕。

10月4日 涪陵页岩气公司发布消息：涪陵页岩气田焦页181-2HF、181-3HF两口新井投产。

10月8日—9日 浙江省代表团赴渝考察，两省市举行浙江·重庆对口支援工作座谈会，就持续推进三峡库区对口支援工作，持续深化两地全面合作开展深入交流。

10月9日　交通运输部宣布重庆等13个区域入选第一批交通强国建设试点。

10月12日　重庆大学建校90周年纪念大会在重庆大学隆重举行。

10月13日　重庆、广西、贵州、甘肃、青海、新疆、云南、宁夏、陕西、四川、内蒙古、西藏等西部地区12省区市和海南省、广东省湛江市，在重庆签署框架协议，合作共建西部陆海新通道。签约活动现场还签署了《区域海关共同支持西部陆海新通道建设合作备忘录》和《中国建设银行金融服务西部陆海新通道建设框架协议》。

10月17日　全国脱贫攻坚奖表彰大会暨先进事迹报告会在京举行。重庆有3名个人和1个先进集体获奖：黔江区黑溪镇胜地居委居民王贞六获奋进奖，万州区扶贫开发办公室综合科科长傅飞丁获贡献奖，巫山县委教育工委书记、县教委主任卢尧获创新奖，石柱土家族自治县获组织创新奖。

10月18日　重庆市青少年智能化教育基地暨两江新区青少年智能化教育基地在礼嘉智慧公园揭牌。

10月20日　国家数字经济创新发展试验区启动会在第六届世界互联网大会（乌镇峰会）举行。会上发布《国家数字经济创新发展试验区实施方案》，确定重庆市和河北省（雄安新区）、浙江省、福建省、广东省、四川省等6个省市为首批"国家数字经济创新发展试验区"并现场授牌。

10月21日—23日　全国2019年度扶贫对象动态管理工作培训班在万州区举办。

10月24日　中国科学院计算技术研究所的高端研发平台——

中科院计算所西部高等技术研究院在两江新区揭牌成立。

10月26日 由新华网、壹天文化、成都时光幻象主办,海南壹天视界承办的第十届全球华语科幻星云奖颁奖盛典在渝举行,重庆籍作家韩松所著的小说《逃出忧山》与重庆籍作家萧星寒创作的小说《红土地》等5部作品获小说类原石奖。

11月2日 环重庆大学创新生态圈揭牌暨项目集中签约仪式在沙坪坝区举行。环重庆大学创新生态圈、中电光谷·重庆智创园、武汉光研院·重庆研究院揭牌,40个研发应用、产业基地、创投基金项目集中签约落户,总投资545亿元。

11月4日 2019中新(重庆)战略性互联互通示范项目金融峰会在重庆悦来国际会议中心开幕。峰会主题为"金融互联互通·服务'一带一路'——金融开放创新助推陆海新通道",来自中国、新加坡两国和东盟地区的金融界嘉宾共同探讨金融互联互通实现路径。

11月8日 首届中国(白沙)影视工业电影周在江津区白沙镇开幕。

11月9日—10日 2019重庆英才大会在悦来国际会议中心召开。诺贝尔奖获得者、国内外院士专家、知名高校校长、知名企业家、高层次人才等参会。

11月18日 重庆铁路投资集团有限公司揭牌暨银企战略合作协议签约,成渝铁路重庆站至江津段改造工程建设启动。

同日 万州机场2019年旅客吞吐量突破100万人次,标志着万州机场成为重庆市"一大四小"民用机场格局中,旅客吞吐量首个突破百万人次的支线机场。万州机场进入全国"百万级"机场行列。

11月21日 国内首个"中国—新加坡"信息通信领域合作论坛——中新（重庆）国际互联网数据专用通道发展论坛在位于渝北区的仙桃数据谷举行。

11月22日 全国对口支援三峡库区合作工作座谈会议在万州召开，研究部署下一步全国对口支援三峡库区工作任务。

11月28日 永川大安通用机场举行颁证暨首飞活动。

12月1日 重庆航空口岸对新加坡、加拿大等53个国家人员实施过境144小时免办签证政策。

12月2日 博鳌亚洲论坛理事会第二届亚欧合作对话会议在重庆开幕。会议主题为"共同行动促进新时代共同发展"，来自亚欧21个国家和地区、3个国际组织的400余名政商学界人士参会。

12月6日 由中国社会科学院、中国人民大学、新华社《经济参考报》等单位联合主办的"2019新时代中国繁荣城市论坛"在北京举行，北京、上海、重庆等10个城市被评为"中国繁荣城市"。重庆生活垃圾分类四级指导员制度入选中国繁荣城市管理创新范例，璧山区"企业之家"入选中国繁荣城市优化营商环境创新范例。

12月19日 国家发展改革委、中央农村工作领导小组办公室、农业农村部等18个部门联合印发《国家城乡融合发展试验区改革方案》，重庆市西部片区入选国家城乡融合发展试验区。

12月27日 2017—2018年度"富民兴渝贡献奖颁奖"颁奖典礼在广电大厦演播厅举行。10名获奖人分别是：肖学文、王时龙、袁刚伟、黄廷炎、邹全明、王金山、江奉武、杨浪浪、陈恩之、孙未来，中移物联有限公司、邓文中获得特别奖。

12月28日 在2019第十四届中国全面小康论坛上，荣昌区获

"2019年度中国营商环境直辖市十佳示范区"称号，荣昌高新区获"2019年度中国营商环境十佳经济开发区"称号。

同日 亚洲相互协作与信任措施会议非政府论坛第三次会议在重庆开幕。

本年 重庆获批设立"首次进口药品和生物制品口岸"及铁路运邮权限。重庆成为继北京、上海、广州后第四个可进口首次在中国境内销售的药品和生物制品（疫苗类、血液制品类及血源筛查用诊断试剂）的城市。

本年 由重庆永仁心医疗器械有限公司研发生产的植入式左心室辅助系统EVAHEART I 获国家药品监督管理局注册上市批准。该产品为国内首款获批的人工心脏产品，上市后售价比国外同类产品便宜约30%。

本年 重庆市地质调查院在云阳世界级侏罗纪恐龙化石群研究中取得重大突破，发现距今约1.7亿年的新鸟臀类恐龙化石，相关研究成果在国际权威期刊发表。

二〇二〇年

1月1日 重庆市18个区县水生生物保护区及主城区两江四岸等相关水域实行常年禁捕，标志着长江流域常态化禁捕进入正式实施阶段。

1月3日 中共中央总书记、国家主席、中央军委主席、中央财经委员会主任习近平主持召开中央财经委员会第六次会议，作出了推动成渝地区双城经济圈建设的战略部署。

同日　重庆高速公路正式启用联网收费新系统，重庆高速公路省界收费站全部取消。

1月6日　2019年度"感动重庆十大人物"颁奖典礼在重庆广电大厦演播大厅。当选2019年度"感动重庆十大人物"的是：梁攀、（叙利亚）赛勒玛、袁玉兰、段皓严、周康云、康飞、张曦、谢兰、夏伯渝、蒲良培。

同日　由市委宣传部、市文化旅游委联合出品的交响乐《重庆组曲》在施光南大剧院首演。

1月7日　两江新区第一人民医院与重庆医科大学附属第一医院签约联合组建医联体，两江新区第一人民医院、两江新区第二人民医院与重庆医科大学附属儿童医院签约构建儿科专科联盟。

1月8日　重庆果园保税物流中心（B型）封关运行。

同日　全国首个文化旅游装备制造产业园——重庆文化旅游装备制造产业园在璧山区揭牌。

1月9日　重庆市首家保税飞机维修公司——华夏飞机维修工程有限公司挂牌成立。该公司主要负责庞巴迪公司CRJ系列飞机及空客A320飞机机身大修、飞机改装、飞机检测、飞机拆解、飞机翻新、内部装修等服务，填补了重庆市民航维修板块空白。

1月15日　重庆市与上海市共同签署"沪渝直达快线"合作备忘录，标志着该线路正式开通。

同日　西南政法大学成立成渝地区双城经济圈发展研究院暨成渝地区双城经济圈发展传播研究院。

1月17日　全市精神文明建设先进典型颁奖仪式举行。市委、市政府决定，授予綦江区"重庆市文明城区"称号，城口县、丰都县、垫江县、石柱县"重庆市文明县城"称号，万州区高梁镇等

150个村镇"重庆市文明村镇"称号，黔江区生态环境局等199家单位"重庆市文明单位"称号（含文明旅游风景区），涪陵区吴晓凡等100个家庭"重庆市文明家庭"称号，市威通出租汽车有限公司"雷锋的士"队员廖财莉等50人"重庆市道德模范"称号。市委宣传部、市文明办、市教委授予重庆大学等150所学校"重庆市文明校园"称号。

1月24日 除夕夜，陆军军医大学抽组150人医疗队连夜奔赴湖北武汉支援抗击新冠肺炎疫情。

1月26日 重庆市第一批141人组成的医疗队出发援助湖北省抗击新冠肺炎疫情。

1月29日 重庆市首例治愈出院的新冠肺炎患者从万州区重庆三峡中心医院出院。

2月4日 重庆市在抗疫特殊时期实施医疗器械应急审批程序，应急批准4户企业申报的"医用口罩""医用一次性防护服"等产品7个。

2月7日 市道路运输事务中心发布《关于主城区巡游出租汽车恢复正常运营加强疫情防控管理的通告》，决定恢复主城区巡游出租汽车正常运营。

同日 由市委宣传部指导，重庆日报、市教委、市美协、市漫画学会、四川美术学院主办的"漫笔为盾，共抗疫情"——主题漫画展示活动，面向全社会开始作品征集及展示。

2月9日 重庆城市交通开发投资（集团）有限公司发布《关于做好春节后复工主城区公共交通"防疫情、保通畅"运行的通告》，决定从2月10日零时起，主城区公交、轨道交通恢复正常运营。

同日 重庆医科大学教授史源、漆洪波等人联名在《柳叶刀·儿童健康》发表《新型冠状病毒感染流行期间新生儿重症监护的应急准备方案》述评文章，为国际上首个由重庆医学家提出的防控新生儿感染新冠肺炎的预案。

2月13日 由市委政法委、市大数据发展局组织研发的"疫情排查"信息系统在移动政务服务平台"渝快办"上线。

同日 重庆医科大学附属第一医院160人医疗队紧急驰援武汉市，整建制接管武汉市第一人民医院的1个重症病区。

2月15日 重庆市出租汽车暨汽车租赁行业协会发布《关于进一步加强主城区出租车网约车疫情防控的通知》，规定从2月17日起至主城区疫情防控结束，主城区出租车启用实名登记乘车。

同日 重庆市增派由102人组成的医疗队紧急驰援湖北省武汉市。

2月16日 重庆市发布《关于支持中小企业应对新型冠状病毒感染肺炎疫情实施援企稳岗返还政策的通知》，实施援企稳岗返还政策。

同日 市疫情防控工作领导小组交通运输防控组发布《新型冠状病毒肺炎疫情期间重庆高速公路免收车辆通行费的通告》，按照国务院相关要求，从2月17日零点开始，至国务院批准的疫情结束时间为止，行驶重庆市高速公路的所有客车、货车和专项作业车免收通行费。

同日 市公安局沙坪坝区分局丰文派出所民警潘继明在辖区开展疫情防控工作，向居民宣传引导加强自身防护时突发心脏病，经抢救无效不幸牺牲。随后，公安部追授其"全国公安系统二级英雄模范"称号，市总工会、市文明委、市委分别追授其"重庆五一劳动奖章""重庆好人""重庆市优秀共产党员"称号。

2月17日　重庆市在新冠肺炎治疗中首次启用"血浆疗法"。

2月21日　重庆市新冠肺炎疫情防控工作新闻发布会举行。重庆海关决定对1月至3月进口的防疫捐赠物资免征进口关税。

同日　由重庆籍著名作词家邓永祥、山东籍著名作曲家戚建波联合推出的原创抗疫歌曲《勇敢向前》在各大网络平台播发。

2月26日　重庆市新型冠状病毒肺炎疫情防控工作领导小组发出《关于调整有关区县新冠肺炎疫情分区分级等级的通知》，对部分区县分区分级等级进行调整。将江津区、永川区、大足区、万盛经开区、梁平区、垫江县、丰都县7个区县（经开区）纳入低风险区县，北碚区纳入中风险区县，其他区县分区分级等级不变。

同日　重庆市政府、四川省政府签署的川渝两省市《协同加强新冠肺炎疫情联防联控工作备忘录》正式执行。

同日　重庆市首个"火眼"实验室——两江新区第一人民医院"火眼"实验室建成。通过该实验室进行的核酸日检测通量从每天100份增加到1000份。

2月29日　长安汽车公司牵头实施"智能驾驶舱域控制系统"项目，入围工信部新一代人工智能产业创新重点单位。

同日　市人力社保局、市财政局、市交通局、市卫生健康委等6个部门联合下发《关于做好新冠肺炎疫情防控期间有关就业工作的通知》，从支持企业稳定就业、完善高校毕业生就业、鼓励就地就近就业创业等方面综合施策，进一步加强和保障农民工、高校毕业生等重点群体就业创业。

本月　重庆、上海两地海关率先在全国首次开展水运进口转关"离港确认"模式试点。依托沪渝两关的合作机制，由上海转关到重庆的江海联运货物可以在上海海关享受到这项更加高效的转关便利政策。

本月 重庆市新冠肺炎咨询平台正式上线。该平台汇聚全市39个医疗机构，向市民集中提供线上新冠肺炎及常见医疗问题的义务问诊咨询服务。

本月 市委办公厅、市政府办公厅联合印发《关于进一步加强对一线医务人员关心关爱的通知》，从周密做好防护措施、切实维护身心健康、加大补助救助力度、强化基本生活保障、解决家庭实际困难、积极开展宣传表彰等十个方面，进一步加强对一线医务人员的关心关爱。

本月 《关于支持科技型企业抗击新冠肺炎疫情加快创新发展步伐的意见》出台。《意见》从支持科技型企业加强技术创新、加快成果转化、申请知识价值信用贷款、提升创新实力及各类机构为科技型企业提供优质服务五个方面提出12条举措，促进全市科技型企业创新发展。

本月 市扶贫办发布消息：城口县、巫溪县、酉阳县、彭水县正式退出国家扶贫开发工作重点县序列。至此，全市14个国家扶贫开发工作重点区县和4个市级扶贫开发工作重点区县全部实现脱贫摘帽。

3月2日 西南地区首台移动式CT医疗方舱进驻三峡中心医院。

3月3日 市委、市政府发布《关于抓好"三农"领域重点工作确保如期实现全面小康的实施意见》，全面部署2020年全市"三农"工作6个方面的40项任务。

同日 国家住房和城乡建设部发布通知，垫江县被正式命名为

"国家园林县城"。

3月4日　国家卫生健康委、人力资源社会保障部、国家中医药管理局印发《关于表彰全国卫生健康系统新冠肺炎疫情防控工作先进集体和先进个人的决定》，重庆重症护理支援队、重庆市国家紧急医学救援队被评为先进集体，重庆医护人员王杰、代涛、刘碧翠、杜先智、张立明、张晞、罗晓庆、纽柏琳、徐樱月、阙秋红10人被评为先进个人。

3月5日　重庆市第八批支援湖北医疗队牵头倡议，武汉市第一医院与前来支援的10支医疗队联合，成立武汉市首个"阳光医院"，为新冠肺炎患者和奋战在一线的医护人员提供心理干预和援助。

3月6日　西部陆海新通道铁海联运班列（重庆涪陵—广西钦州）开行。

3月9日　重庆市新冠肺炎疫情防控工作新闻发布会举行。对重庆市支援湖北医疗队、重庆市公共卫生医疗救治中心新冠肺炎救治团队、重庆三峡中心医院新冠肺炎救治团队、重庆医科大学附属永川医院新冠肺炎救治团队、重庆市黔江中心医院新冠肺炎救治团队、重庆市疾病预防控制中心疫情防控工作组、重庆市新冠肺炎市级医疗救治专家组7个先进集体予以通报表扬。

3月10日　自24时起，重庆市突发公共卫生事件一级响应调整为二级响应。

3月11日　《重庆市人民政府办公厅关于加快线上业态线上服务线上管理发展的意见》出台。

3月17日　推动成渝地区双城经济圈建设四川重庆党政联席会议举行第一次会议，深入学习贯彻习近平总书记在中央财经委员会第六次会议上的重要讲话精神，部署共同落实成渝地区双城经济圈建设重点工作。

3月19日　市科技局发布消息：重庆市依托重庆医科大学建设的省部共建超声医学工程国家重点实验室、依托重庆交通大学建设的省部共建山区桥梁及隧道工程国家重点实验室，正式获科技部与重庆市政府联合批准建设，标志着重庆市省部共建国家重点实验室实现"零"的突破，也是重庆时隔近10年再次获批国家重点实验室。

3月22日　市水利局发布消息：渝西地区永川、南川、璧山、铜梁、大足、合川、荣昌、潼南等8个区已经完成县域节水型社会达标建设，提前完成"十三五"目标任务。

3月23日　重庆市推动成渝地区双城经济圈建设动员大会召开。

3月25日　西部陆海新通道铁海联运班列（重庆长寿—广西钦州）在沙坪坝团结村首发。

同日　由中国船舶集团所属重庆江增船舶重工有限公司自主研制的CTA140增压器在中国船舶集团动力研发实验中心完成首次匹配双燃料原理样机试验，试验结果满足双燃料船用低速机需求。该试验的成功，标志着我国自主研发的增压器实现对高中低柴油机的全覆盖匹配，填补了国产自主品牌增压器在船用低速机领域的空白。

3月29日　"渝兴快线"（重庆直飞北京大兴机场航班）首航成功。

3月30日　四川省森林消防总队驻重庆市分队挂牌仪式举行，100余名四川省森林消防指战员从3月28日至5月31日驻防重庆。

本月 重庆渝隆资产经营（集团）有限公司成功发行7.4亿元的企业债券（创投基金债），成为全市第一户发行基金债的国有企业。

4月1日 四川省生态环境厅、重庆市生态环境局共同签订《深化川渝两地大气污染联合防治协议》《危险废物跨省市转移"白名单"合作机制》《联合执法工作机制》。

4月2日 国家"数据长城"西南地区行动计划启动会在重庆市召开，西南数据治理联盟和西南大数据法律研究中心挂牌成立仪式同步举行。

4月3日 中欧班列（渝新欧）"中国邮政号"专列首发。

4月6日 《人民日报》刊发四川美术学院教授陈树中创作的抗疫主题连环画《一线》。

4月7日 市政府网发布《重庆市人民政府办公厅关于推进金融科技应用与发展的指导意见》。

同日 《重庆市推进西部陆海新通道建设实施方案》出台。

4月8日 国家火炬重庆涪陵现代中医药特色产业基地、国家火炬重庆潼南节能环保特色产业基地、国家火炬重庆大足工业机器人特色产业基地入选2020年第一批国家火炬特色产业基地。

同日 市扶贫开发领导小组印发《重庆市脱贫攻坚总攻"十大"专项行动方案》，在全市实施健康医疗扶贫、产业扶贫、就业扶贫、消费扶贫、乡村旅游扶贫、扶贫小额信贷及金融扶贫、易地扶贫搬迁后续扶持、生态扶贫、社会救助兜底、"志智双扶"等"十大"专项行动。

4月10日 重庆市区块链应用创新产业联盟成立发布会在市政府新闻发布中心举行，该产业联盟由市大数据发展局联合渝中区人民政府发起，与浪潮、IBM、华为、腾讯以及中国电信、中国移动、中国联通等110余户企业共同成立，旨在助力重庆市区块链经济高质量发展。

4月12日 全国首条跨省环线动车——"川渝贵"省际环线动车组列车开行。

同日 由市扶贫办指导成立的市消费扶贫产品交易中心挂牌成立。

4月15日 重庆市首发渝蓉"点到点"班列。

4月17日 由重庆车检院与重庆大学共同设计研发的C-V2X规模测试平台正式投用。该平台是全国首个投用的C-V2X规模测试平台，可模拟复杂的交通环境，并测试智能网联汽车在复杂环境下的通信能力。

4月21日 四川省与重庆市签署《成渝地区双城经济圈人才协同发展战略合作框架协议》，为川渝两地签署的首个人才合作协议。

同日 市国资委发布消息：重庆商社集团已完成工商变更，物美集团、步步高集团正式成为商社股东。这标志着重庆首家市属国企集团层面混改取得成功。

4月23日 川渝两地首条跨省城际公交——重庆潼南城区—四川遂宁磨溪公交线路开通。

同日 嘉陵江川渝段首个全流域公益诉讼跨区域协作机制正式建立。

同日 市扶贫开发领导小组办公室印发《重庆市脱贫攻坚定点攻坚实施方案》，对18个深度贫困乡镇、剩余贫困人口数多于20人或贫困发生率在1%以上，或在"两不愁三保障"、基础设施、产业发展、人居环境、公共服务等方面存在明显短板弱项的100个行政村开展定点攻坚，集中人力、物力、财力，解决突出问题。

4月24日 四川省交通运输厅和重庆市交通局在四川省遂宁市召开成渝地区双城经济圈运输服务一体化发展推进会，双方签署《成渝地区双城经济圈运输服务一体化发展合作备忘录》。

4月27日 成渝地区双城经济圈住房公积金一体化发展第一次联席会议暨两地信息共享平台上线发布仪式在成都市举行。

4月28日 重庆医科大学附属第一医院呼吸与危重症医学科副主任医师、副教授刘煜亮获"中国青年五四奖章"。

4月29日 国家电网在全国范围内布局的首个能源互联网资源运营企业——重庆思极科技有限公司在南岸区举行揭牌仪式。

同日 川渝两地省级河长办决定共同组建川渝河长制联合推进办公室，为全国首个跨省市设立的联合河长办。

同日 首支"双城经济圈"发展基金发起设立，总规模300亿元，标志着川渝两地在金融和产业领域深度合作正式开启。

本月 重庆市获批成为继北京市、上海市后全国第二批开展动产融资担保统一登记工作的试点地区。

本月 国务院扶贫开发领导小组组织开展的全国2019年度脱贫攻坚考核评价结果公布，重庆市被评为省级党委和政府扶贫开发工作成效"好"、东西部扶贫协作"好"、财政专项扶贫资金绩效"优"。

本月 市总工会决定授予重庆平湖金龙精密铜管有限公司等94家先进单位重庆五一劳动奖状，授予胡风明等186名先进个人重庆五一劳动奖章，授予重庆华歌生物化学有限公司技术中心等183个先进集体"重庆市工人先锋号"称号。

5月5日　西安—巫山—海口航班正式开通。

5月9日　重庆市版权研究基地授牌仪式在重庆师范大学举行，4所高校院系获首批"重庆市版权研究基地"授牌。

5月11日　涪陵页岩气田累计产量突破300亿立方米，创造中国页岩气累计产量新纪录。

5月12日　大足石刻研究院（大足石刻博物馆）挂牌仪式在大足宝顶山石刻景区举行。

5月15日　市通信管理局发布《重庆市国土空间规划通信专业规划——5G专项规划》。

同日　重庆市15个家庭被评为全国抗疫最美家庭，分别是奋战在渝鄂临床救治、卫生防疫前线的刘煜亮家庭、高税家庭、张培疆家庭、王珍秀家庭、唐远航家庭、周勇家庭，奔波在联防联控、复工复产一线的潘继明家庭、杨骁家庭，基层妇联干部谭莲家庭、王晶家庭，坚守在群防群治、志愿服务战线的村妇联执委、巾帼志愿者谭红燕家庭、肖代花家庭，志愿者王健涛家庭、杨世秀家庭、周生俊家庭。

5月21日　建设成渝现代高效特色农业带调研座谈会在大足区召开。四川省农业农村厅与重庆市农业农村委签署3宗战略合作框架协议，合力推进成渝现代高效特色农业带建设，全面助力成渝地区双城经济圈建设。

同日　四川省水利厅和重庆市水利局签订《成渝地区双城经济圈建设水利合作备忘录》，约定从水利项目规划、河流联防联控、水文信息共享以及水利建设市场监管等方面加强水利合作，共同建立两省市水利工作机制共商、项目共谋、生态共治、资源共享、文化共兴长效机制。

5月22日　由中国工业互联网研究院重庆分院、海尔数字科技（重庆）有限公司、川崎（重庆）机器人工程有限公司、重庆川宜机电设备有限公司4家单位及企业共同发起的智能装备工业互联网联合创新中心在渝挂牌成立。

5月26日　成渝地区双城经济圈就业创业协同发展联盟成立大会在重庆市永川区举行。两省市就业局签订《共同推动成渝地区双城经济圈建设川渝公共就业创业服务合作协议》。

同日　重庆市脱贫攻坚与乡村振兴衔接试点工作座谈会暨渝东北三峡库区城镇群深度贫困乡镇脱贫攻坚工作推进现场会在奉节县召开。

同日　海尔衣联网智慧生态研究院在重庆江北港城工业园区揭牌成立。

5月27日　市政府办公厅发布《关于做好2020年全市深化"放管服"改革工作的通知》，要求用四个方面47条举措进一步推动"放管服"改革，优化营商环境。

5月29日　国内首条"云巴"示范线——重庆·璧山"云巴"示范线在璧山举行首发仪式。

5月30日　重庆医科大学王智彪、中国人民解放军陆军军医大学吴玉章、重庆大学周绪红、重庆医科大学附属第一医院谢鹏获全国创新争先奖。

本月　重庆市首个以成渝地区双城经济圈为主题的展示中心——成渝地区双城经济圈江北区形象展示中心开馆。

本月　生态环境部通报2019年度《水污染防治行动计划》（"水十条"）实施情况，重庆市综合评估在22个实施情况为"好"的省市中排名首位，其中水质目标、工程措施2项指标均排名首位。

本月 重庆理工职业学院获教育部备案，正式挂牌成立。

6月1日 重庆市推行跨省居民身份证"全渝通办"。

6月2日 重庆市高新技术产业开发区协同创新战略联盟成立。该联盟由重庆高新区、璧山高新区、永川高新区、荣昌高新区4个国家级高新区发起，联合大足、铜梁、潼南、涪陵、合川、长寿、綦江7个市级高新区共同成立。

6月5日 市检察院第三分院辖区公益诉讼首个专家咨询库成立，由八大领域30名专家组成的公益诉讼专家团，将与检察机关共同推进公益诉讼。

6月9日 重庆市首台从芯片、操作系统到主板等核心元器件全部实现国产化生产的"天玥"计算机下线，标志着重庆市在国产自主信息技术领域迈上新台阶。

同日 重庆市推荐的第一创客（重庆）创新中心等13家众创空间入围科技部2020年度国家备案众创空间名单。

6月10日 重庆海关与成都海关在线上签署《共同支持成渝地区双城经济圈建设合作备忘录》，形成两地海关部门《推动成渝地区双城经济圈建设工作机制》。

6月12日 重庆市艺术版权孵化中心揭牌成立。

6月13日 国家文物局在全国主会场广西桂林宣布"中华文物全媒体传播精品（新媒体）"名单和"寻找最美文物安全守护人"推介名单，重庆中国三峡博物馆《重博文物会说话》系列全媒体传播被评为全国十大精品奖，重庆文物保护志愿者吴元兵被评为"最美文物安全守护人"。

6月17日 "渝融通"——重庆民营小微企业首贷续贷中心

在江北区行政服务中心正式对外开展服务。

6月18日　中央广播电视总台发布《2019中国城市营商环境报告》，重庆在36个城市营商环境综合排名中仅次于北京、上海、深圳、广州，列全国第五位。

同日　市政府发布《重庆市新型基础设施重大项目建设行动方案（2020—2022年）》。

6月19日　中欧班列（渝新欧）重庆—布达佩斯直达班列实现常态化运行。

6月22日　重庆两江新区国家海外人才离岸创新创业基地首批合作机构正式授牌。

6月23日　市公安局禁毒总队一支队、涪陵区公安局禁毒支队、南岸区益友公益发展中心被评为全国禁毒工作先进集体，市公安局禁毒总队办公室副主任王熙、江津区公安局禁毒科科长李菁华被评为全国禁毒工作先进个人。

同日　中国首个重组亚单位新冠疫苗在渝进入临床试验。

6月28日　市防汛抗旱指挥部启动防汛Ⅲ级应急响应。

本月　重庆市成为全国首个启动实施的国家数字经济创新发展试验区。

7月1日　长江黄金水道进入重庆的第一港——永川港。

同日　市住房城乡建委发布消息：市住房城乡建委、市文旅委、市财政局、市规划自然资源局、市农业农村委员会等部门联合公布第一批重庆市传统村落名单，渝北洛碛镇大天池村杨家槽、石柱悦崃镇水桥村古林寨、酉阳板溪镇山羊村秋谷寨等22个村落上榜。

7月2日　国内人工智能物联网领域的独角兽企业——重庆特

斯联科技公司与2020年迪拜世博会主办方正式签约，成为其官方首席合作伙伴。

7月4日 市发改委发布消息：重庆市"十三五"规划的易地扶贫搬迁任务已基本完成，25.2万贫困人口乔迁新居，全市易地扶贫搬迁工作的重心从工程建设全面转向后续扶持和管理工作。

7月6日 第二届"中国廉洁创新奖"评选结果公布。大足区纪委监委报送的"基层党员干部亲属涉权事项公开制度"获第二届"中国廉洁创新奖"。

7月8日 全国首个省级党端共建频道——由重庆日报客户端、四川日报"川报观察"客户端共建的"第四极"频道上线。

7月9日 市人大常委会在全市范围内选建的5个基层立法联系点全部授牌，开展收集群众、企业、社会团体和基层组织立法建议等工作。

同日 重庆正式启动公共资源交易国家标准化试点。

7月12日—13日 山东省党政代表团来渝考察，两省市举行山东·重庆扶贫协作第十四次联席会议，并签署一系列扶贫协作项目协议。

7月16日 重庆数字经济产业创新合作联盟成立，标志着重庆传统产业将加快推动向数字经济产业转型。

同日 重庆市新增9个农产品获国家地理标志认证，包括涪陵青菜头、巫山脆李、马喇湖贡米、巫溪独活、奉节脐橙、丰都锦橙、二圣梨、太和黄桃、铜梁莲藕。

7月17日 重庆市举行2020年重庆市最美城乡社区工作者发布仪式，贺明凤、李自玲、吴中兰、张光霞、申希泉、马琴、冉慧、陈德会、熊尚兵、黄长秋等10人被评为重庆市最美城乡社区工作者。

7月24日—30日 国务院扶贫开发领导小组赴重庆市督察组对重庆市脱贫攻坚专项巡视"回头看"、国家成效考核、"不忘初心、牢记使命"主题教育、脱贫攻坚排查等发现问题的整改情况开展实地督察，对2019年退出贫困县进行抽查。30日，督察组召开督察意见反馈会。

本月 集装箱班轮"冠荣668"在果园港集装箱码头满载离航，标志着"中欧班列+江海联运"过境中转在果园港实现首航。

8月6日 国内首个卫生列车军专线（站）在重庆启用。新桥医院成为国内首家集卫生列车医疗队、卫生列车和卫生列车军专线（站）于一体的医院。

8月11日 国务院发布《关于同意全面深化服务贸易创新发展试点的批复》，同意重庆（涪陵区等21个市辖区）等28个省、市（区域）为全面深化服务贸易创新发展试点。

8月14日 全国首个"水上盒马村"在石柱土家族自治县黄水镇万胜坝村挂牌营业。

8月19日 成渝地区双城经济圈跨省公交线——重庆市永川区副中心朱沱至四川省泸州市高铁东站（云锦）省际公交线路开通。

8月21日 世界首例"三线五桥"在重庆市快速路二横线西段项目跨渭井、蔡歌铁路线主线桥施工现场同步转体。

8月24日 交通运输部下发《关于重庆市开展内陆国际物流枢纽高质量发展等交通强国建设试点工作的意见》，同意重庆市在推动内陆国际物流枢纽高质量发展、成渝地区双城经济圈交通一体化发展、重庆东站站城一体化发展、山水城市交旅融合发展和内河水运集约绿色发展等五个方面先行先试。

8月26日 中宣部、中央文明办就全国学雷锋志愿服务"四个100"先进典型、新冠肺炎疫情防控典型进行表彰，重庆市陈仁海、陈志林被评为全国新冠肺炎疫情防控最美志愿者，10个志愿服务典型被评为2019年度全国学雷锋志愿服务"四个100"先进典型。

8月31日 由重庆市社会科学界联合会、西南大学、重庆市历史学会、陕西师范大学出版社总社联合主办的纪念中国人民抗日战争胜利75周年暨《抗战大迁徙实录丛书》新书发布座谈会在西南大学举行。

本月 市扶贫开发领导小组下发文件，将在全市部分区县、乡镇和贫困村开展脱贫攻坚与实施乡村振兴战略有机衔接试点工作。试点范围分为3个层级：区县层面，是潼南区、武隆区和云阳县；乡镇层面，是18个深度贫困乡镇；贫困村层面，将在涪陵区、南川区、忠县3个市级扶贫开发工作重点区县和15个有扶贫开发工作任务的非重点区县各选择1个贫困村。

本月 重庆市彭水县入围2020年全国县域旅游综合实力百强县，酉阳县、奉节县、巫山县、云阳县、丰都县5个县入围全国县域旅游发展潜力百佳县。

9月1日 市民政局根据市委、市政府部署，调整2020年城乡低保等社会救助保障标准，农村居民最低生活保障标准由每人每月440元提高到496元；特困人员基本生活标准从每人每月754元提高到每人每月806元。

9月3日 全市乡村旅游扶贫现场推进会议和全市东西部扶贫协作现场推进会议在武隆区召开。

同日 全国首家软件正版化服务中心——重庆市软件正版化服务中心在中国西部（重庆）科学城成立。

9月5日 朝天门—广阳岛生态观光航线开通试运行。该航线全长24.5千米，途经江北嘴、重庆大剧院、弹子石老街、朝天门长江大桥、铜锣峡等15个观光点。

9月8日 全国抗击新冠肺炎疫情表彰大会在北京人民大会堂举行，重庆市有34名先进个人、10个先进集体受到表彰。

9月11日 2020工业互联网创新发展大会在北碚区举行。来自国内工业互联网领域的顶级专家、学者、企业代表共同探索工业互联网技术创新和生态构建的新路径，探讨如何加速工业互联网与实体经济融合。会上，中国移动重庆公司联合本地多家龙头制造企业成立的5G+工业互联网实验室正式揭牌。

9月14日 "巫溪洋芋"入选首批100个中欧互认证的中国地标农产品，成为全市唯一入选该目录的农产品。

9月15日—17日 2020线上中国国际智能产业博览会采取"云上"办会模式举行，在重庆设置主会场，同时在新加坡设置分会场。会议聚焦"智能化：为经济赋能、为生活添彩"主题，主会场与分会场、线上与线下、现实与虚拟有机结合，为各类企业和各界友人提供全新的数字体验。

9月17日 西部自动驾驶开放测试与示范运营基地发布会在重庆云谷·永川大数据产业园举行。发布会上，由百度Apollo与金龙客车合作的L4级自动驾驶公交车Robobus全球首发，市公安局交通管理局车辆管理所向百度公司颁发10张自动驾驶载人测试运营牌照，西部首条自动驾驶公交线在永川西部自动驾驶开放测试基地正式投用。

9月18日 成渝双城经济圈科创母基金在成都正式签约成立。该基金总规模50亿元，首期10亿元，重点投资生物医药、人工智能、集成电路、智能制造等领域科创企业，推动成渝地区创投生态圈建设。

同日 市卫生健康委召开的健康中国重庆行动推进情况新闻发布会发布消息，全市人均期望寿命提高到77.85岁，居民健康素养水平为20.08%，高于全国平均水平1.63个百分点。

9月19日 第十八届中国国际摩托车博览会（简称中国摩博会）在国博中心举行。该届中国摩博会由市贸促会、市经信委、市商务委共同指导举办，展出面积超过8万平方米，参展企业超过400户，包括哈雷、宝马、川崎、本田、杜卡迪等十余个国际品牌和宗申、无极、春风等国内品牌，展出规模为历届之最。

9月20日 2020年重庆市全国科普日活动在重庆科技馆启动。10名"重庆市最美科技工作者"获表彰，第三届重庆市公民科学素质大赛优秀组织单位被授予奖牌。

9月21日 重庆与河南、广东、贵州、广西成为全国首批政务数据开放共享国家标准试点地区。

同日 由最高人民法院组织开展的"司法护航美丽长江"集中调研宣传活动启动仪式在重庆举行。启动仪式上，重庆、四川、贵州、云南四省市高法院签订环境资源审判协作框架协议，共同建立长江上游跨区域环境资源审判协作机制，推动长江上游生态环境系统保护，破除区域限制和克服地方保护。

同日 市住房城乡建委发布消息：重庆、武汉、福州等18个城市入选第二批装配式建筑范例城市。

9月22日 重庆市科学技术奖励大会举行。获科技突出贡献奖2人，自然科学奖24项，技术发明奖4项，科技进步奖114项，企业技术创新奖6项，国际科技合作奖1人。

9月27日—28日 以"名陶荟萃耀古城、创意未来兴陶都"为主题的第三届中国四大陶瓷展（4+N）活动在云南建水举行，同期举办中国四大名陶（4+N）陶瓷技艺大赛。"荣昌陶"在名陶展和技艺比赛中分别获金牌2枚、银牌4枚、铜牌6枚和金牌2枚、银牌2枚、铜牌1枚。

9月30日 川渝两地退休人员领取养老保险待遇资格"就近认"渠道正式开通。两地退休人员企业职工养老保险待遇、城乡居民养老保险待遇在川渝范围内资格认证，无需回到户籍地办理。

本月 重庆市首批软件产业园获授牌，重庆仙桃谷软件学院揭牌成立。

本月 全国首个跨省市设立的联合河长办——川渝河长制联合推进办公室正式完成组建。

10月4日—8日 第29届全国中学生生物学奥林匹克竞赛在重庆市巴蜀中学举行，重庆代表队获金牌12枚、银牌4枚。

10月8日 重庆市首次实现新能源乘用车出口欧洲。

10月9日 在水利部、全国总工会、全国妇联联合开展的"寻找最美河湖卫士"活动中，重庆市3名河长入选。

10月12日 重庆智能工程职业学院暨华为（永川）联合技术创新中心揭牌投用。该校是国内第一所独立设置人工智能专业的职业院校。

10月13日 重庆红岩红色旅游发展典型案例入选由国家发展改革委、文旅部联合组织的全国红色旅游发展典型案例。

10月14日 2020重庆国际文化旅游产业博览会（简称"重庆

文旅会")在重庆国际博览中心启幕，10大主题展区、成渝双城高峰论坛文旅融合峰会等将在线上线下同步亮相。

10月16日 中共中央总书记、国家主席、中央军委主席习近平主持召开中共中央政治局会议，审议《成渝地区双城经济圈建设规划纲要》。

10月17日 重庆市举行2020年脱贫攻坚表彰大会，表彰脱贫攻坚战场上的先进集体和先进个人，并部署安排决战决胜脱贫攻坚最后冲刺阶段的"总攻"任务。

10月19日 重庆市抗击新冠肺炎疫情表彰大会在人民大厦举行，全市905名先进个人、300个先进集体受到表彰。

10月20日 中共中央、国务院印发《成渝地区双城经济圈建设规划纲要》。

同日 市委、市政府出台《关于促进中医药传承创新发展的实施意见》。

同日 南川至两江新区高速公路建成通车。

同日 全国双拥模范城（县）命名暨双拥模范单位和个人表彰大会在北京举行，重庆市13个区获"全国双拥模范城（县）"称号，1家单位获"全国双拥模范单位"称号，2人获"全国双拥模范个人"称号。

10月23日 海军退役051型驱逐舰珠海舰驶抵南岸区明月沱，停靠东港船舶维修基地。完成改建、养护后停靠九龙坡建设码头，作为重庆建川博物馆海军历史主题博物馆。

10月24日 全国脱贫攻坚先进事迹巡回报告会在渝举行。

10月29日 党的十九届五中全会将"推进成渝地区双城经济圈建设"写入"十四五"规划建议中，作为"优化国土空间布局、推进区域协调发展和新型城镇化"的一项重要举措。

10月31日 中国西部消费扶贫中心和重庆市消费扶贫馆在江北区渔人湾码头揭牌开馆。

本月 重庆市入选2020年国家物流枢纽建设的城市名单,获批陆港型国家物流枢纽。

11月6日 重庆市双拥模范城(县)命名暨双拥模范单位和模范个人表彰大会召开。命名江津区等31个区县(自治县)为重庆市双拥模范城(县),表彰万州区社会保障服务中心等80家重庆市拥军优属模范单位、巴南区人民武装部等20家重庆市拥政爱民模范单位、张琪等80名重庆市拥军优属模范个人、唐旭东等20名重庆市拥政爱民模范个人。

11月9日 市教育考试院发布消息:重庆市2021年开始整体实施普通高等学校考试招生综合改革,2021年重庆高考报名普通类将不再分文理类,而是分为历史类(含艺术、体育)和物理类(含艺术、体育)。

11月10日 中央文明办公布第六届全国文明城市入选城市名单和复查确认保留荣誉称号的前五届全国文明城市名单,重庆市合川区、沙坪坝区、涪陵区、巫溪县入选第六届全国文明城市,渝北区、南岸区、江北区保留"全国文明城市"称号。

11月12日 市医疗保障局发布消息:重庆市与四川、贵州、云南、西藏等地医疗保障局签订战略合作备忘录,从九个方面推进西南片区医疗保障制度改革,加快提升医保现代化治理体系和治理能力,为西南片区参保群众提供更高水平、更具质量、更有温度的医疗保障。

11月13日 第二届中国科学探索奖在北京颁奖,傅尧、何旭华2名重庆籍科学家获奖。

11月15日 由中华职业教育社主办，教育部等单位指导的第二届"黄炎培杯"中华职业教育非遗创新大赛暨非遗职业教育成果展示会在重庆市女子职业高级中学举办，全国26个省市115所职业院校的418个项目参加比赛。

11月17日 西部陆海新通道省际协商合作联席会议第一次会议将在重庆召开。有关国家部委、中央企业、西部12省区市、海南省、广东省湛江市的代表参会，共绘通道未来发展蓝图。同日，西部陆海新通道物流和运营组织中心、陆海新通道运营有限公司在重庆启动运行。

11月18日 中央宣传部授予巫山县下庄村党支部书记毛相林"时代楷模"称号。

11月19日 山东·重庆扶贫协作第十五次联席会议在山东省济南市举行。

11月19日 第十一届中国长江三峡国际旅游节在万州启幕，并同步启动全国网络媒体三峡采风活动和川渝鄂百万游客游三峡旅游活动。

11月20日 全国精神文明建设表彰大会在北京举行，大会为新一届全国文明城市、文明村镇、文明单位、文明家庭、文明校园以及未成年人思想道德建设工作先进代表颁奖。重庆市合川区、沙坪坝区、涪陵区、巫溪县等四个区县被授予第六届全国文明城区（县城）称号。

11月20日—22日 2020重庆英才大会在悦来国际会议中心举行。采取线上与线下相结合的方式举行，举办"会、展、赛、论、演"等活动47项。向卞修武、向仲怀等29位杰出英才颁发首届重庆市杰出英才奖。引进紧缺优秀人才1821人，签约项目267个。

11月22日 招商局检测认证（重庆）有限公司成立揭牌仪式在重庆市举行，为全国首家以央地合作市场化改革方式完成重组的检测认证机构。

11月23日 中共中央西南局历史陈列展（一期）在中共中央西南局缙云山办公地旧址正式开展，展厅通过场景设计、实物展示、微缩模型、多媒体等形式，集中展现中共中央西南局在重庆的历史。

同日 共建国家智慧医保实验室协调工作小组会议在重庆市举行。国家智慧医保实验室实验平台一期建成投用，正式承接国家医保信息平台测试任务。

11月24日 全国劳动模范和先进工作者表彰大会在北京召开，重庆市有67人获表彰，其中全国劳动模范45人，全国先进工作者22人。

11月26日 2020年全国对口支援三峡库区经贸洽谈会在湖北省宜昌市召开，三峡库区签约项目52个，签约金额累计512.5亿元，其中24个项目落户重庆，签约金额累计303.3亿元。

11月27日—28日 首届中国大中小学劳动教育峰会暨重庆市未成年人劳动教育联盟成立大会在重庆市人民小学举行。

11月27日—30日 第十八届中国国际农产品交易会暨第二十届中国西部（重庆）国际农产品交易会在重庆国际博览中心举行。集中签约项目52个，签约金额338.63亿元，涉及重庆市29个区县，涵盖现代种养业、农产品加工业、智慧农业、农产品流通等。

11月30日 18个深度贫困乡镇规划项目建设全面完工，累计实施脱贫攻坚项目2071个，完成投资69.44亿元。

12月1日 重庆市第三届自强模范暨残疾人工作先进集体和先进个人表彰大会举行。18名残疾人自强模范、48个残疾人工作先进集体、79名残疾工作先进个人受到表彰。

12月3日 重庆市第五届人民代表大会常务委员会第二十二次会议通过《重庆市河长制条例》。

同日 重庆市公布第三届重庆市"十大法治人物"评选结果。市公安局刑事侦查总队侵财案件支队副支队长康飞等10人获第三届重庆市"十大法治人物"称号。

12月4日 国铁集团倡议,中铁集装箱运输有限责任公司、中远海运集装箱运输有限公司、中国外运股份有限公司、广西北部湾国际港务集团有限公司、成都国际铁路港投资发展有限公司、陆海新通道运营有限公司6家单位发起成立西部陆海新通道班列运输协调委员会。

12月9日 "2019十大重庆经济年度人物、十大两江新区经济年度人物"颁奖典礼在两江新区举行。百亚股份董事长兼总经理冯永林、重庆再升科技股份有限公司总经理刘晓彤等人获评"2019十大重庆经济年度人物"。

同日 长江经济带11省市市场监管局生态文明标准化合作大会在渝召开,重庆长江经济带生态文明标准化研究中心挂牌成立。

12月10日 知识产权质押融资"入园惠企"重庆站系列活动正式启动。中西部首个知识产权金融服务联盟——重庆市知识产权金融服务联盟揭牌成立。

12月11日 重庆国家应用数学中心在渝州宾馆举行揭牌仪式。该中心是科技部首批支持建设的13个国家应用数学中心之一,也是重庆市数学领域第一个国家级科研平台。

12月14日 推动成渝地区双城经济圈建设重庆四川党政联席会议举行第二次会议，深入学习贯彻党的十九届五中全会精神和习近平总书记关于推动成渝地区双城经济圈建设的重要讲话精神，共同研究贯彻落实双城经济圈建设规划纲要有关重点工作。

同日 2020第四届"中国·白帝城"国际诗歌节暨绿色发展·消费扶贫大会在诗城奉节开幕。

12月15日 重庆市人民政府与中国科学院在北京签署战略合作协议。

12月18日 国内唯一建在AAAAA级景区的民用机场重庆仙女山机场通航。

12月20日 三峡橘乡田园综合体（重庆·忠县）开园。2017年，三峡橘乡田园综合体项目落地忠县，成为全国首批、三峡库区和重庆市唯一的国家级田园综合体试点项目，也是全国唯一以柑橘为主导产业的国家级田园综合体。

12月21日 中国博物馆协会发布《关于第四批国家一、二、三级博物馆名单的公告》，重庆市12家博物馆入选，其中重庆三峡移民纪念馆（重庆市万州区博物馆）、大足石刻博物馆入选国家一级博物馆。至此，全市有国家等级博物馆23家，其中国家一级博物馆5家。

同日 市高法院、市公安局、市妇联联合印发《关于在全市建立一站式人身安全保护令申请工作机制的纪要》，在全国首创"一站式"人身安全保护令申请机制。

12月23日 潼南涪江干流梯级渠化双江航电枢纽工程正式开工。该项目是成渝地区双城经济圈首批重大项目，分两期建设，建成后将进一步畅通涪江"黄金水道"，推动川渝地区交通基础设施互联互通。

同日　重庆市首家国家级基金——"国改科技基金"在北京举行签约仪式，落户九龙坡区。

12月24日　成渝城际1小时直达列车首发活动以视频连线形式在川渝两地同步举行。

12月25日　历时4年修建的渝怀铁路二线全线开通运营。由此，渝怀铁路进入复线运营模式，进一步扩大了川渝东出通道能力，运能提升4倍。

12月26日　重庆市出台《长江重庆段"两岸青山·千里林带"规划建设实施方案》，预计将用10年时间完成营造林315万亩，切实筑牢长江上游重要生态屏障。

12月29日　重庆中心城区实现餐饮船舶清零。

12月30日　重庆发布第一批115个历史地名保护名录，包括钓鱼城、诸葛城等古城（都），巴县等古县，石蟆镇、涞滩镇等古镇，华蓥山、北温泉等著名山川河流，解放碑、重庆市人民大礼堂、红岩村等近现代重要地名等多个类别。

本年　市委、市政府出台《关于建立健全城乡融合发展体制机制和政策体系的实施意见》。

本年　重庆市空气质量优良天数达到333天，比上年增加17天，空气质量6项指标首次全部达标。

本年　重庆渝西水资源配置工程入选全国第十届"有影响力十大水利工程"，川渝打造跨省河流联防联控联治合作典范入选全国2020"基层治水十大经验"。

二〇二一年

1月1日 重庆与成都同时发出首班中欧班列（成渝）号。

同日 《重庆市政府投资管理办法》正式施行。

1月4日 重庆市人民政府、四川省人民政府发布关于同意设立川渝高竹新区的批复，重庆市渝北区、四川省广安市将携手探索经济区与行政区适度分离改革、产城景融合发展等新路径，把川渝高竹新区打造成区域协作样板。

同日 成渝两地文艺工作者共同创作的原创歌曲《双城记》对外发布。该曲音乐主题取材于川剧戏曲，并结合不少川渝地区民族民间音乐，具有浓郁的川渝特色。

同日 市市场监管局发布消息：川渝营业执照实现异地互办互发、立等可取。

1月9日 中国医疗器械产业创新发展高峰会暨西部（重庆）科学城大健康产业规划发布、重点项目集中签约活动在雾都宾馆举行。

同日 市交通局发布消息：重庆获大湄公河次区域（GMS）行车许可证。标志着重庆市跨境公路通道体系进一步完善，开启重庆直接参与澜湄合作的新篇章。

1月11日 2020年度"感动重庆十大人物"颁奖典礼在重庆广电大厦演播大厅举行。当选2020年度"感动重庆十大人物"的是：向朝善、焦祖惠、付体碧、廖洁、郑惠连、覃家缓、胡华平、母志琴、李继儒、龚光荣/李洪玉夫妇。

1月13日 万达开川渝统筹发展示范区第二次党政联席会议在四川省达州市举行。会议听取创建万达开川渝统筹发展示范区工作情况汇报，讨论《创建万达开川渝统筹发展示范区建议方案》《关于协同打造万达开川渝统筹发展示范区重大功能载体的建议》《创建万达开川渝统筹发展示范区2021年工作计划》。

1月14日 重庆高新区发布消息：西部（重庆）科学城应急指挥中心正式运营。该中心通过远程可视化信息传输、应急联动指挥调度系统、"一企一档"等多种方式，构建智能化防灾减灾的公共安全体系。

同日 重庆市首家产业数字化赋能综合体——重庆市产业数字化赋能中心落户九龙坡。

1月15日 重庆市人民政府办公厅、四川省人民政府办公厅在成都市召开协同推进成渝地区双城经济圈"放管服"改革合作成果新闻发布会。川渝两地协同推进，在多个领域取得阶段性成果，首批95项事项已全部实现"川渝通办"。

同日 种质创制大科学中心在西部（重庆）科学城正式揭牌。

1月18日 重庆中瀚中医农业科技集团有限公司发布消息：该公司自主研发的乙峰99植宝系列"中药肥料"产品在农业农村部成功备案，拿到我国首张"中药肥料"产品的市场准入证。

1月20日 武胜万善火车站至合川七间站省际公交线路正式开通。

1月21日 市科协发布消息：重庆高新区入选中国科协发布的"科创中国"新增试点城市名单。

同日 西部（重庆）科学城生态文明建设和环境保护协同发展框架协议签订仪式暨工作领导小组第一次联席会在重庆高新区召

开。北碚区、沙坪坝区、九龙坡区、江津区、璧山区、重庆高新区生态环境局共同签署《西部（重庆）科学城生态环境生态文明建设和环境保护协同发展框架协议》。

1月25日 广安港—重庆港集装箱班轮完成首航。

1月27日 市政府办公厅发布《重庆市市级高新技术产业开发区认定和管理办法（修订）》。

1月28日 白俄罗斯驻重庆总领事馆开馆。

1月29日 重庆市人民政府办公厅印发《重庆市农村养老服务全覆盖实施方案》。该方案聚焦农村养老服务基础设施建设、服务质量提升、政策保障支持，提出加快构建家庭履责、政府主导、社会支持相结合，专业服务与互助养老相协调，城乡统筹、覆盖全体、分层分类、公平可持续的农村养老服务体系的总体目标。

1月30日 重庆两江协同创新区联合党委成立并举行揭牌仪式。

本月 重庆16个区县入围中央文明办确定的2021—2023年创建周期全国文明城市提名城市名单，分别为巴南区、北碚区、璧山区、大足区、江津区、九龙坡区、南川区、綦江区、荣昌区、铜梁区、万州区、武隆区、城口县、丰都县、奉节县、巫山县。

2月2日 重庆高速公路服务区首批10座智能换电站建成投营，新能源车每辆车只需60秒可完成换电。

同日 重庆市林业局、四川省林业和草原局首次联合开展主题为"湿地与水"的世界湿地日活动。

2月3日 市政府办公厅印发《2021年重点民生实事工作目标任务的通知》，公布"城镇老旧小区改造和社区服务提升""发展普惠性学前教育"等15件重点民生实事，涉及百姓养老、就学、出行、住房等多个方面。

同日 重庆市大数据标准化技术委员会成立。

2月4日 市农业农村委举行市级农业种质资源保护单位授牌仪式，为第一批42家市级农业种质资源保护单位授牌。

2月7日 重庆市新时代文明实践科普教育基地在重庆科技馆挂牌成立。该教育基地为全国首个新时代文明实践科普教育基地。

2月8日 重庆市秀山土家族苗族自治县、黔江区，湖南省张家界市、怀化市、湘西土家族苗族自治州，湖北省恩施土家族自治州，贵州省铜仁市7个市州县区举行武陵山片区政务服务"跨省通办"签约仪式。

同日 市委、市政府印发《关于实现巩固拓展脱贫攻坚成果同乡村振兴有效衔接的实施意见》。

2月9日 交通运输部网站发布《关于开展ETC智慧停车城市建设试点工作的通知》，北京、重庆等27个城市作为试点城市，江苏省作为省级示范区，先期开展ETC智慧停车试点工作。

2月17日 感动中国2020年度人物颁奖盛典在北京举行，有"当代愚公"之称的重庆市巫山县竹贤乡下庄村支书毛相林入选2020年度感动中国十大人物名单。

2月18日 市政府办公厅印发《利用存量闲置房屋发展旅游民宿试点方案》，鼓励各区县（自治县）规划旅游民宿试点示范区，探索"民宿+非遗""民宿+艺术"等方式，打造系列重庆本地旅游民宿主题IP。

同日 市国资委发布消息：庆铃集团联合重庆邮电大学开发的L3级5G自动驾驶物流车，获重庆市首张商用卡车自动驾驶测试牌照。标志着重庆在商用卡车自动驾驶技术领域，站到了行业前沿。

2月19日 重庆市市场监督管理工作视频会议召开。重庆国际复合材料股份有限公司、重庆京东方光电科技有限公司、英业达（重庆）有限公司、重庆三峰卡万塔环境产业有限公司4户企业被授予第七届重庆市市长质量管理奖。重庆建峰化工股份有限公司、重庆盾之王实业有限公司、重庆威斯特电梯有限公司3户企业获提名奖。

2月20日 市药品监督管理局召开重庆获批化学药品首次药品进口备案职能新闻发布会，重庆成为继北京、上海、广州之后，全国第四个、西部地区首个药品首进口岸城市。

2月22日 全国首批省级知识产权综合业务窗口——国家知识产权局重庆业务受理窗口正式开通运行。

2月24日 市疾控中心发布消息：重庆实现重点地方病控制和消除目标。其中，所有区县保持了消除碘缺乏病状态，9个克山病病区县全部达到消除标准，13个燃煤型氟中毒区县全部达到消除标准，6个饮水型氟中毒区县全部达到控制标准。

2月25日 全国脱贫攻坚总结表彰大会在北京人民大会堂隆重举行。中共中央总书记、国家主席、中央军委主席习近平向全国脱贫攻坚楷模荣誉称号获得者等颁奖并发表重要讲话。大会授予毛相林等10人，河北省塞罕坝机械林场等10个集体"全国脱贫攻坚楷模"荣誉称号。大会表彰1982名全国脱贫攻坚先进个人，以及1501个全国脱贫攻坚先进集体。重庆有41名个人和32个集体上榜。

2月26日 重庆首个儿童肿瘤病房——"H28治愈星球"投入使用。

本月 市委组织部、市人力社保局、市国资委联合印发《关于表彰2020年度"重庆市担当作为好干部"的决定》，表彰万州区新田镇党委书记王莉等100人为2020年度"重庆市担当作为好干部"。

本月 中宣部命名第六批全国学雷锋活动示范点和岗位学雷锋标兵。其中，重庆市公安局渝北区分局杨雪峰大队入选学雷锋活动示范点；重庆大学附属三峡医院重症医学病区副主任黄霞、重庆市开州区长沙镇齐圣村党委书记熊尚兵入选岗位学雷锋标兵。

3月1日 《重庆市文明行为促进条例》实施启动仪式暨"文明行为促进月"市级示范活动在九龙坡区举行。

同日 重庆市取消供水供电供气行业不合理收费。

同日 大型展览"他吸引了全世界的目光——纪念周恩来总理珍品展"在红岩革命纪念馆开展。展览分为"昭""公""清""爱"四个部分，重点展示在周恩来总理诞辰100周年之际，电视艺术片《百年恩来》摄制组在拍摄过程中搜集的知名人士题词、书画和摄影珍品等。

同日 重庆市人民检察院和重庆市河长办公室签署《全面推行"河长+检察长"协作机制的意见》，标志着重庆全面推行"河长+检察长"协作机制工作。

3月2日 重庆市举行《"三峡库心·长江盆景"跨区域发展规划》新闻发布会。"三峡库心·长江盆景"是推动重庆渝东北三峡库区城镇群生态优先、绿色发展和保护长江文化，实现文旅融合、特色发展最重要的核心项目群之一，涉及万州、忠县、石柱3个区县，包括260多个重点项目。

同日 重庆市党史学习教育动员大会召开。会议强调，要深入学习贯彻习近平总书记在党史学习教育动员大会上的重要讲话精神，认真落实党中央部署要求，扎实有效开展党史学习教育，教育引导党员干部学党史、悟思想、办实事、开新局，把学习教育成果转化为"十四五"开好局、起好步的强大动力，更加坚定自觉地为党的事业而奋斗，以优异成绩迎接建党100周年。

3月6日　第五巡回法庭举行最高人民法院少年法庭巡回审判点揭牌仪式。

3月8日　重庆市政府办公厅、四川省政府办公厅联合发布《成渝地区双城经济圈"放管服"改革2021年重点任务清单》《川渝通办事项清单（第二批）》。

3月9日　重庆市卫生健康委承派的第11批中国援巴布亚新几内亚医疗队启程。

3月12日　市农科院发布消息：该院农机所科研团队研发出国内首台榨菜联合收割机，填补了我国榨菜收获机械化技术装备的空白。

3月14日　市大气污染防治攻坚战指挥部印发《大气污染防治2021年重点工作目标任务》。

3月15日　《重庆市城市绿地地下空间开发利用管理规定（试行）》实施。

3月18日　党史学习教育中央宣讲团宣讲报告会在渝举行。

3月19日　合广长环重庆中心城区经济协同发展示范区建设联席会在合川区召开，重庆合川区、四川广安市、重庆长寿区三地将共建环重庆中心城区经济协同发展示范区，力争成为成渝地区高质量发展重要动力源和全国协同发展示范样板。

3月22日　重庆首个数智化乡村振兴学院在位于永川的重庆智能工程职业学院挂牌成立。

3月23日　重庆市新时代文明实践研究院揭牌仪式在重庆城

市管理职业学院举行，为全市首个新时代文明实践研究院。

3月24日 由重庆市档案馆与重庆市委党史研究室联合打造的"民族脊梁 巴渝丰碑——中国共产党重庆革命史（1921—1949）"展览在重庆市档案馆开展。该展览是重庆地区第一个全面、系统、生动反映中国共产党重庆革命史的综合性固定陈列展。

3月25日 市水利局发布消息：渝西水资源配置工程被纳入《中华人民共和国国民经济和社会发展第十四个五年规划和2035年远景目标纲要》中。

3月26日 市发展改革委发布消息：重庆出台《促进生产经营稳定发展若干措施》，从减税降费降成本、促进科技创新、金融惠企支持、持续扩大内需四个方面提出27项政策措施，促进生产经营稳定发展。

3月27日 大型情景国乐剧《告别千年》在重庆大剧院上演。该剧以"全国脱贫攻坚楷模"荣誉称号获得者、巫山县竹贤乡下庄村党支部书记毛相林带领村民绝壁修路的事迹为主线，用山歌、民谣、劳动号子作为音乐素材，结合原生态音乐、舞蹈、声光及舞台科技互动结合，展现了重庆农村近年来发生的巨大变化，以及重庆人民在脱贫致富的道路上攻坚克难，砥砺前行，创造美好生活的时代画卷。

3月29日 重庆首批两家"学习强国"县级融媒号——"沙坪坝融媒号"和"荣昌融媒号"上线。

本月 市委办公厅、市政府办公厅印发《重庆市生态环境保护督察工作实施办法》。

本月 国家乡村振兴局发布2020年财政专项扶贫资金绩效考核结果，重庆等次为"优秀"。

4月2日　重庆市规模最大的临时疫苗接种点渝北区新冠病毒疫苗方舱接种点正式"开舱"，设置50个接种台，在疫苗供应充足的前提下，单日接种量达2万针次。

4月8日　重庆在深圳证券交易所发行地方政府债券372.7亿元。

4月12日　全国首个可载人收费的自动驾驶公交车示范运营项目在永川启动，由百度公司、金龙客车共同打造的3辆红色L4级自动驾驶中巴车，正式驶上街头投入载人运营，在全国开创了在城市道路率先投用自动驾驶公交车的先河。

4月15日　重庆市脱贫攻坚总结表彰大会在人民大厦会堂举行。全市有615人获脱贫攻坚先进个人、400个集体获脱贫攻坚先进集体。

4月16日　中央广播电视总台重庆总站揭牌成立。

同日　云巴示范线在重庆市璧山区开通运营。该线路搭载全自动无人驾驶系统，总投资18亿元，正线全长15.4千米，设车站15座。

4月17日　全国首次全面、系统展示巴国历史文化的大联展——《神秘的巴国》在重庆中国三峡博物馆启幕，渝、川、鄂三地5家文博单位展出378件（套）珍贵文物。

4月18日　全国畜牧总站与重庆市荣昌区签署战略合作框架协议，共建国家级生猪大数据中心，力争对生猪全产业链实现信息化监测，助力监管监测一体化。

4月20日　中国政府网发布《国务院关于同意在天津、上海、海南、重庆开展服务业扩大开放综合试点的批复》，重庆等四省市获批开展服务业扩大开放综合试点。试点期为自批复之日起3年。

同日 重庆市实施新版《重庆市公安机关道路交通安全管理行政处罚裁量基准》。

4月21日 重庆市、四川省、贵州省、云南省、西藏自治区在昆明签署《协同推进西南五省政务服务"跨省通办"合作协议》，推进政务服务"跨省通办"，便利企业群众异地办事。

4月21日—23日 山东省党政代表团来渝考察，两省市举行山东·重庆东西部协作第十六次联席会议，签署《山东省人民政府·重庆市人民政府"十四五"东西部协作框架协议》。

4月23日 首届中国教育评价改革峰会在谢家湾小学召开。

4月26日 重庆市涉外知识产权调解中心揭牌成立，为重庆市唯一的公益性涉外知识产权独立调解机构。

同日 国家产业知识产权运营西南分中心在仙桃国际大数据谷揭牌。

4月27日 市城市管理局发布消息：重庆市垫江县、石柱土家族自治县被住房和城乡建设部命名为国家园林县城，涪陵区蔺市镇、涪陵区大木乡、涪陵区武陵山乡、万盛经济技术开发区黑山镇、江津区中山镇被住房和城乡建设部命名为国家园林城镇。

4月28日 重庆至老挝万象跨境公路班车直通车开通。

本月 民政部发布消息：同意将重庆市大足区等单位确认为全国婚俗改革实验区，实验时间为期三年。

5月12日—13日 重庆、四川、贵州、云南、西藏（简称"西南五省"）政务服务"跨省通办"协调小组第一次会议在贵州省黔东南州雷山县召开，标志西南五省"跨省通办"工作全面进入实操推进阶段。

5月13日 市政府新闻办召开重庆市第七次全国人口新闻发

布会，发布全市第七次全国人口普查数据。全市常住人口共3205.42万人，全市人口10年来保持平稳增长态势。

同日 市发改委发布消息，日前，国家发改委、科技部发布了《关于深入推进全面创新改革工作的通知》，在北京等13个省市深入推进全面创新改革工作。其中，重庆成为新增的国家"全面创新改革试验区"之一。

5月17日 西部（重庆）科学城党工委、管委会授牌仪式举行。

5月19日 "川渝共建"和谐劳动关系综合配套改革试点研讨会在重庆举行。运用"互联网+大数据"手段打造的探索劳动纠纷提前介入、在线实时调解的智能平台——"九龙坡区和谐劳动关系公共服务智能平台"上线，成为全国首个劳动关系实时预警智能平台。

同日 2021年"世界蜜蜂日"中国（重庆·石柱）主会场活动在石柱县中益乡举行。会议重点探讨蜜蜂产业发展同巩固脱贫攻坚成果与乡村振兴有效衔接等相关问题。这是西部地区首次举办与中蜂产业有关的国际盛会。活动上，石柱县被授予"全国蜜蜂授粉基地示范试点""全国成熟蜜基地示范试点""生物多样性保护专家工作站"等称号，中益乡被授予"中华蜜蜂小镇"称号，中益乡中华蜜蜂科普馆被授予"中华蜜蜂科普馆（中益乡馆）"称号。

同日 重庆市三峡生态环境技术创新中心揭牌，为重庆市在长江生态环境方面布局的首个技术创新中心。

同日 世界自然遗产检察公益保护办公室第一次联席会议在重庆南川区举行。

5月中旬 经国务院批准，民政部将在重庆等5省市实施结婚登记和离婚登记"跨省通办"试点。试点期限为2年，自2021年6月1日起至2023年5月31日止。

5月21日 第三届中国西部国际投资贸易洽谈会（简称西洽会）在重庆悦来国际会议中心开幕。会上，重庆、广西、四川、贵州、云南、西藏、陕西、甘肃、青海、宁夏、新疆、海南、内蒙古、广东等省区市，以及印度尼西亚、越南、老挝等国家联合发布"陆海新通道国际合作（重庆）倡议"。会议期间，359个国内外项目签约，签约总额3578.2亿元，涉及智能制造、新一代信息技术、高端装备、新材料、生物技术、现代物流、大健康、消费品工业、新能源汽车、智慧能源、新能源等领域。

5月27日 重庆市首个大科学装置——超瞬态实验装置在西部（重庆）科学城开工建设。大科学装置是解决国家级战略需求，谋求科技重大突破而投资建设的大型研究设施，是科技基础研发的核心部分。大科学装置的建成，是科学城创新能级最基础，也是最关键的标志。

同日 《重庆市社会信用条例》经市五届人大常委会第二十六次会议表决通过，于2021年7月1日起施行。

同日 2021中国武陵文旅峰会在重庆武隆举行。重庆、湖北、湖南、贵州四省市联合发布《武陵山文旅发展——武隆宣言》。现场签约26个项目，签约总金额1432.75亿元。

同日 重庆市·四川省共建具有全国影响力的科技创新中心2021年重大项目集中开工活动举行。重庆两江新区、西部（成都）科学城、西部（重庆）科学城、中国（绵阳）科技城四个分现场共同启动项目建设。本次共40个重大项目集中开工，总投资1054.5亿元，其中重庆共有20个项目，涉及联想5G、协同创新区创新工坊、超瞬态实验装置、北京大学重庆大数据研究院等项目。

5月28日 在南京闭幕的"2021全球农产品食材供应链峰会"上，重报电商物流有限公司入选中国农产品食材供应链百强名单，成为重庆本土唯一入围的企业。

5月31日 国家外贸转型升级基地授牌仪式在重庆市商务委举行。重庆市6个区县被国家商务部认定为新一批的国家级外贸转型升级基地，包括北碚区（仪器仪表）、丰都县（榨菜）、两江新区（汽车及零部件）、巴南区（摩托车及零部件）、涪陵区（船舶海工）、高新区（生物医药）。

本月 全市首个知识产权案件公开听证会在重庆市渝北区检察院召开。

本月 国家发改委、中央网信办、工业和信息化部、国家能源局发布消息，成渝地区获批建设全国一体化算力网络国家枢纽节点。

本月 重庆铁路运输技师学院大赛办公室教练组长梁攀获第25届中国青年五四奖章。于圣杰、王元、王丽、石全、李亦舟、李麒麟、何希家、孟玲、贺刚、董航宇10人获2021年重庆青年五四奖章。

本月 重庆脱贫攻坚、河长制湖长制工作等7个事项获国务院办公厅督察激励。

本月 大巴山国家级自然保护区生态保护监测系统投入运行。

本月 文化和旅游部、国家发展改革委联合推出"体验脱贫成就·助力乡村振兴"乡村旅游学习体验线路300条，重庆10条线路入选。

本月 交通运输部公布2020年度"十大最美农村路"名单，

重庆市梁平区渔米路在300余条参评公路中脱颖而出跻身全国十强，也是本年度重庆市唯一荣获该奖项的农村公路。

本月 重庆市涪陵区正式启动中国（重庆）自由贸易试验区联动创新区创建工作。

6月1日 重庆市大渡口区育才小学体育教师王红旭因救两名不慎掉入江水的儿童，不幸被江水冲走，年仅35岁。王红旭被市政府评定为烈士，追记大功奖励、追授重庆五一劳动奖章，授予"见义勇为先进个人"称号。市委批复同意追认王红旭同志为中共党员。中共中央宣传部追授王红旭"时代楷模"称号。和王红旭一起救助落水儿童的另外2名同志，巴南区典雅小学教师许林盛、重庆（香港）中原营销策划顾问有限公司中新城上城分行经理张广荣，被市政府授予"见义勇为先进个人"称号。

6月2日 重庆垫江高新技术产业开发区获市政府批准设立。这是重庆市首个"以认促建"的高新区。至此，全市建成4个国家级高新区、8个市级高新区。

6月3日 渝武高速扩能北碚至合川段重要节点性项目北碚区澄江大桥正式开工建设。该工程总体造价约3.4亿元，计划工期36个月，设计速度为每小时100千米。建成后将连接渝武高速、绕城高速和三环高速，串联起主城中心城区多条横向通道，促进成渝地区交通一体化发展。

6月4日 首届西部职业教育高峰会在重庆市永川区举行。

同日 位于两江新区金山街道的全市首家垃圾分类宣教中心向市民开放。

6月5日 广阳岛智创生态城·长江绿色创新产业园正式揭牌。南岸区、重庆经开区同时举行广阳岛绿色发展基金发布活动，规模

30亿元。

同日 南岸区、重庆经开区联合多家高校组建的重庆"南山智库"成立,成为全市首个地方与高校成立的以高校国家级人才为主体的智库。重庆交通大学、重庆工商大学、重庆第二师范学院等高校44名国家级人才纳入首批智库专家。

同日 "2021年度重庆市最美生态文明践行者"发布仪式在重庆广电大厦举行。此次推选出的10名"最美生态文明践行者"分别是魏嵬、曾庆、李元胜、牟丽莎、梁善能、樊崇兰、辜春艳、陈贵生、杨伟,获表彰的团体是市生态环境局水生态环境处。

6月8日 中国人权研究会和意大利《世界中国》杂志共同举办"2021·中欧人权研讨会",会议在中国重庆和意大利罗马分设主会场。会议采取以线上线下相结合的方式。重庆主会场以"新冠肺炎疫情与生命健康权保障"为主题,就新冠疫情背景下各国人权保障、经济恢复、国际关系等问题进行交流。

同日 全国乡村振兴(扶贫)系统先进集体、先进个人表彰大会在北京举行。重庆市乡村振兴局资金计划处、万州区扶贫开发办公室计划项目科等4个集体获"全国乡村振兴(扶贫)系统先进集体"称号;开州区扶贫开发办公室资金监管科副科长王中杰(女)(挂职)、城口县扶贫开发办公室副主任陆是朝等8人获"全国乡村振兴(扶贫)系统先进个人"称号。

6月9日 聂荣臻元帅陈列馆、朱德同志故居纪念馆、彭德怀纪念馆等元帅纪念馆联合推出的"巍巍丰碑·帅星闪耀——开国元帅生平事迹联展"在重庆市江津区聂荣臻元帅陈列馆铜像广场开展。此次展览是全国开国元帅纪念馆首次联展。

同日 重庆市正式启动第一批市级示范河流建设工作。首批创建市级示范河流的10条河流,分别是潼南区琼江、渝北区御临河、云阳县长滩河、彭水县郁江、酉阳县酉水、荣昌区濑溪河、铜梁区淮远河、长寿区长寿湖、开州区汉丰湖和巫山县大宁河。

6月10日 中国科学院地理科学与资源研究所、重庆经开区、重庆广阳岛绿色发展有限责任公司签订三方合作协议,长江模拟器示范基地在广阳岛正式揭牌。长江模拟器是以长江流域为对象,以水循环为纽带,强调自然与社会过程紧密耦合的流域模拟系统及装置。

6月上旬 国务院公布第五批国家级非物质文化遗产代表性项目名录(共计185项)和国家级非物质文化遗产代表性项目名录扩展项目名录(共计140项),重庆新增9项。分别是传统戏剧类1项,即阳戏(酉阳土家面具阳戏);传统体育、游艺与杂技类1项,即蹬技(重庆蹬技);传统美术类4项,即挑花(巫溪嫁花)、石雕(大足石雕)、木雕(奉节木雕)、彩扎(铜梁龙灯彩扎);传统医药类2项,即针灸(赵氏雷火灸)、中医正骨疗法(燕青门正骨疗法);民俗类1项,即秀山苗族羊马节。

6月17日 成渝地区双城经济圈全球投资推介会在上海举行。这是重庆和四川首次联合举办招商推介会。

同日 重庆市粮食铁路专用线正式通车运营。

6月18日 重庆市正式启动四川、重庆、贵州三地的户口迁移"跨省通办"。

同日 全国首个空间太阳能电站实验基地在璧山正式开工建设,将重点进行空间太阳能发电站、无线微波传能以及空间信息网等技术的前期演示模拟与验证。

6月21日 重庆跨境公路班车吉尔吉斯斯坦线路开通。此线路是继乌兹别克斯坦和哈萨克斯坦之后开通的第三条中亚班车运营线路，线路全长约 5400 千米，全程陆运用时约 12 天，将进一步提升物流货运辐射范围，助推重庆内陆开放高地建设。

6月21日 市交通局发布消息，国家发展改革委、交通运输部印发《成渝地区双城经济圈综合交通运输发展规划》，成渝地区双城经济圈将着力构建对外运输"一张网"，打造 1 小时交通圈、通勤圈，推动出行"同城待遇"、安检一体化票制多样化等。到 2025 年，成渝地区基本建成"轨道上的双城经济圈"；到 2035 年，将全面建成现代化综合交通运输体系。

6月22日 沪渝直达快线万州—上海班轮成功首航。

6月23日 人民法院证券期货犯罪审判基地在重庆市第一中级人民法院正式揭牌成立。该基地是西部地区唯一一家。

6月24日 重庆高新区政务服务和社会事务中心办事大厅发放全国首张整合卫生许可信息的"一码通行"营业执照。

6月24日 "中国体育彩票"2021年全国田径锦标赛暨全运会资格赛在重庆奥体中心开幕。本次比赛是全国最高水平田径单项赛事，是全运会田径项目首次实行资格赛，也是重庆近年来承办的最高水平专业田径赛事。

6月25日 长寿经开区大桥建成通车。大桥全长 3833 米，桥面为双向 6 车道，设计时速每小时 60 千米。

6月26日 重庆市市场监管局为奥的斯电梯、苏州汇川、重庆惠家通信颁发全市首批电梯物联网测评证书，全市电梯物联网从试点进入全面运用阶段。

6月28日 西南地区最大工业无人机制造基地——科比特无人机西南总部项目正式落户北碚区蔡家智慧新城。

同日 全国"两优一先"表彰大会在北京召开。重庆市巫山县竹贤乡下庄村党支部书记、村委会主任毛相林等8人获"全国优秀共产党员"称号；重庆市潼南区宝龙镇严寨村党支部书记、村委会主任欧敏等6人获"全国优秀党务工作者"称号；重庆市南川区河图镇长坪村党支部等10个基层党组织获"全国先进基层党组织"称号。

6月29日 全国优秀县委书记表彰会议在北京举行。经党中央同意，中央组织部决定，对在县（市、区、旗）委书记岗位上取得优异成绩的103名同志授予全国优秀县委书记称号。重庆市3名县（区）委书记受表彰，分别是九龙坡区委书记李春奎、彭水苗族土家族自治县委书记钱建超、江津区委书记程志毅。

6月30日 重庆市表彰"两优一先"。市委授予许明云等197名同志、追授胡华平等3名同志"重庆市优秀共产党员"称号，授予向光杰等100名同志"重庆市优秀党务工作者"称号，授予万州区大周镇党委等300个基层党组织"重庆市先进基层党组织"称号。

本月 国家发改委等四部委对产业转型升级示范区建设真抓实干取得明显成效的6个园区和6个项目予以通报表扬，重庆市永川高新区名列通报表扬的6个园区名单。重庆西部产业转型升级示范区被纳入"十四五"时期重点支持的20个产业转型升级示范区名单；重庆市垫江工业园被纳入"十四五"时期重点支持的20个县城产业转型升级示范园区名单。

本月 国内首个体外诊断（IVD）新型研发机构——重庆医科大学国际体外诊断研究院正式在西部（重庆）科学城投用。

本月 市税务局发布消息，自6月1日起，全市实行企业所得税、财产行为税合并申报，实现11个税种合并申报，在全国属首创。

7月1日 庆祝中国共产党成立100周年大会在北京举行。中共中央总书记、国家主席、中央军委主席习近平发表重要讲话，回顾中国共产党百年奋斗的光辉历程，展望中华民族伟大复兴的光明前景。全市各地各部门广大党员干部、职工群众通过各种方式收听收看大会直播，共同感受中国共产党成立100年来取得的辉煌成就。大家表示，中国共产党立志于中华民族千秋伟业，百年恰是风华正茂。回首过去，展望未来，有中国共产党的坚强领导，有全国各族人民的紧密团结，全面建成社会主义现代化强国的目标一定能够实现，中华民族伟大复兴的中国梦一定能够实现。每一个中国共产党员，都要听从习近平总书记的号召，牢记初心使命，坚定理想信念，践行党的宗旨，永远保持同人民群众的血肉联系，始终同人民想在一起、干在一起，风雨同舟、同甘共苦，继续为实现人民对美好生活的向往不懈努力，努力为党和人民争取更大光荣。

同日 市市场监管局出台《重庆市网络社区团购合规经营指南》，为全国首个网络社区团购合规指南。

本年 重庆入选国家"全面创新改革试验区"。

本年 重庆3个展览入选国家推介的109个庆祝中国共产党成立100周年精品展览名单。分别是重庆红岩革命历史博物馆"初心·使命·奋斗——中国共产党重庆100周年光辉历程展"、重庆中国三峡博物馆（重庆博物馆）"牢记嘱托战贫困　巴山渝水换新颜——重庆市脱贫攻坚展"、中国民主党派历史陈列馆"建党100周年　统战百件大事——统一战线庆祝中国共产党成立100周年主题展览"。

本年 第三批全国农业综合行政执法示范窗口和全国农业综合行政执法示范单位名单中，重庆市江津区、黔江区、大足区农业综合行政执法支队获"全国农业综合行政执法示范窗口"称号，重庆市巴南区农业农村委员会获"全国农业综合行政执法示范单位"称号。

后 记

2021年7月1日,在庆祝中国共产党成立100周年大会上,中共中央总书记、国家主席、中央军委主席习近平庄严宣告,"经过全党全国各族人民持续奋斗,我们实现了第一个百年奋斗目标,在中华大地上全面建成小康社会"。全面建成小康社会是中国共产党向全国人民交出的一份彪炳史册的答卷,彰显了中国共产党的宗旨,诠释了中国共产党人的初心和使命。全面建成小康社会也是中国为全人类作出的独特贡献,创造了减贫治理的中国样本,谱写了反贫困历史新篇章。为了全面记录这一具有重要历史意义、现实意义和世界意义的重大工程,由中宣部策划统筹,人民出版社联合全国32家地方人民出版社共同出版《纪录小康工程》丛书。

根据中宣部的部署安排,《"纪录小康工程"丛书重庆卷》(简称"重庆卷")的编写出版工作由中共重庆市委宣传部牵头组织实施。市领导张鸣同志、姜辉同志高度重视,亲自审定出版方案和大纲。市委宣传部常务副部长曹清尧主抓具体工作,多次主持召开项目推进会议,组织审定书稿。市委宣传部副部长马岱良、曾维伦、马然希对丛书的规划、编撰、出版工作分别进行了深入指导,并参与书稿的审定工作,提出了宝贵修改意见。

"重庆卷"包含《全面建成小康社会重庆全景录》《全面建成小康社会重庆大事记》《全面建成小康社会重庆变迁志》《全面建成小康社会重庆奋斗者》《全面建成小康社会重庆影像记》五个分卷,

全面记述了中华人民共和国成立以来，党和国家对重庆发展的关心支持，展示全市人民奋力建设重庆，在巴渝大地上全面建成小康社会的光辉履迹。中共重庆市委宣传部新闻处、出版处和宣教处对丛书的编写工作进行了全面协调、指导。同时，重庆市政府研究室、中共重庆市委党史研究室、中共重庆市委政法委员会、重庆市发展和改革委员会、重庆市教育委员会、重庆市科学技术局、重庆市经济和信息化委员会、重庆市民政局、重庆市司法局、重庆市公安局、重庆市人力资源和社会保障局、重庆市生态环境局、重庆市住房和城乡建设委员会、重庆市农业农村委员会、重庆市商务委员会、重庆市文化和旅游发展委员会、重庆市卫生健康委员会、重庆市体育局、重庆市统计局、重庆市乡村振兴局、重庆市大数据应用发展管理局、重庆市人民政府口岸和物流办公室、重庆市社会科学院等单位为丛书的编写提供了大量基础编写素材，对稿件进行了审读和把关，为丛书的顺利付梓作出了重要贡献。

《全面建成小康社会重庆大事记》由市地方志办公室编纂。市志办主任刘文海、副主任夏小平给予充分指导，二级巡视员殷智具体负责组织编写工作，刘文海审定书稿。殷智、郭永彬负责全书统稿工作。全书具体分工是1949—1977年部分由司逸澈负责，1978—1995年部分由陈欣如负责，1996—2012年部分由贺壹城负责，2013—2014年部分由郁涛负责，2015—2016年和2021年5—6月部分由程潞明负责，2017—2018年部分由谢力新负责，2019—2021年4月部分由熊英负责。

本书的编撰时间短、任务重，加之水平有限，难免有错漏之处，敬请广大读者批评指正！

本书编写组
2022年6月